सुधीर कक्कड़

अंग्रेज़ी के महत्त्वपूर्ण लेखक और मनोविश्लेषक सुधीर कक्कड़ का जन्म 25 जुलाई, 1938 को हुआ। उन्होंने भारत, यूरोप और अमेरिका के अनेक विश्वविद्यालयों में अध्यापन किया।

उनकी प्रमुख पुस्तकें हैं—'द इनर वर्ल्ड', 'शमन्स, मिस्टीक्स एंड डॉक्टर्स', 'वेल्स ऑफ़ लव, सेक्स एंड डेंजर', 'इंटीमेट रिलेशंस', 'द एनालिस्ट एंड द मिस्टीक', 'द कलर्स ऑफ़ वायलेंस', 'कल्चर एंड साइके', चुनी हुई रचनाओं का संकलन 'द इंडियन साइके' तथा 'मीरा एंड महात्मा'। 'द एसेटिक ऑफ़ डिज़ायर' उनका प्रथम उपन्यास है जिसका हिन्दी में 'कर्मयोगी' शीर्षक से अनुवाद प्रकाशित हो चुका है। हिन्दी में अनूदित उनकी अन्य कृतियाँ हैं—'आनन्द वर्षा' (द एक्सटेसी) और 'मीरा और महात्मा' (मीरा एंड महात्मा)।

उन्हें देश-विदेश के विभिन्न पुरस्कारों से सम्मानित किया जा चुका है।

मीरा और महात्मा

सुधीर कक्कड़

अनुवाद
अशोक कुमार

राजकमल पेपरबैक्स

पहला पुस्तकालय संस्करण
राजकमल प्रकाशन प्राइवेट लिमिटेड द्वारा
2005 में प्रकाशित

राजकमल पेपरबैक्स में
पहला संस्करण : 2005
पाँचवाँ संस्करण : 2023

राजकमल पेपरबैक्स : उत्कृष्ट साहित्य के जनसुलभ संस्करण

राजकमल प्रकाशन प्रा.लि.
1-बी, नेताजी सुभाष मार्ग, दरियागंज
नई दिल्ली-110 002
द्वारा प्रकाशित

शाखाएँ : अशोक राजपथ, साइंस कॉलेज के सामने, पटना-800 006
पहली मंजिल, दरबारी बिल्डिंग, महात्मा गांधी मार्ग, प्रयागराज-211 001
वेबसाइट : www.rajkamalprakashan.com
ई-मेल : info@rajkamalprakashan.com

बी.के. ऑफसेट
नवीन शाहदरा, दिल्ली-110 032
द्वारा मुद्रित

मूल्य : ₹299

MEERA AUR MAHATMA
by Sudhir Kakkar
Translated by Ashok Kumar

ISBN : 978-81-267-1026-3

भूमिका

यह 1925 से 1930 और 1939 से 1942 के उन नौ वर्षों की सच्ची कहानी है जब मेडलिन स्लेड (उर्फ मीराबेन) और गांधी का जीवन एक-दूसरे के काफी करीब था। दोनों का साथ लम्बा रहा लेकिन इन वर्षों में वे एक-दूसरे के जितने करीब रहे उतने और कभी नहीं रहे। मीराबेन जब लन्दन छोड़कर अहमदाबाद में गांधी के आश्रम में रहने आई थीं तब 33 वर्ष की थीं। और गांधी 56 के थे। मैंने यह कहानी यथासम्भव उन्हीं के शब्दों में कहने की कोशिश की है—उन शब्दों में जो उनकी आत्मकथाओं, पत्रों, डायरियों और दूसरों के संस्मरणों में दर्ज हैं। मैंने सिर्फ यह किया है कि विवरण को सामंजस्य प्रदान करने के लिए उस तत्त्व का प्रयोग किया है जिसे कल्पनाशीलता कहते हैं। यह कल्पनाशीलता फंतासी और परानुभूतीय पहचान का विचित्र मेल होती है। इस कहानी रूपी इमारत के ईंट-पत्थर जीवन से उठाए गए हैं और गारा-सीमेन्ट है कल्पनाशीलता।

इस तरह, मीरा को लिखे गांधी के पत्र, पृथ्वी सिंह और मीरा के एक-दूसरे के नाम पत्र, सबको नई दिल्ली के नेहरू स्मारक संग्रहालय पुस्तकालय में देखा जा सकता है। आश्रम जीवन के कई विवरण, खासकर वे जो सबसे असम्भव दिखते हैं, वास्तविक घटनाओं पर आधारित हैं। लेकिन इस पुस्तक में रोमाँ रोलाँ को लिखे मीरा के पत्र, मीरा की डायरियाँ काल्पनिक हैं। परन्तु ये कल्पनाएँ ऐतिहासिक ब्यौरों को न तो तोड़ती-मरोड़ती हैं, न उनका अतिक्रमण करती हैं।

मीरा और महात्मा

25 अक्तूबर 1925, फ्रांस का दक्षिणी इलाका। शरद ऋतु की थोड़ी गरम, सुहानी सुबह। 33 वर्षीया अंग्रेज महिला मेडलिन स्लेड मार्सेलिस बन्दरगाह पर खड़े पी एंड ओ पोत के जेट्टी तक आ जाती हैं। यह पोत दिन में बम्बई की ओर रवाना होनेवाला है। यह जहाज तड़के सुबह से ही अपने इंजन को गरम कर रहा है। दोपहर से ठीक पहले वह अपने विशाल लंगर को समेटता है और बन्दरगाह से बड़ी शान के साथ सरकने लगता है। इसके साथ ही वह अपनी परिचित शैली में सलाम ठोंकने की मुद्रा में अपने भोंपू से छह आवाज़ लगाता है। मेडलिन यूरोप की छूटती तटरेखा को देखने के लिए जहाज की छत पर आकर लोहे की रेलिंग से अड़ कर खड़ी नहीं होतीं। अधिकतर दूसरे यात्रियों के विपरीत मेडलिन के लिए यह कोई विदाई का मौका नहीं था। अधिकतर ब्रिटिश लोग या तो पहली बार किसी उपनिवेश की ओर जा रहे होते थे या घर पर छुट्टी बिताकर अपने श्वेत मित्रों का बोझ बाँटने के लिए काम पर लौट रहे होते थे, लेकिन मेडलिन तो एक आदिम उम्मीद से भरी दुनिया की ओर जा रही थीं।

उनका सामान था—लोहे के दो नए सन्दूक और गाय के उम्दा चमड़े से बना थैला, जिसके पीतल के बकलस और किनारों को मजबूती देनेवाली पीतल की पट्टियाँ हाल में ही चमकाई गई थीं। सन्दूकें किताबों से भरी थीं। ये किताबें उनके निजी पुस्तकालय से चुनी गई थीं। किशोरवय से इकट्ठा की गईं उनकी किताबों की संख्या चार सौ से ऊपर पहुँच चुकी थी। वे खासतौर से दर्शन और इतिहास की पुस्तकें चुन कर साथ ले जा रही थीं। निर्वैयक्तिक ज्ञान की भंडार ये पुस्तकें उन्हें उस अतीत से जोड़ने में असमर्थ थीं जिससे वे पीछा छुड़ाना उतना नहीं चाहती थीं जितना उसे यादों की सुरक्षित तिजोरी में बन्द कर देना चाहती थीं। अपनी समुद्री यात्रा के दौरान उन्होंने जिन पुस्तकों में ध्यान केन्द्रित करने के लिए उन्हें हाल में खरीदा था वे उर्दू व्याकरण, भागवत गीता और ऋग्वेद का फ्रांसीसी अनुवाद, फ्रांसीसी-अंग्रेजी का विशाल शब्दकोष और हाल में प्रकाशित गांधी की दो जीवनियाँ थीं जिनमें से एक, फ्रांसीसी भाषा में थी—रोमाँ रोलाँ की 'महात्मा गांधी'। कुछ समय के लिए मेडलिन ने विचार किया था कि ज्याँ क्रिस्तॉफे साथ रखें या नहीं। संगीतकार बीथोवेन के जीवन पर दस खंडों में लिखे रोलाँ के इस उपन्यास को उन्होंने पिछले कुछ वर्षों में

कई-कई बार पढ़ डाला था, जब वे इस संगीतकार के प्रति बेहद आकर्षित थीं। अन्ततः उन्होंने यह उपन्यास साथ न रखने का फैसला किया था लेकिन उन्होंने एक सन्दूक में पतली-सी पुस्तक 'विए डि बीथोवेन' को रख ही लिया था। बीथोवेन अभी उस अतीत का हिस्सा नहीं बने थे जिसे वे सुरक्षित तिजोरी में बन्द करने जा रही थी। वैसे, यह सच है कि वे अब उनकी चेतना पर पूरी तरह जीवन्त सत्ता की तरह हावी नहीं थे। लेकिन वे हमेशा के लिए उनके जीवन से विदा भी नहीं हुए थे कि वे उनमें भावना की कोई लहर न पैदा कर सकें।

चमड़े के थैले में सफेद खादी के नए, आकारविहीन पाँच फ्रॉक रखे थे। खादी का कपड़ा खासतौर से भारत से मँगाया गया था। फ्रॉक के अलावा थैले में दो शेटलैंड ऊन के दो ढीले स्वेटर, लगभग शॉल के आकार का ऊनी स्कार्फ भी था जिसे उन्होंने साल भर में बुनकर, रँगकर तैयार किया था। इसके साथ ही दो सूती अंडरवियर, दो जोड़े जूते और गहनों का छोटा-सा बक्सा भी था जिसे वे गांधी के आश्रम को दान में देनेवाली थीं। अपनी बाकी चीज़ें वे माता-पिता के घरेलू नौकरों-नौकरानियों को दान कर चुकी थीं। वैसे, उनके पास बहुत ज्यादा चीज़ें थी भी नहीं क्योंकि फैशनेबल कपड़ों या गहनों के प्रति उनका लगाव कभी रहा नहीं। यद्यपि वे अपने पिछले जीवन से रिश्ता तोड़ लेना चाह रही थीं। लेकिन यह कहा जा सकता है कि चमड़े का वह थैला उस रिश्ते के प्रति थोड़ी-सी भावुकता का प्रतीक जरूर था। यह उनकी पिछली भारत यात्रा का स्मृतिचिह्न था। यह यात्रा उन्होंने 18 वर्ष पहले की थी, जब वे पन्द्रह साल की थीं।

वह एकदम अलग किस्म की यात्रा थी। उनके पिता हाल में शाही बेड़े के एडमिरल के पद पर प्रोन्नति पाने के बाद बम्बई में ईस्ट इंडीज स्टेशन की कमान सँभालने के लिए जाने वाले थे। स्लेड परिवार में उनके साथ उनकी पत्नी, बेटियाँ मेडलिन तथा रूहोना और पुरानी नर्स बर्था भी थी जिसे मालकिन की नौकरानी का दर्जा दे दिया गया था। ये सब पी एंड ओ जहाज के सबसे महत्त्वपूर्ण यात्री थे, और जहाज का कप्तान और दूसरे अधिकारी उनकी सेवा-टहल, चापलूसी में जुटे रहते थे। उनके सामान में लकड़ी के बीस क्रेट और सभी आकार के लोहे के सन्दूक शामिल थे। सन्दूकों में शाम में पहने जाने वाले परिधान, पार्टियों में पहने जाने वाले फ्रॉक, फैशनेबल टोपियाँ, एडमिरल की वर्दियाँ जिन पर सोने की कढ़ाई की हुई थी, टेनिस और घुड़सवारी के परिधान, जीन और लगाम, दोहरे फेल्ट हैट, एंटी कॉलरा बेल्ट, गरम इलाकों में होनेवाली बीमारियों के लिए दवाओं की शीशियाँ और तमाम वे चीजें भरी हुई थीं जो, उनकी माँ के खयाल से, बम्बई में एडमिरल के बंगले को लन्दन के उनके मकान जैसा बना सकती थीं।

उस यात्रा की यादों ने मेडलिन के मस्तिष्क को भटकाया नहीं। उन्हें एक व्यक्ति, एक स्थिति, एक विचार सरणि पर एकाग्रचित्त होने और असंगत तथा अनावश्यक बातों को इच्छानुसार परे रखने की अपनी सहज वृत्ति पर गर्व था। दूसरे शब्दों में, वे एकाग्रचित्त होने का प्रयास न करते हुए भी एकाग्रचित्त हो सकती थीं। अपनी पिछली मुलाकात में रोमाँ रोलाँ ने उनकी इस क्षमता को ''वरदान में मिली आध्यात्मिकता की पक्की निशानी'' कहा था। उनके अन्तर में बैठे पहरेदार पर हमेशा भरोसा किया जा सकता था कि वह किसी अनचाहे अतिक्रमणकारी को बिना अनुमति के उनके अस्तित्व में प्रवेश करने नहीं देगा, प्रायः हमेशा। एक तो उन्हें अपने सपनों की याद कभी नहीं आती। दूसरे, उन्हें सुवह-सवेरे नींद टूटने से पहले आने वाले किसी सपने का असर नहीं होता था, जो पूरे दिन के मूड को तय कर दिया करता है। अपनी यात्रा के दौरान वे अपने विचारों और भावनाओं को कर्तव्य मानकर लेखनीबद्ध करती रहीं। यह सारा लेखन वे बम्बई पहुँचकर रोलाँ को स्विट्ज़रलैंड भेजनेवाली थीं। यह लेखन महात्मा गांधी के आश्रम में शुरू होने वाले उनके भावी जीवन के ही इर्द-गिर्द था।

हर शाम पूरब दिशा से उगनेवाला चाँद भूमध्यसागर की स्थिर सतह पर रोशनी की झिलमिलाहट के रूप में पसर जाता। रोशनी की यह पतली-सी गली चाँद बढ़ती गोलाई के साथ चौड़ी होती जाती थी। मेडलिन देर रात तक जहाज की छत पर खड़ी रहतीं, जब चारों ओर नीरवता छा जाती। बस कभी-कभार जहाज के वार्ड पर प्रेमी युगलों की फुसफुसाहट ही इस नीरवता को तोड़ती वरना सन्नाटा ही पसरा होता। जहाज के इंजन की भारी-सी आवाज़ अब खलल नहीं पैदा करती थी बल्कि इस विशेष किस्म के सन्नाटे का हिस्सा बन गई थी। मेडलिन जहाज के अग्रभाग में लोहे की रेलिंग से सटकर खड़ी हो जातीं और सामने पसरी चाँदनी की उस पट्टी को निहारती रहतीं जो अँधेरे क्षितिज में जाकर विलीन हो जाती। धीरे-धीरे वे महसूस करतीं कि वे स्मृति-मुक्त अवस्था में पहुँच गई हैं, जहाँ तमाम तत्त्व एवं आकार उनके विचारों से धीरे-धीरे रिसकर अलग हो रहे हैं और उस जहाज का हिस्सा बनते जा रहे हैं जो रोशनी की लकीर पर आगे बढ़ रहा होता।

'स्मृति-मुक्त अवस्था' मेरे शब्द हैं, मेडलिन के पूर्व हिन्दी शिक्षक के, जो उनका जीवनीकार बनने जा रहा है। ये ज्ञान की तलाश में अज्ञानता के शब्द हैं। इस अवस्था को मेडलिन ने अपनी डायरी में ''अनुग्रह का क्षण'' कहा है। इस तरह के काल-मुक्त क्षणों से वे बचपन से परिचित रही हैं। ये क्षण उन्हें अकसर तब घेर लेते जब वे प्रकृति के करीब अकेली होतीं। उदाहरण के लिए तब जब वे गरमी में धूप से चितकबरी हुई किसी सुबह जंगल में टहलने निकल जातीं और वहाँ धूप में चमकते किसी पत्थर

से टिका अबाबील का नाज़ुक-सा घोंसला नज़र आ जाता। या उनकी आँखें गहरे पीले डैंडेलियन के झुरमुट पर पड़ जातीं और उसमें उन्हें 'शाश्वतता का सूत्र' दिख जाता। सम्पूर्ण कुशलक्षेम के या तमाम कसौटियों से मुक्त अस्तित्व के ये क्षण तमाम विशेषणों से ऊपर होते हैं। लेकिन जैसे-जैसे वे स्त्रीत्व की ओर बढ़ती गईं, ये क्षण दुर्लभ होते गए। कई वर्षों तक इन क्षणों ने उनका साथ पूरी तरह छोड़ दिया, जब तक कि उन्होंने रोलाँ के गद्य में गांधी का साक्षात्कार नहीं किया। तब उन्होंने महसूस किया कि "अनुग्रह के अग्रदूत मेरे हृदय में जैसे आकर फुसफुसाने लगे", "उनका स्पर्श ऐसा है जैसे आँखों की बरौनियाँ मेरे गाल को छू रही हों।" इस तरह के व्यग्र गद्य उन्होंने अपनी डायरी में लिखे। उन्हें तभी इस बात का विश्वास हो गया था कि उनका भावी पथ क्या है। अपनी डायरी में उन्होंने लिखा, "अज्ञात नियति के फन्दे से बाहर निकलने के लिए मैंने अनुग्रह को एकमात्र विश्वसनीय मार्गदर्शक के रूप में देखा है।"

मेडलिन के परिवार ने उन्हें रोकने की कोशिश नहीं की थी। इस पर खुद उन्हें छोड़कर हर किसी को आश्चर्य हुआ था। आखिर उनके पिता ब्रिटिश नौसेना के पहले अधिकारियों में से थे और देश के आला अधिकारियों और मन्त्रियों से उनके अच्छे सम्बन्ध थे। वे साम्राज्य की रक्षा और स्थिरता के प्रति समर्पित थे। ऐसे शख़्स की बड़ी बेटी एक ऐसे आदमी से जुड़ने जा रही थी जिसे अंग्रेज लोग ब्रिटिश साम्राज्य का सबसे दुराग्रही शत्रु मानते थे।

"जब उन्होंने जान लिया कि मैं गम्भीर हूँ, कि मैं अपनी आत्मा की गहरी आवश्यकता की पूर्ति करना चाहती हूँ तो मेरे माता और पिता, दोनों ने मेरे निर्णय का सम्मान किया। बल्कि पिता ने तो मेरी मदद भी की, जब मैंने उनसे कहा कि यहाँ के जीवन के लिए खुद को तैयार करने के लिए मुझे भारतीय भाषा सीखनी होगी। उन्होंने भारत के लिए सेक्रेटरी ऑफ स्टेट लॉर्ड बर्केनहेड को पत्र लिखा। बर्केनहेड एटन में पिता के साथ थे। उन्होंने मुझे उर्दू सीखने की सलाह दी और लन्दन में रह रहे एक भारतीय छात्र को मेरे शिक्षक के रूप में रखने का सुझाव दिया। बेशक, वे सब अपनी शान्त, शालीन शैली में मेरे लिए चिन्तित थे। लेकिन किसी ने मुझे रोकने की कोशिश नहीं की।"

उनकी पुरानी आया बर्था ही एकमात्र व्यक्ति थी जिसने परिवार की अव्यक्त आशंकाओं को उठाया, "उन भारतीयों के बीच तुम कितनी अकेली होकर रहोगी।"

मेडलिन ने जवाब दिया, "बर्था, यह मेरे जीवन में पहली बार नहीं होगा कि मैं अकेली रहूँगी।" सचमुच, निर्वासित जो थी वह अपने घर लौट रही थी, और उसका गन्तव्य एक व्यक्ति था, गांधी; कोई देश नहीं।

मेडलिन को पेरिस होकर भारत पहुँचना था। उनके पिता किसी सरकारी काम से पेरिस गए थे। मार्सेलिस के लिए रेलगाड़ी पकड़ने के लिए मेडलिन गेरे डि लियोन गई थीं और यहाँ उन्हें विदा करने आए पिता ने बस इतना कहा था, ''अपना खयाल रखना।'' वे फ्रांसीसी रक्षा मन्त्रालय के एक कार्यक्रम से सीधे वहाँ पहुँचे थे। उनकी एडमिरल वाली टोपी में लगा सफेद शुतुरमुर्गी पंख प्लेटफॉर्म पर खड़े तमाम लोगों के सिर के ऊपर लहरा रहा था और जब रेलगाड़ी सरकने लगी तो मेडलिन को डिब्बे की खिड़की से काफी देर तक दिखता रहा था।

पिछले उथल-पुथल भरे वर्षों के विपरीत वह साल, जब मेडलिन भारत पहुँचीं, असामान्य रूप से शान्त था। सुदूर भारत में घटनेवाली घटनाओं के तमाम सामाजिक-राजनैतिक सन्दर्भों से अनभिज्ञ मेडलिन को इस देश में घट रही घटनाओं के प्रति दिलचस्पी केवल महात्मा के लिए आकर्षण से संचालित थी। इसलिए उन्हें यह नहीं पता था कि 1925 इसलिए एक शान्त साल था क्योंकि अंग्रेज गांधीजी को एक चुकी हुई राजनैतिक ताकत मान रहे थे (एक भारतीय होने के नाते गांधी के साथ जी न लगाऊँ तो मुझे काफी असुविधा महसूस होगी।) अंग्रेज मानते थे कि गांधीजी अस्पष्ट-से सामाजिक कार्यक्रम चला रहे थे जो उस तरह के कार्यक्रमों से काफी अलग थे, जिनसे साम्राज्य को खतरा हो सकता था। जैसा कि हमें बाद में पता लगा, लॉर्ड बर्केनहेड ने स्पष्ट सन्तोष के साथ कहा था, ''बेचारे गांधी तो खत्म ही हो गए। अपनी वीणा के साथ अन्तिम चारण के रूप में वे अपने चरखे के साथ एक दयनीय व्यक्ति नज़र आते हैं, जो प्रशंसकों की भीड़ नहीं जुटा सकता।''

उस बात को पाँच वर्ष गुजर गए थे जब अंग्रेजी राज के खिलाफ असहयोग आन्दोलन के उनके आह्वान ने पूरे देश में बिजली-सी लहर पैदा कर दी थी। उसने लोगों में अभूतपूर्व उत्साह और उम्मीद पैदा की थी कि उपनिवेशवादी अंग्रेज शासकों से स्वतन्त्रता और स्वराज का सपना बस चन्द महीनों में पूरा होनेवाला है। लेकिन बम्बई, मद्रास और खासतौर से चौरीचौरा की हिंसक घटनाओं ने इस उम्मीद को खत्म तो नहीं मगर फीका जरूर कर दिया था। चौरीचौरा में थाने पर भीड़ के हमले और 21 पुलिसवालों के मारे जाने की घटना पर गांधीजी ने पाँच दिन का उपवास रखा और यह घोषणा की थी कि हिंसक घटनाओं ने उन्हें यकीन करा दिया है कि देश अभी स्वराज के लिए तैयार नहीं हुआ है। उन्होंने सिविल नाफरमानी आन्दोलन को वापस लेने की भी घोषणा कर दी थी।

राजनैतिक उथल-पुथल के उन दिनों को बीते चार बरस और यरवदा जेल से उनकी रिहाई को दो बरस हो चुके थे। अंग्रेजों ने उन्हें भले चुका हुआ मान लिया हो, भारत के लोग उनके अगले कदम की प्रतीक्षा कर रहे थे। हम यह यक़ीन कर

ही नहीं सकते थे कि उन्होंने राजनीति के मंच से हमेशा के लिए संन्यास ले लिया है। यद्यपि वे बार-बार कह रहे थे कि स्वराज के लिए आन्दोलन ने अब अलग रूप ले लिया है, कि अव चरखा कातने, हिन्दू समाज से छुआछूत को मिटाने और हिन्दू-मुस्लिम एकता के लिए काम करने की नैतिकतावादी राजनीति की जाएगी, मगर अधिकांश लोग इस पर यकीन नहीं करते थे। उन्हें लगता कि इस तरह की गतिविधियाँ भला पिछले असहयोग आन्दोलन के उत्साह की बराबरी कहाँ कर पाएँगी जब अंग्रेजी राज की मुखालफत के लिए भीड़ सड़कों पर उतर आती थी। जन आन्दोलन को स्थगित करने के गांधीजी के फैसले से खासतौर से छात्र असन्तुष्ट थे। जन आन्दोलन की जगह गांधीजी उनसे ऐसे अभियानों में शरीक होने की अपील कर रहे थे जिनका मकसद छात्रों को समझ से बाहर लगता था। क्या हुआ जो 1921 में थोड़ी हिंसा हो गई? यह सब तो होता ही रहता है। ऑमलेट बनाने के लिए अंडा तो फोड़ना ही पड़ता है, यह बात तो गांधीजी जैसे शाकाहारी व्यक्ति को भी मालूम होनी चाहिए। भारत स्वराज के लिए तैयार नहीं है। यह क्या बात हुई? चरखे से काता गया सूत देश को स्वराज के लिए भला कैसे तैयार करेगा? और छुआछूत के खिलाफ और हिन्दू-मुस्लिम एकता के लिए अभियान? ये समस्याएँ तो हजारों नहीं तो सैकड़ों सालों से चली आ रही हैं और जल्दी खत्म होने से रहीं। क्या इतना काफी नहीं कि उनके खिलाफ एक शुरुआत हो गई, कि हम सब उनके प्रति अब जागरूक हो गए? भारत को स्वराज के लिए तैयार होने से पहले हिन्दू-मुस्लिम समस्या का हल हो जाना चाहिए तो देश को आज़ादी के लिए सौ साल और इन्तज़ार करना पड़ सकता है। कुछ लोग राजनैतिक परिदृश्य में गांधीजी के अप्रासंगिक होते जाने के बारे में लॉर्ड बर्केनहेड के आकलन से सहमत थे। ऐसे लोग पंजाब तथा बंगाल के उन युवा क्रान्तिकारियों से उम्मीद लगा रहे थे, जो अंग्रेजी राज के खात्मे के लिए हिंसक कार्रवाइयों की वकालत कर रहे थे।

हालाँकि 1925 राजनैतिक रूप से शान्त साल रहा, मगर उथल-पुथल भी कम नहीं हुई। बंगाल और असम में बाढ़ आई, तो मद्रास प्रेसिडेंसी के कुछ जिलों और राजपूताना की अधिकतर रियासतों में सूखा पड़ा, त्रावणकोर के दर्जन भर गाँवों में जातीय अत्याचार की घटनाएँ हुईं और ब्रिटिश भारत में हिन्दू-मुस्लिम दंगे हुए। मेडलिन लन्दन के अखबारों में इन दंगों की खबरों पर नज़र रखे हुए थीं। इन खबरों में महात्मा गांधी का नाम दोनों समुदायों में अमन कायम करने की कोशिशों के लिए आता रहता था। साल के शुरू में खबर छपी कि उन्होंने रावलपिंडी जाने की अनुमति माँगी, जहाँ कोहत में मुसलमान पड़ोसियों ने हिन्दुओं के घरों और उन मन्दिरों पर हमले किए थे जहाँ हिन्दुओं ने शरण ली थी। लेकिन गांधीजी को अनुमति नहीं दी

गई थी। जुलाई में वे कलकत्ता में थे, जहाँ बक़रीद पर दंगे के बाद वे शान्ति समितियों का गठन करवा रहे थे। अगस्त में अखबारों ने टीटागढ़ में दंगे और हत्याओं के बाद उनकी शान्ति अपील छापी। मेडलिन 'गार्जियन' के अन्दर के पन्ने पर छपी एक छोटी-सी खबर से चिन्तित हो गईं, जिसमें लिखा था कि गांधीजी हिन्दू-मुस्लिम एकता के लिए दूसरा लम्बा उपवास करने की सोच रहे थे। दिल्ली में दंगों के बाद पिछले साल उन्होंने यही किया था। लेकिन यह खबर झूठी निकली तो उन्होंने राहत की साँस ली।

दिल्ली में हुए उपवास का समापन जिस तरह हुआ उसके चलते कई लोग उनके जीवित रहने की उम्मीद नहीं रखते थे। आखिर वे पचास की उम्र के हो चुके थे और निरन्तर काम तथा यात्राओं ने उन्हें थका दिया था। इस उपवास ने मेडलिन को उन्हें पत्र लिखने पर मजबूर कर दिया। उपवास के 21 दिन उनके लिए पीड़ा के दिन थे। यह कल्पना ही उनके लिए असहनीय थी कि वे उनकी मुलाकात से पहले ही इस दुनिया से कूच कर जाएँगे, कि वे उनके मस्तिष्क में हमेशा के लिए एक ऐसी पवित्र छवि बन कर रह जाएँगे जो उनकी श्रद्धा की आभा से लिपटी तो होगी मगर शारीरिक हस्ती कभी नहीं बन पाएगी, कि वह कभी हाड़-मांस के आदमी का रूप नहीं ले पाएगी। हर दिन जब वे अध्ययन कर रही होतीं या भारत में अपने जीवन के लिए खुद को तैयार कर रही होतीं, वे उनके जीवन के लिए मन-ही-मन प्रार्थना किया करती थीं। और जब यह खबर आई कि उनका उपवास समाप्त हो गया है तो वे इतनी खुश हुईं कि उनका आत्मानुशासन भी ढीला पड़ गया। बेडफोर्ड गार्डेन्स हाउस में नाश्ता खत्म करते हुए जब उन्होंने यह खबर अखबार में पढ़ी तो अखबार को फर्श पर चुपचाप पटककर वे रसोईघर की ओर दौड़ पड़ीं और माँ को अपनी बाँहों में भर लिया। माँ रसोइए को रात में बनाए जाने वाले व्यंजनों के बारे में समझा रही थीं क्योंकि रात के खाने पर विंस्टन चर्चिल और मेडलिन के पिता के दो नौसैनिक अधिकारी दोस्त आने वाले थे। मेडलिन के इस व्यवहार पर माँ हैरत में पड़ गईं। मेडलिन को भी याद नहीं था कि अपने दसवें जन्मदिन के बाद उन्होंने माँ को कभी इतने उत्साह के साथ बाँहों में भरा होगा। दसवें जन्मदिन पर माता-पिता ने मेडलिन को एक टट्टू उपहार में दिया था।

महात्मा को जीवनदान देने पर ईश्वर को धन्यवाद देने के लिए उन्हें ज्यादा स्पष्ट अभिव्यक्ति की जरूरत थी। माता-पिता से पैसा न माँगने की ख्वाहिश के साथ मेडलिन ने अपने पास की एकमात्र मूल्यवान चीज को केंसिग्टन की एक दुकान पर जाकर बेच डाला। दादी से मिला हीरे का यह जड़ाऊ पिन 20 पाउंड में बिका। इस राशि के चेक के साथ उन्होंने पहली बार गांधीजी को पत्र भी लिखकर भेजा। इसके

बाद तो पत्रों का सिलसिला ही चल पड़ा। यह पत्र संकोच और संकल्प दोनों जाहिर कर रहा था। उन्होंने लिखा कि वे ईश्वर को धन्यवाद देती हैं कि उपवास सफल रहा और उन्हें उम्मीद है कि पत्र का जवाब देने में उन्हें असुविधा न होगी। छह महीने पहले उन्होंने गांधीजी के बारे में रोलाँ की किताब पढ़ी थी और इतनी प्रभावित हुई थीं कि तुरन्त भारत जाना चाहती थीं, लेकिन विचार करने पर उन्हें एहसास हुआ कि पहले उन्हें एक साल के कठिन प्रशिक्षण से खुद को तैयार करना चाहिए। और वे इसी में लगी थीं। उन्हें उम्मीद थी कि गांधीजी उनके चेक को उस कार्य के लिए उनके योगदान के रूप में स्वीकार करेंगे, जिस काम से वे एक दिन जुड़ना चाहती हैं।

मेडलिन ने उत्तर पाने की वाकई उम्मीद नहीं की थी लेकिन जब एक मुड़ा-तुड़ा पोस्टकार्ड मिला तो वे चकित भी थीं और खुश भी। यह खुशी खामोशी भरी थी क्योंकि यही उनका स्वभाव था। सस्ती काली स्याही से मकड़जाल की तरह के हस्तलेख में लिखे इस पत्र के कुछ शब्द धुँधले भी पड़ गए थे, कुछ ध्यान खींच रहे थे तो कुछ पृष्ठभूमि में खोए रहकर सन्तुष्ट-से नज़र आ रहे थे। पत्र का मजमून यह था :

प्रिय मित्र,

सबसे पहले तो मैं माफी चाहूँगा कि पत्र का जवाब जल्द न दे पाया। मैं निरन्तर यात्रा पर था। आपने जो 20 पाउंड भेजे हैं उनके लिए मेरा शुक्रिया कबूल करें। यह पैसा चरखे को लोकप्रिय बनाने के काम में खर्च किया जाएगा।

मुझे खुशी है कि आपने अपने पहले आवेग में आकर काम करने की जगह खुद को यहाँ के जीवन के लिए तैयार करने और समय लेने का फैसला किया। अगर एक साल की यह परीक्षा आपको यहाँ आने की प्रेरणा दे तो शायद भारत आने का आपका फैसला सही रहेगा।

रेलगाड़ी से
31-12-24

आपका भवदीय
एम.के. गांधी

मेडलिन ने यह नहीं लिखा था कि वे किस तरह का प्रशिक्षण ले रही हैं। भारत के बारे में किताबें पढ़ना, उसके कुछ पवित्र ग्रन्थों का अध्ययन करना और उर्दू सीखना उस श्रमसाध्य प्रशिक्षण का एक हिस्सा भर था जिससे गुजरना उन्होंने तय किया था। भारतीय छात्र से भाषा सीखना खासतौर से मुश्किल था। शिक्षक और छात्रा, दोनों भाषायी अपरिचय के जाल को काटने की घंटों कोशिश करते। छात्रा अपने अभिजात अंग्रेजी लहजे में उर्दू शब्दों का जो उच्चारण करती, शिक्षक उसके जरिए अपनी भाषा

को पहचानने की जद्दोजहद करते रहते। और शिक्षक पंजाबी लहजे में जो अंग्रेजी बोलते, छात्रा उसमें अपनी पहचान के शब्दों की झलक यदा-कदा पाने की कोशिश करती।

मेडलिन चरखा कातना और बुनाई करना भी सीख रही थीं क्योंकि यह आश्रम के दैनिक कामों का आवश्यक हिस्सा था। उन्होंने पढ़ा था कि 1922 में जेल से रिहाई के बाद से गांधीजी ने जनता के लिए जो रचनात्मक काम पूरे मनोयोग से चला रखे थे उनमें कताई आवश्यक था। उनका मानना था कि हर गाँव में हरेक घर अगर चरखा कातने में जुटेगा तो यह गरीबों को आर्थिक रूप से आत्मनिर्भर बनाकर भारत की गरीबी में खासी कमी ला सकता है। लेकिन आर्थिक लाभों के अलावा, चरखे की दैनिक कताई उन्हें जनता में अनुशासन लाने का सबसे प्रभावी साधन नज़र आती थी। ऐसे अनुशासन के बिना अंग्रेजी राज के खिलाफ जनता का अहिंसक असहयोग आन्दोलन असम्भव है। 'यंग इंडिया' साप्ताहिक के ताजा अंक में गांधीजी ने लिखा था कि चरखा ज्यादा से ज्यादा लोगों का ज्यादा से ज्यादा भला करनेवाली चीज़ है।

उन्होंने लिखा था, "सारा जोर चन्द विशेषाधिकार प्राप्त लोगों के बारे में सोचने और गरीबों की अनदेखी करने पर है। यह व्यवस्था बनानेवालों से मेरी कोई लड़ाई नहीं है। वे और कुछ कर भी नहीं सकते थे। हाथी भला चींटी के बारे में क्यों सोचेगा? मैं नहीं चाहता कि शिक्षित वर्ग के लोग मानवता के भाईचारे को जीवन्त रूप से प्रकट करने के लिए गरीबों और दलितों के प्रति सहानुभूति जताने की खातिर हर दिन कुछ समय के लिए नियमित तौर पर चरखा कातने के अलावा कुछ और करें।"

इस तरह चरखा कई चीजों का प्रतीक बन गया था—भारत के गरीब लोगों, उनके स्वतन्त्रता संघर्ष और सार्वभौमिक बन्धुत्व का।

इंग्लैंड तो क्या, पूरे यूरोप में कोई भी सूत नहीं कातता। यह बात मेडलिन को तब पता चली जब उन्होंने यह शिल्प सिखाने वाले शिक्षक की तलाश शुरू की। उन्होंने ऊन कातना अपनी एक सहेली की माँ से सीखा, जो 'केनसिंग्टन वीवर्स' नाम का एक छोटा-सा स्कूल चलाती थीं। मेडलिन एक चरखा और धुनियाँ लाकर घर में ऊन कातने लगीं और कताई सीखने के लिए स्कूल जाने लगीं। चरखे के साथ कई अर्थ और ऊँचे आदर्श भले जोड़े गए हों लेकिन मेडलिन को तुरन्त पता चल गया कि चरखा कातने का अर्थ है कड़ी मेहनत, जो उनके धैर्य की परीक्षा ले सकती है। फिर धागा अकसर टूट जाता जिसे जोड़ने में काफी मुश्किल पेश आती थी। कताई से आँखों पर तो जोर पड़ता ही, रोज घंटे भर की कताई के बाद कन्धों और बाँहों में दर्द भी होने लगता।

अपने भावी जीवन के लिए मेडलिन की गम्भीर तैयारियों में निजी आदतों को

बदलना भी शामिल था। फर्श पर पैरों को मोड़कर बैठने का अभ्यास करने में थोड़ी ही दिक्कत होती (जाँघों की मांसपेशियों और घुटनों के जोड़ों का प्रतिरोध दबा-दबा-सा ही होता) लेकिन फर्श पर सोना उससे कहीं ज्यादा दुष्कर था। शुरू में सुबह में जागने पर गरदन और पीठ में अकड़न उन्हें उतना परेशान नहीं करती जितना यह एहसास परेशान करता कि उनके इन उपक्रमों से परिवार के दूसरे सदस्यों को असुविधा हो रही है। फिर भी किसी ने न तो उन्हें रोकने की कोशिश की और न खुल कर असहमति जताई। लेकिन मेडलिन ने जब अपने कमरे से बिस्तर को हटाने की बात की तो वे बार्था के चेहरे पर उभरे सन्देह के भावों और माँ के चेहरे पर पीड़ा के भाव को ताड़ने में नहीं चूकीं। एक सप्ताह बाद जब मेडलिन ने कमरे से कालीन भी हटवाने की बात की तो माँ पूछ बैठीं, ''बेटी, क्या तुम सचमुच ऐसा चाहती हो?'' मेडलिन अडिग थीं। वे नंगे फर्श पर सोने का अभ्यास करना चाहती थीं क्योंकि आश्रम में रहने वाले लोग ऐसा ही करते थे।

नौसेना में और निरीक्षण वगैरह के दौरों में व्यस्त उनके पिता को शायद यह पता नहीं चला कि मेडलिन ने शाम को शेरी और रात के भोजन के साथ कभी-कभार शराब का जाम लेना कब छोड़ दिया। लेकिन जब मेडलिन ने भुने हुए मांस को लेने से पहली बार मना किया तो वे माता-पिता के बीच नज़रों में हुए इशारे को ताड़ना न चूकीं। सो, उन्होंने वजह बताना जरूरी समझा, ''वे लोग मांस नहीं खाते। मुझे शाकाहारी बनना पड़ेगा।'' इस पर माता-पिता की प्रतिक्रियाओं से वे समझ गईं कि वे उनकी बात तो समझ गए हैं लेकिन उनके इरादे को उन लोगों ने मजबूरी समझने की गलती कर ली है। खाने के टेबल पर माँ उन पर कुछ ज्यादा ही ध्यान देती दिखीं जैसे कोई माँ उस बच्चे पर ध्यान देती है जो बीमार तो नहीं मगर बहुत स्वस्थ भी नहीं होता। वे उन्हें ज्यादा से ज्यादा सब्जी वगैरह लेने पर जोर देतीं, जो उनके भोजन का नियमित व्यंजन बनता जा रहा था।

पिता भी उन्हें अकसर यह समझाते कि रसोइए ने हालाँकि फूलगोभी के सूप को चिकन के मसाले के साथ बनाया हो मगर उसे शाकाहार ही माना जाएगा। और क्या मेडलिन को अंडा खाने को राजी किया जा सकता है? हाँ, अंडा भले ही सब्जी न हो मगर उसे मांस भी नहीं कहा जा सकता। कहा जा सकता है कि अंडा ऐसे व्यंजन में आता है जिसकी कई व्याख्याएँ की जा सकती हैं।

शारीरिक रूप से मजबूत होने के लिए स्विट्ज़रलैंड के एक फार्म में गरमी के मौसम के शुरू में छह हफ्ते के श्रम के साथ-साथ कुल आठ महीने के प्रशिक्षण के बाद मेडलिन ने महात्मा गांधी को फिर पत्र लिखा—''सितम्बर तक मैं आश्रम का जीवन जीने के लिए मानसिक और शारीरिक रूप से तैयार हो जाने की उम्मीद करती

हूँ। कुछ महीने पहले मुझे एक अनुभव हुआ जिसके बारे में मैं आपसे मिल कर ही बताना चाहूँगी। इसने मुझे स्पष्ट कर दिया कि मेरा जीवन आपके जीवन से जुड़ने ही वाला है, कि मैं भारत आना चाहती हूँ ताकि आपके साथ रह कर आपके काम में अपनी ओर से यथासम्भव सहायता करूँ। आप बताएँ कि मैं कब आ सकती हूँ मैं पत्र के साथ उस ऊन का नमूना भेज रही हूँ जो मैंने चरखे पर काता है।''

इस बार जवाब दो महीने के भीतर आया। इस पत्र में ऊष्मा थी हालाँकि इसका समापन औपचारिक किस्म का ही था–''आपका भवदीय, एम.के. गांधी।''

पत्र में लिखा था–''आपका पत्र पाकर बहुत अच्छा लगा। इसने मुझे गहरे छुआ। आपने ऊन का जो नमूना भेजा है वह शानदार है। आप जब भी आना चाहें, आपका स्वागत है। अगर मुझे पता चले कि आप किस जहाज से आ रही हैं तो आपकी अगवानी के लिए और साबरमती के लिए रेलगाड़ी के बारे में जानकारी देने के लिए कोई जरूर जाएगा। कृपया केवल यह याद रखें कि आश्रम का जीवन उतना आरामदेह नहीं है। यह श्रमसाध्य है। हर आश्रमवासी श्रमदान करता है। इस देश का मौसम भी कम महत्त्वपूर्ण नहीं है। ये बातें मैं आपको हतोत्साहित करने के लिए नहीं बल्कि केवल सावधान करने के लिए लिख रहा हूँ।''

उसी दोपहर मेडलिन लन्दन में पी एंड ओ के कार्यालय पहुँचीं और भारत जाने का टिकट कटा लिया।

दो

मेडलिन स्लेड का जहाज 6 नवम्बर की सुबह देर गए बॉम्बे के प्रिंसेस बन्दरगाह में आ लगा। समुद्र यात्रा के दौरान उन्होंने जो गहरी नीरवता और शान्ति का अनुभव किया था और कई-कई रात समुद्र और तारों के साथ अकेले तादात्म्य बिठाते हुए गुजारी थी उसके बाद वे जीवन की उस गहमागहमी के लिए तैयार न थीं, जो उनकी प्रतीक्षा कर रही थी। जहाज से उतरने के लिए डेक पर खड़ी उन्होंने खुद को इस गहमागहमी की ऐन्द्रिकता से भौंचक और विरत भी महसूस किया। बन्दरगाह में उनके इर्द-गिर्द जहाजों की चमकदार चिमनियाँ देसी बगुलों के ऊपर चमक रही थीं, झुके हुए मस्तूलों से उनके पैवन्द लगे कनवास रिगिंग झूल रहे थे और हल्की तरंगों पर डूब-उतरा रहे थे। जहाजों के सायरन की आवाज़ें, समुद्री पक्षियों की चीख-पुकार और कुष्ठ भिखारियों की आवाज़ें ऐसा घालमेल पैदा कर रही थीं जो कतई कर्णप्रिय न था। घाट पर यूरोपीय और भारतीय लोगों की भीड़ लगी थी। वे दोस्तों-रिश्तेदारों की अगवानी करने आए थे। भारतीयों के हाथ में फूलमालाएँ थीं। उस भीड़ में सीमा शुल्क के अधिकारी झक सफेद वर्दी और हेलमेट में खड़े थे, तो कुली गन्दे लाल साफों और मुड़ी-तुड़ी वर्दी में थे और जहाज के निचले हिस्से में खड़े होकर ऊपर डेक की ओर उम्मीद भरी नज़रों से ताक रहे थे। भावुकता के आवेग में मेडलिन डेक पर खड़ी कुछ परेशान-सी हुईं और फिर वायवीय निरपेक्ष भाव से भर गईं। सिर पर चढ़ आए सूरज की किरणें समुद्र की सतह से टकराकर मेडलिन की आँखों को चुँधिया रही थीं, माथे और ऊपर के होंठ पर पसीने की बूँदें चुहचुहा आई थीं और उस टोपी के नीचे उनके बालों की जड़ों को भिगो रही थीं जिसे पहनने का आग्रह जहाज के कप्तान ने किया था। मेडलिन कुछ पल के लिए ठिठकीं और फिर जहाज की सीढ़ियों से उतरकर बाहर आ गईं। जब तक वे जमीन पर पैर रखतीं, उन्हें इतना पसीना आ गया था कि फ्रॉक उनके कन्धों से चिपक गई थी लेकिन उनके कदम सधे हुए थे।

आश्रम यथाशीघ्र पहुँचने की अधीरता में उन्होंने उनकी अगवानी के लिए महात्मा गांधी के द्वारा भेजे गए मेजबान का यह अनुरोध शालीनता से ठुकरा दिया कि वे कुछ दिन बम्बई में बिताएँ। मेजबान एक अमीर पारसी वकील थे, जो राष्ट्रवादी

रुझान वाले व्यक्ति थे। उन्होंने सुझाव दिया कि वे कुछ दिन बम्बई में आराम करें, थोड़ा घूम कर शहर को देखें। लेकिन मेडलिन ने उसी शाम अहमदाबाद के लिए रेलगाड़ी से रवाना होने पर जोर दिया।

अपोलो बन्दरगाह से मलाबार हिल में वकील साहब के बँगले तक उनकी बग्घी रंग-बिरंगी ऊँची इमारतों के बीच सँकरी गलियों से होकर गुजरी। गलियों में भीड़ थी, अधिकतर मर्दों की। बैलगाड़ियों और बग्घियों के अलावा अच्छी-खासी संख्या में खरसैले कुत्ते नज़र आ रहे थे। लेकिन मेडलिन इन तमाम दृश्यों; फेरीवालों के शोर, बैलों के गले की घंटियों की आवाज़ों, घोड़ों की टापों, इक्केवालों की चीख भरी हिदायतों, पेड़ों पर सुरक्षित महसूस करने वाले तोतों के विपरीत परकोटों और ज़मीन पर फुदक रहे कौवों की काँव-काँव आदि सबसे एकदम निरपेक्ष थीं।

मेडलिन की इन्द्रियाँ अगर किसी चीज के प्रति संवेदनशील हो उठी थीं तो वह थी नितान्त अपरिचित मसालों, समुद्र और धूप में सूखती मछलियों की मिली-जुली गन्ध। उनकी शिष्टाचारजनित उत्सुकता की अभिव्यक्ति बम्बई के उन स्मारकों के प्रति उनकी उदासीनता को छिपा रही थी जिनकी ओर उनके मेजबान उनका ध्यान आकृष्ट करा रहे थे। मेजबान में वह उत्साह छलक पड़ रहा था जो भारत के इस सबसे उदार शहर के निवासियों में आमतौर पर पाया जाता है। मेडलिन ने उन्हें यह नहीं बताया कि वे अपनी उम्र के पन्द्रहवें से सत्रहवें साल के दौरान अपने परिवार के साथ यहाँ रह चुकी हैं। उन्हें यह जताने में परेशानी हो रही थी कि वे बम्बई को कितना कम जानती थीं, हालाँकि वे यहाँ दो साल रह चुकी थीं। और उन्हें उन प्रश्नों से भी डर लग रहा था जो उनके इस स्वीकार के बाद उत्सुकतावश पूछे जा सकते थे।

शुद्ध भौगोलिक सन्दर्भ में वे यहाँ की निवासी जरूर रहीं मगर वे बम्बई में कभी 'रहीं' नहीं। आज उन्हें याद आ रहा था कि उनका जीवन भारतीय परिवेश से कितना अछूता रहा था। वह सम्पूर्ण अलगाव नहीं था। शोर-शराबे, चटख रंगों और विविध गन्धों वाली बम्बई जितना उनके अन्तर में प्रवेश नहीं कर पाई उससे ज्यादा वह भावबोध के उन दरवाजों को चकनाचूर करती जो उसके प्रवेश को निषिद्ध करते थे। इस भीड़भाड़ वाले शहर में हिन्दू, मुसलमान, ईसाई तमाम मजहबों के लोग बसे थे, जो भाषा और क्षेत्र के आधार पर भी आपस में बँटे हुए थे। हर समुदाय की अपनी खास वेशभूषा थी, शिरोवस्त्र वगैरह। संगीत और बोली तो थी ही, अपना विशिष्ट खानपान, मसाले वगैरह थे जो इस शहर को अनूठी गन्ध से भर देते थे। यह गन्ध उन दीवारों से रिसती रहती थी, जिन्हें अंग्रेजों ने दो सौ वर्षों की अपनी मौजूदगी के दौरान खड़ा किया था। ये दीवारें सिर्फ लाल-बैंगनी बोगनवेलिया से ढँकी ईंटों की ही नहीं थीं जिनके भीतर उनके विशाल बँगले बने थे, बल्कि ये दीवारें सख्त तहजीबों

और सामाजिक दूरियों की भी थीं जिन्हें साम्राज्यवादी शासकों ने भारत तथा भारतीयों को परे रखने के लिए खड़ा किया था। यह दूरी इतनी थी कि उनकी औरतें और उनके बच्चे इस देश को बस उसके गरम मौसम और वनस्पति के जरिए ही जानते थे। भारत से जुड़े उनके बाकी अनुभव अस्पष्ट और रंग-बिरंगे तो थे मगर प्रवासी ब्रिटिश जीवन की नाटकीय प्रस्तुति के प्रच्छन्न पृष्ठपट जैसे थे। ऊँचे लोग इस जीवन के सामाजिक पिरामिड के शिखर पर थे। अलगाव जितना ज्यादा था, रिसाव उतना कम था। मेडलिन के पिता सर एडमंड स्लेड, ईस्ट इंडीज अड्डे के कमांडर इन चीफ, और बम्बई प्रेसीडेंसी के सर जॉर्ज क्लर्क इस पिरामिड के शिखर पर थे।

मेडलिन को उन दो वर्षों के दौरान घरेलू नौकर-चाकरों के अलावा किसी भारतीय से करीबी सम्पर्क की याद नहीं थी। नौकर-चाकरों में भी कुछ गिने-चुनों की ही याद थी। कुछ नौकरों की याद काफी स्पष्ट थी। उदाहरण के लिए, घनी मूँछ-दाढ़ी वाले पगड़ीधारी कोचवान की खासतौर से याद थी। वह स्लेड परिवार को बन्द बग्घी में उन चन्द ब्रिटिश परिवारों के घर ले जाया करता था जिन्हें वह परिवार सामाजिक मेल-जोल के काबिल मानता था। फिर, गोवा के उस रसोइए की याद थी, जो आबनूसी काले रंग का था और जिसके सलवटदार काले बालों पर सफेदी उतरने लगी थी, जो खाने की मेज पर परिवार का इन्तज़ार करता था और भारतीय-पुर्तगाली लहजे में थोड़ी-बहुत अंग्रेजी बोल लेता था। इसके अलावा, गंजे होते सईस की याद थी, जिसकी आँखें पनीली थीं और दाढ़ी खिजाब के कारण चम्पई रहती थी। वह मेडलिन के घोड़े की देखभाल करता था और जब वे उस पर सवारी करतीं तो उसके पीछे-पीछे दौड़ता। और जब उसे लगता कि वे घोड़े को ज्यादा तेज दौड़ा रही हैं तो "मिस्सी-मिस्सी" चीखकर उन्हें सावधान करता। कुछ लोगों की धुँधली-सी स्मृतियाँ थीं। जैसे दुबले-पतले मुसलमान दर्जी की, जो नाक से सरकता कमानीदार चश्मा चढ़ाए बरामदे पर सिंगर मशीन के ऊपर झुका रहता और साहब के लिए कमीज, पाजामे सिलता या मेम साहबों के लिए लन्दन में सिले फ्रॉक की नकल करता रहता। मसालची की भी मेडलिन को हल्की-सी याद थी। वह शाम होते ही घूम-घूमकर पूरे बँगले, यहाँ तक कि अस्तबल की असंख्य लालटेनों वगैरह में तेल भरने लगता। रसोइए के भतीजे और सहायक की भी याद थी मेडलिन को। वह एक शर्मीला-सा लड़का था जो अपने चाचा के साथ-साथ लगा रहता था और सुबह में मांस, मछली, बर्फ, सोडे की बोतलें, सब्जी और फल वगैरह लाने अपने चाचा के साथ बाज़ार जाया करता था। और मेडलिन को यह भी लगता था कि मुख्य सईस, झाड़ूवालों, पिता के दफ्तर के बगीचे की देखभाल करने वाले पट्टेदार, सबके सहायक थे, जो घर के नौकरों का हाथ बँटाने से मना करते थे। उन सबके भूरे चेहरे आज गड्डमड्ड होकर

मेडलिन के स्मृति पटल पर उभर रहे थे। वे सब चुपचाप जुटे रहते थे, और मेडलिन तब समझ नहीं पाती थीं कि आखिर वे किस काम में व्यस्त रहते थे।

बम्बई में मेडलिन की दिनचर्या ऐसी थी जिससे उनकी उम्र की लड़कियाँ उनसे ईर्ष्या करतीं। हर दिन वे कम से कम सोलह हाथ ऊँचे विशाल काले घोड़े की सवारी बैक वे के इर्द-गिर्द करतीं। और एडमिरल हाउस में तब लौटतीं जब अरब सागर का रंग सुबह के स्लेटी से हल्का दूधिया नीला होने लगता और चढ़ते सूरज की किरणों से समुद्र का पानी जगह-जगह चमकने लगता।

एडमिरल हाउस महलनुमा बँगला था जिसमें दर्जनों कमरे, नौकरों के लिए क्वार्टर और घोड़ों के लिए अस्तबल भी थे। इसका बगीचा काफी बड़ा था जिसका अंग्रेजी रंग-ढंग बनाए रखने के लिए चार-पाँच माली रोज जुटे रहते थे। मेडलिन को सरदार माली की हल्की-सी याद थी। वह नाटे कद का, झुर्रीदार चेहरे वाला आदमी था, जो मिट्टी के रँग में रँगी कमीज पहनता था। उसकी नंगी बाँहें और पतले पैर पसीने में काँसे की तरह चमकते थे। बरसात के दिनों में मालियों की संख्या बढ़ जाती थी क्योंकि इस मौसम में काफी कटाई-छँटाई की जरूरत पड़ती थी वरना बगीचे का अंग्रेजी चरित्र खत्म हो जाने और मूल भारतीय हरियाली के उभर आने का खतरा रहता था।

मेडलिन की रोज की घुड़सवारी आम तौर पर सुबह की लौटती लहरों के कारण समुद्रतट पर जमा हुई सख्त रेत पर दुलकी चाल वाली होती थी। वैसे, एक बार व्यवधान आया था, बम्बई की उनकी पहली बरसात में। उस दिन बारिश थोड़ी थमी थी। मेडलिन एक सप्ताह से ज्यादा से एडमिरल हाउस के पुराने-से कमरों में कैद हो गई थीं और जो भी किताब पढ़ने के लिए उठातीं उसमें मन न लगा पा रही थीं। दिन भर अँधेरा और सीलन-सी रहती, सूरज धूसर रंग के बादलों के पीछे छिपा रहता। दो दिन तक लगातार मूसलाधार बारिश होती रही थी। लगता था कि कोई स्वर्ग का दरवाजा खोलने के बाद बन्द करना भूल गया था। अन्ततः एक शाम जब बारिश थमी और आसमान साफ हुआ तो उस रात मेडलिन ठीक से सो न सकीं। सारी रात वे इसी कल्पना से खुश होती रहीं कि सवेरे बैक वे पर घुड़सवारी करने का मौका मिलेगा। पौ फटने ही वाली थी और वे समुद्रतट पर पहुँच गई थीं—लम्बे समय से लापता सूरज की वापसी पर उसका स्वागत करने के लिए। और जब वह जाना-पहचाना नारंगी गोला उभरा तो उसके चारों ओर लाली का वृत था। समुद्र की लहरें भी बोझिल-सी लग रही थीं। हल्की बयार की जगह तेज हवा चल रही थी जो समुद्र के झाग को घुड़सवार और घोड़े की ओर उड़ा रही थी। जब मेडलिन वहाँ पहुँची थीं उस समय के हल्के धूसर रंग के बिखरे बादल जल्द ही इकट्ठा होकर काले पहाड़ों

की शक्ल ले चुके थे। पन्द्रह मिनट के अन्दर बोझिल और फूले हुए बादलों ने, जो पूरब से उगते सूरज की बैंगनी-सी रोशनी से चमक रहे थे, आसमान को पूरी तरह ढँक लिया।

सईस आसमान की ओर देखते हुए चिन्तित स्वर में बोला, ''मिस्सी, हमें लौट जाना चाहिए। तूफान आ रहा है। आसार अच्छे नहीं हैं।'' मेडलिन समझ नहीं पाईं कि यह कैसे हुआ। शायद हवा की रफ्तार अचानक गिर गई, नमी का अन्तिम झोंका सीटी जैसी बजाता हुआ उठा। दूर समुद्र के ऊपर आसमान में बिजली कड़कने लगी, बादलों की लगातार धीमी गड़गड़ाहट उभरने लगी। पीछे लौटने के बजाय मेडलिन ने घोड़े की लगाम ढीली कर दी और घोड़े के ऊपर झुक गईं और विशाल वेलर को आगे बढ़ने का संकेत दे दिया। घोड़े ने जब रफ्तार पकड़ी तो मेडलिन के चेहरे पर बारिश के थपेड़े पड़ने लगे। उन्होंने घोड़े की ताकत और गति दोनों ओर से जकड़े अपने पैरों के जरिए अपने शरीर में प्रवाहित होती महसूस की। भीगी हुई रास हाथों से फिसल रही थी। मेडलिन ने अपनी आँखें बन्द कर लीं और उसे फिसल जाने दिया। घोड़ा भीगी रेत के कारण रुकता, इससे पहले कुछ क्षण के लिए वे घुड़सवार नहीं बल्कि घोड़े का ही एक हिस्सा बन गई थीं और भय अथवा खतरे का जो भी एहसास बचा था वह अपूर्व आनन्द में डूब गया। और जब वे एडमिरल हाउस की ओर लौट रहे थे, घोड़े को काबू में कर लिया गया था और पीछे-पीछे चलता सईस मेडलिन की माँ से की जानेवाली अपनी शिकायत बुदबुदा रहा था, तब उस क्षण की याद उनके शरीर में झुरझुरी पैदा कर रही थी।

सुबह की घुड़सवारी के बाद मेडलिन को पियानो सीखना होता। इसके लिए एक अंग्रेज व्यापारी की विधवा आती थी, जो संगीत का अच्छा ज्ञान रखती थी और जिसने बम्बई को ही अपना घर बनाने का फैसला कर लिया था। लेकिन जैसा कि इंग्लैंड में होता था, मेडलिन को यहाँ भी पियानो के सरगम और पाठों के साथ काफी मशक्कत करनी पड़ती थी। उनकी उँगलियाँ उतनी तेजी से नहीं घूम पाती थीं जितनी तेजी से दिमाग में घूमती थीं।

सुबह में बाकी समय वे कुछ पढ़तीं या माँ के साथ घूमतीं। माँ घर के कामकाज में कुछ हाथ बँटाने की मशक्कत में घूमतीं, हालाँकि घर उनके बिना भी अच्छी तरह चल रहा होता। गोवन रसोइया ही नौकरों को रखता या निकाल बाहर करता, उन्हें काम सौंपता और उनके झगड़े निबटाता। चूँकि श्रीमती स्लेड को घर में इस्तेमाल होने वाली चीजों की कीमतों या उनके स्तर की कोई जानकारी नहीं रहती इसलिए वे हर

हफ्ते जो हिसाब-किताब लेतीं वह एक रस्मअदायगी ही होती। वे बस इतना करतीं कि नालियों की जाँच करतीं कि उनमें मच्छरों के अंडे तो नहीं हैं, या माली को फूलों और सब्जी के लिए बधाई देतीं, या बीमार नौकरों को कुनैन की गोलियाँ देतीं या फिर दर्जी को मरम्मत या सिलाई के लिए कुछ-कुछ देती रहतीं। बर्था खुशकिस्मत थी। उसने परिवार के कपड़ों की देखभाल का काम चुन लिया था। कपड़ों में सीलन, तिलचट्टों और दीमकों से बचाने में उसका काफी समय और ऊर्जा लगती। मेडलिन अकसर पाती कि बर्था टिन के बक्सों से कपड़े निकालकर जोर-जोर से झाड़ती या लोहे की उन प्लेटों में दवा भरती रहती जिनमें सागवान की उन अलमारियों के पैर रखे होते जिनमें रेशमी और ऊनी कपड़े रखे होते।

जाड़े की दोपहरों में गवर्नमेंट हाउस या एडमिरल हाउस में टेनिस चलता, जिसमें मेडलिन से तीन साल छोटी बहन रोहना उनका साथ देती। बेशक इरादा यह होता कि गवर्नर या पिता के खूबसूरत युवा एडीसी के साथ मिक्स्ड डबल्स खेलने का मौका मिल जाए। रोहना ने हालाँकि इधर गोल्फ खेलना शुरू किया था मगर टेनिस में साथी खिलाड़ी के साथ आँखों के इशारों, या किसी शॉट पर वाहवाही देने के लिए नंगी बाँह पर हल्की-सी थपकियों या सर्विस करने के लिए गेंदों के आदान-प्रदान के बीच उँगलियों के स्पर्श आदि के जरिए रोमांस के ज्यादा मौके थे।

रोहना को गवर्नमेंट हाउस में होने वाली डिनर पार्टियाँ भी काफी अच्छी लगती थीं, जो एडमिरल हाउस में होने वाली पार्टी के बाद होती थीं। उसे बम्बई की गुलाबी ठंड वाले मौसम में अकसर होने वाले डांस और बॉल डांस का भी काफी इन्तज़ार रहता था। लेकिन मेडलिन के लिए डांस एक यातना ही थे। रोहना उन्हें वाल्ज़ सिखाने की कोशिश करती मगर बेडरूम में की जानेवाली यह गोल-गोल घूमनेवाली बेमानी कवायद उन्हें काफी पीड़ादायक लगती। और बॉलरूम में जब पसीने से भीगे युवक अपने गीले हाथों से उन्हें डांस के लिए खींचते तो उनके बदन की गरमी और गन्ध उन्हें बेहद असह्य लगती। इन लड़कों की गन्ध से तो उन्हें घोड़ों के पसीने की गन्ध बेहतर लगती। लेकिन कमांडर इन चीफ की बेटी होने के नाते उनसे न केवल वहाँ अपनी गरिमापूर्ण उपस्थिति दर्ज कराने बल्कि डांस के लिए मर्दों के निमन्त्रण को मुस्कुराते हुए स्वीकार करने की अपेक्षा की जाती थी, भले ही वे साथी डांसर के प्रति ऊब या उदासीनता महसूस करती हों या उनकी ऊटपटाँग हरकतों के बारे में जैसा भी महसूस करती हों।

सामाजिक मेल-जोल के प्रति मेडलिन की अनिच्छा केवल गवर्नमेंट हाउस की उस एक पार्टी को लेकर नहीं थी, जो अपनी चमक-दमक और बोरियत के कारण उनकी यादों में बनी हुई थी। यह परदा पार्टी थी, जो गवर्नर साहब भारतीय युवराजों

की पत्नियों (और बम्बई की अग्रणी भारतीय हस्तियों) के सम्मान में हर साल देते थे। ये लोग जाड़े की घुड़दौड़ के लिए शहर में आया करते थे। दोपहर में होने वाली इस चाय-पार्टी का इन्तज़ार इन रानियों-महारानियों को रहता और वे इसके लिए हफ्तों पहले से तैयारी करती थीं। गवर्नमेंट हाउस वह एकमात्र तटस्थ क्षेत्र था, जहाँ वे सभी इकट्ठा हो सकते थे, जहाँ पुरानी पारिवारिक दुश्मनियों, ताजा अपमानों और गहरी ईर्ष्याओं को कुछ घंटे के लिए दरकिनार किया जा सकता था और महिलाएँ खुश होकर एक-दूसरे से मिला करती थीं, एक-दूसरे की तारीफ किया करती थीं। प्रायः सभी महिलाएँ परदे में होती थीं, परिवार के मर्दों के सिवा दूसरा कोई मर्द पास नहीं फटक सकता था, गवर्नर साहब भी नहीं और न ही उनके पुरुष कर्मचारी। आमतौर पर गवर्नर साहब की पत्नी दूसरे अंग्रेज अफसरों की बीवियों के साथ मेजबानी करती थीं। लेकिन सर जॉर्ज अपनी दोनों पत्नियों को गँवा चुके थे और उनकी इकलौती बेटी भी कुछ साल पहले हैजे की महामारी में गुजर चुकी थी इसलिए मेडलिन की माँ और उनकी बेटियों को ही इस पारम्परिक पार्टी की मेजबानी करने के लिए कहा जाता था।

एक-एक करके बग्घियाँ दरवाज़े पर रुकतीं और अलग-अलग रियासतों की वर्दी में सजे कोचवान उनमें से कूद कर उतरते। उन वर्दियों से रियासतों के युवराजों की शान झलकती। हर कोचवान काले रेशम के लम्बे-से कपड़े का एक छोर बग्घी से बाँध देता और दूसरा छोर दोनों लड़कियों को थमा देता। मेडलिन और रोहना इसे लेकर लाल कालीन से ढँकी सीढ़ियों तक दौड़ जातीं और कपड़े को ऊँचा उठाकर थामे रखतीं। इस तरह परदे से ढँका एक रास्ता बन जाता जिस पर गवर्नमेंट हाउस की ऊपर की मंजिलों से झाँक रहे मर्दों की नज़र नहीं पड़ सकती थी। जैसे ही कोचवान मकान के एक ओर जाकर ओझल हो जाता, राजकुमारी बग्घी से उतरती। सोने की ज़री से सजी शानदार रेशमी साड़ी और चमचमाते गहनों से सजी राजकुमारी उस परदे वाले रास्ते से होती हुई सीढ़ियाँ चढ़ती, जहाँ मेडलिन की माँ उनका स्वागत करतीं। सीढ़ियों से बार-बार उतरकर बग्घी तक दौड़ना, रेशमी परदे को उठाकर पकड़े रखना, नाश्ते वगैरह के सामान पर नज़र रखना, परदे के पीछे छिपे गवर्नमेंट हाउस के ऑर्केस्ट्रा के साज़िन्दों को देखना थकाने वाले काम तो थे मगर मजेदार भी थे। लेकिन यह पार्टी मेडलिन के लिए एक खास आकर्षण भी थी क्योंकि इसमें उन्हें भारतीय तथा कई विदेशी नस्लों के घोड़े देखने का मौका मिलता था जिन्हें भारतीय राजे-महाराजे आयातित करते थे और जिन्हें इंग्लैंड में शायद ही देखा जाता था। उनमें मजबूत मारवारी घोड़े थे जो अब लड़ाइयों के लिए नहीं पाले जाते थे, शक्तिशाली ऑस्ट्रेलियाई वेलर घोड़े थे, खाड़ी के अरबी घोड़े और न्यू इंग्लैंड के एक-दो मोर्गन

घोड़े भी दिख जाते थे। लेकिन सबसे उम्दा थे गठीले वदन, झबरीले अयाल और घनी पूँछों वाले शाग्या अरबी घोड़े, जो अपनी उम्दा नस्ल और खूबसूरती से मेडलिन को मन्त्रमुग्ध कर देते थे। पार्टी में उनकी सारी भाग-दौड़, मेहमानों के साथ बेमानी, विनम्र वार्ताओं, सिसिलयाई बैंड मास्टर से गवर्नर के हाउसकीपर की पसन्दवाली पोलका धुन की जगह कोई और धुन बजाने की गुजारिशों में लगनेवाली मेहनत उस समय सार्थक हो जाती जब वे उन शानदार घोड़ों के बगल में खड़ी होतीं।

बम्बई से पेशावर का 2500 मील का सफर 47 घंटों में कराने वाली पंजाब मेल के बाद अहमदाबाद जाने वाली गुजरात मेल ही बम्बई, बड़ौदा और मध्य भारत रेलवे (बीबी ऐंड सीआइ) की सबसे तेज रेलगाड़ी थी। गुजरात के गाँवों के बीच रात में गुजरती इस रेलगाड़ी से बाहर कुछ देख पाना मुश्किल था और मेडलिन चाहती थीं कि यह कुछ और तेज दौड़ती। प्रथम श्रेणी के डिब्बे में अकेली निचली बर्थ पर करवटें बदलतीं मेडलिन को नींद नहीं आ रही थी। रेलगाड़ी की गति ही नहीं, उत्तेजना और नरम बिस्तर तथा स्टेशनों पर फेरीवालों की अजीबोगरीब आवाज़ों ने उन्हें रात भर जगाया। फिर भी अगली सुबह जब रेलगाड़ी अहमदाबाद स्टेशन पर रुकी तो वे कोई थकान नहीं महसूस कर रही थीं। महात्मा गांधी के रू-ब-रू होने, एक इच्छा के पूरे होने की उत्तेजना ने उनमें ऊर्जा भर दी थी। अपने अंगों में वे जो भी भारीपन महसूस कर रही होंगी उसे इस ऊर्जा ने मस्तिष्क के हल्केपन में बदल दिया और उनकी सभी ज्ञानेन्द्रियों को जगा दिया। भले ही उन्हें थोड़ा गड्डमड्ड भी किया। उनके डिब्बे की खिड़की के बाहर प्लेटफॉर्म अपरिचित गतिविधियों, रंगों और आवाज़ों के घालमेल के रूप में उपस्थित था। मेडलिन एक क्षण के लिए आशंकित-सी हो गईं मगर यह आशंका शीघ्र ही नए भावावेग में बह गई। उन्होंने नज़र उठाई तो खिड़की से एक युवक अपने काले फ्रेम वाले चश्मे के मोटे शीशे से झाँक रहा था। उसके चेहरे पर स्वागत भाव की उत्साह भरी मुस्कान थी। उसके साथ एक बुजुर्ग भी थे जिनकी मुस्कान थोड़ी संयमित-सी थी, जो तीखे मगर शालीन चेहरे को कोमलता प्रदान कर रही थी। एक तीसरा सिर भी दिख रहा था, जो पृष्ठभूमि में कभी उभर आता था तो कभी ओझल हो जाता था। गांधीजी के निजी सचिव महादेव देसाई, उनके भरोसेमन्द राजनैतिक सिपाही सरदार पटेल (कांग्रेस में जिनके कद की बराबरी केवल जवाहरलाल नेहरू करते थे) और साप्ताहिक *यंग इंडिया* के प्रबन्धक स्वामी आनन्द उनकी अगवानी के लिए स्टेशन पर आए थे।

आश्रम में, जहाँ कोई गोपनीयता नहीं बरती जाती थी या जहाँ कोई चीज ज्यादा देर तक गोपनीय नहीं रहती थी, हर किसी को मेडलिन के आगमन का पता था। हम सब जानते थे कि वे पूर्व ब्रिटिश कमांडर इन चीफ की बेटी हैं जिन्होंने बापू के साथ अपनी किस्मत जोड़ देने का फैसला किया है। (आश्रमवासी गांधीजी को बापू कहते थे, 'पिता' के लिए गुजराती सम्बोधन। गुजराती रिवाज के मुताबिक बाकी हर कोई या तो भाई था या बहन थी और यह सम्बोधन उसके नाम के साथ जुड़ा होता था। अलबत्ता कस्तूरबा माँ थीं)। हम यह भी जानते थे कि मेडलिन महान फ्रांसीसी लेखक और बापू के प्रशंसक रोमाँ रोलाँ के परिचय से आ रही थीं। उनके आगमन से एक महीना पहले बापू को रोलाँ का पत्र मिला था, जिसे उन्होंने मेडलिन के आगमन से एक दिन पहले प्रातःकालीन प्रार्थना सभा में पढ़कर सुनाया।

इसमें लिखा था, "प्रिय भाई! जल्द ही आप साबरमती में मेडलिन स्लेड का स्वागत करेंगे, जिन्हें आपने अपने आश्रम में दाखिला देने की कृपा की है। वे मेरी बहन और मेरी प्यारी मित्र हैं और मैं उन्हें अपनी मानस पुत्री मानता हूँ। हाल के दिनों में वे जबरदस्त भावनात्मक उथलपुथल से गुजरी हैं और मुझे बेहद खुशी है कि वे खुद को आपके मार्गदर्शन के लिए समर्पित कर रही हैं। मुझे पूरा विश्वास है कि उन्हें आप अपने सबसे पक्के और विश्वसनीय शिष्यों में पाएँगे। उनकी आत्मा प्रशंसनीय ऊर्जा और प्रबल समर्पण भाव से भरी है। वे एकदम सीधी-सादी और ईमानदार हैं। आप जिस लक्ष्य के लिए कार्य कर रहे हैं उसके लिए यूरोप उनसे ज्यादा विनम्र या निष्काम व्यक्ति प्रस्तुत नहीं कर सकता। उन्हें हजारों यूरोपवासियों का प्यार और मेरा आदर मिले।"

मेडलिन को लेकर आश्रम में काफी उत्सुकता और अटकलें थीं, खासकर स्त्रियों में, कि हम जैसा जीवन जी रहे हैं उससे वे तालमेल किस तरह बिठाएँगी। रसोई में, जिसकी प्रभारी कस्तूरबा थीं, आशंकाएँ खुल कर जाहिर की जा रही थीं। कुछ स्त्रियों को शिकायत थी कि बापू उन्हें कुछ खास हैसियत दे रहे हैं। आश्रम के प्रवेश द्वार के दाहिने ओर के पहले मकान का कोने वाला कमरा उनके लिए चुना गया था। यह कमरा कुएँ के सामने था। कमरे में दो खिड़कियाँ और दोनों ओर दरवाज़े थे इसलिए यह काफी रोशन और हवादार था। कमरे के साथ एक बरामदा भी था। सबसे महत्त्वपूर्ण बात यह कि उन्हें आश्रम की सबसे बड़ी विलासिता की छूट मिलने वाली थी। उन्हें नितांत निजी उपयोग के लिए अलग गुसलखाना मिलने वाला था। यानी उन्हें सुबह में स्नान के लिए आश्रम की दूसरी स्त्रियों के साथ कतार में इन्तज़ार नहीं करना पड़ेगा। बा छोटे-से स्टूल पर बैठकर रसोई के कामों की निगरानी करती थीं क्योंकि उनके घुटने तकलीफ देने लगे थे। करीब 150 आश्रमवासियों के लिए

खाना तैयार करने के लिए आटा गूँधे जाने, सब्जी काटे जाने से लेकर रसोई के तमाम दूसरे कामों पर थोड़ी गम्भीरता से नज़र रखते हुए बा ने स्त्रियों को बातें करने में टोका नहीं।

जब मेडलिन और उनकी स्वागत समिति को लेकर आई मोटरगाड़ी आश्रम में आई तो मेडलिन ने अपने चश्माधारी साथी का यह सुझाव मानने से मना कर दिया कि वे बापू से मिलने से पहले हाथ-मुँह धो लें। विनम्र परंतु स्पष्ट शब्दों में मेडलिन ने कहा कि उन्हें सीधे बापू के पास ले जाया जाए। उस पहली मुलाकात के दो ब्यौरे हैं। एक ब्यौरे के मुताबिक, बापू की कुटिया में घुसते ही मेडलिन उनके आगे फर्श पर लेट गईं। बापू तुरन्त अपने गद्दे से उठकर डेस्क के आगे से घूम कर आगे आए और उन्हें अपने पैरों पर खड़े होने के लिए सहारा दिया। उनके दोनों हाथों को अपने हाथों में लेते हुए उन्होंने कहा, ''तुम मेरी बेटी बन कर रहोगी!'' दूसरे ब्यौरे के मुताबिक, बापू को देखते ही मेडलिन बेहोश हो गईं। जब उन्हें होश आया तो उन्होंने खुद को फर्श पर लेटा हुआ पाया। बापू का चिंतित चेहरा उनके चेहरे को घूर रहा था। उनके होंठ हिल रहे थे मगर मेडलिन समझ न पाईं कि वे क्या कह रहे थे।

दशकों बाद अपनी फिल्म 'गांधी' के लिए शोध के क्रम में रिचर्ड एटनबरो ने उनसे पूछा था कि कौन-सा ब्यौरा सही है तो उन्होंने रहस्यमय ढंग से जवाब दिया, ''दोनों।'' उन्होंने बताया था, ''जैसे ही मैंने फर्श पर बिछे गद्दे पर बैठी उनकी कृशकाया देखी, मुझे उनकी दिशा से आते प्रकाश की जबरदस्त अनुभूति हुई। यह ऐसा प्रकाश था जिसे मैंने देखा नहीं बल्कि महसूस किया...मेरी आँखों के पीछे जैसे उसका विस्फोट हो गया था।''

तीन

सन् 1925 में साबरमती आश्रम छह वर्ष पुराना हो चुका था। गांधीजी ने इसके लिए स्थान का चयन काफी सावधानी से किया था। उन्हें पता था कि प्रसिद्ध दधीचि मुनि का आश्रम साबरमती के तट पर उसी स्थान पर था, या कम से कम काफी करीब था। आधुनिक भारतीय इतिहास नहीं बल्कि हिन्दू पौराणिक कथा के दधीचि मुनि के बारे में किंवदंती प्रचलित है कि उन्होंने अपनी हड्डियाँ इन्द्र देवता को दान दी थीं। उनकी पसली की हड्डियों से इन्द्र ने वज्र का निर्माण किया था और दानवों को पराजित किया था।

आश्रम की ज़मीन पर गारा, ईंटों और लकड़ी से कई कुटियाएँ बनाई गई थीं जिनकी खपरैल की छतों को अलकतरे से पोता गया था ताकि बारिश में उनसे पानी न चुए। नदी तट के ठीक ऊपर गांधीजी की कुटिया में तीन कमरे, एक रसोईघर और एक भंडारघर था। कस्तूरबा पीछे के दो में से एक कमरे में रहती थीं, एक कमरा मेहमानों के लिए था। गांधीजी सामने वाले कमरे में रहते थे जिसके साथ एक बरामदा था, जिसका रुख नदी की ओर था। 200 वर्ग फुट की इस छोटी-सी जगह से वे आश्रम की गतिविधियों पर नज़र रखते थे, साथ ही भारत के स्वतन्त्रता संघर्ष का भी संचालन करते थे। जहाँ तक उनकी बात थी, उनके लिए अहिंसा और सत्य के उच्चतम आदर्शों का पालन करने और अपने भीतर महानतम आध्यात्मिक क्षमता का विकास करने के लिए संघर्षरत स्त्रियों और पुरुषों के एक समुदाय का विकास देश के लिए राजनैतिक आज़ादी हासिल करने के समान ही महत्त्वपूर्ण था। इसी कमरे में वे हर दिन कम से कम एक घंटा चरखा कातते थे, 'नवजीवन' और 'यंग इंडिया' का संपादन करते थे, ढेर सारी चिट्ठियों के जवाब देते थे, आश्रम में दैनन्दिन उठनेवाली समस्याओं पर अपने भतीजे और आश्रम के प्रशासक मगनलाल गांधी को सलाह देते थे, और कांग्रेस के नेताओं के साथ राजनैतिक रणनीतियों पर विचार-विमर्श करते थे। इसी कमरे में वे निरन्तर आने वाले मेहमानों से मिलते थे। उनमें से ज्यादातर लोग बस उनके साथ कुछ पल बिताना चाहते थे, इस महात्मा की आध्यात्मिक ऊर्जा को आत्मसात करना चाहते थे।

आश्रम की दिनचर्या में सादगी और अनुशासन पर जोर था। मेडलिन इसमें नई कार्मेलाइट नन, संन्यासिनी की तरह शामिल हो गईं। चार बजे भोर में उठ जाती थीं और आधे घंटे बाद आश्रमवासियों के साथ प्रातःकालीन प्रार्थना में शामिल हो जातीं। खेतों, बागों, डेरी या कार्यशाला में दिन भर के काम में व्यवधान केवल डाइनिंग हॉल में होने वाले भोजन से पड़ता था। नाश्ता 6.30 बजे होता था। इसके बाद 10.30 पर दिन का भोजन होता था। इसमें चावल, सब्जी, दूध, रोटी आदि हुआ करती थी। रात का भोजन 6.30 या 7 बजे होता था, मौसम के हिसाब से रात का भोजन हल्का होता था। इसमें दूध नहीं होता था, क्योंकि गांधीजी का मानना था कि यह सुपाच्य नहीं होता और नींद में खलल डालता है। रात नौ बजे तक सब लोग अपने-अपने कमरे में पहुँच जाते और 9.30 बजे बत्तियाँ बुझा दी जाती थीं।

गांधीजी की समय की पाबन्दियों की कहानियाँ तो किंवदन्ती ही बन गई थीं। उन्हें समय बरबाद करने से नफरत थी। यहाँ तक शौच के वक्त भी वे कमोड पर बैठे गीता के श्लोक याद करते रहते थे। उनका कहना था, "ईश्वर जब सर्वव्यापी है तो उसका काम भी हर जगह किया जा सकता है।" आश्रम की दैनिक गतिविधियों के संचालन के लिए घंटी लगी थी और गांधीजी के बाद इसका ही दबदबा था। उदाहरण के लिए, भोजन के समय घंटी तीन बार बजती थी, पहली घंटी लोगों को भोजन के कमरे में पहुँचने का संकेत होती थी। दूसरी घंटी इस कमरे के दरवाजे बन्द किए जाने के ठीक पहले बजती थी। तीसरी घंटी का संकेत होता था कि अब भोजन शुरू किया जाए। मेडलिन ने एक बार गिना था कि आश्रम की घंटी दिन भर में छप्पन बार बजती थी।

सब्जी का बगीचा, बगान, खेत, दुग्धशाला के अलावा बढ़ई, चमड़े के काम और कपड़ा बुनाई के शेड अगर आश्रम के अंग, हड्डियाँ, मांसपेशियाँ और नसें थीं; साझी रसोई और भोजन का कमरा उसके पेट थे, तो नदी के किनारे गांधीजी की कुटिया के सामने की ऊँची जमीन उसका हृदय थी। और आश्रम की आत्मा वहीं होती जहाँ गांधीजी होते। सर्वव्यापी घंटी बजते ही प्रातः 4.30 बजे प्रार्थना शुरू हो जाती। शुरू में संस्कृत के श्लोक पढ़े जाते। इसके बाद भजन गाए जाते, जिनका निर्देशन आश्रमवासी संगीतकार पंडित खरे करते। विशाल काया वाले पंडित खरे मोटी मूँछ रखते थे जो दोनों ओर से उलटी उमेठी होती थीं। मेडलिन के यूरोपियाई कानों के मुताबिक उनकी आवाज़ बुलन्द तो थी मगर उसे संगीतमय नहीं कहा जा सकता था। भजन केवल हिन्दू धर्म के नहीं होते थे। मेडलिन आश्रम में अपने तीसरे दिन तब आश्चर्य में पड़ गईं जब गांधीजी ने उनसे अपने पसन्दीदा ईसाई भजन के गायन का नेतृत्व करने को कहा। यह भजन था—'व्हेन आइ सर्वे द वंडरस क्रॉस।' इस भजन

के बाद भगवत् गीता का पाठ किया गया। उन दिनों उसका गुजराती अनुवाद गांधीजी कर रहे थे। इसके बाद उन्होंने आध्यात्मिक विषय पर पन्द्रह-बीस मिनट का प्रवचन दिया। फिर प्रार्थना सभा समाप्त हुई और आश्रमवासी अपने-अपने काम में जुट गए।

सान्ध्य प्रार्थना से पहले हाजिरी लगाई जाती थी। गांधीजी हमेशा की तरह नीम के पेड़ के नीचे बैठते। अकसर उनकी गोद में कोई बच्चा बैठा होता। कभी-कभी दो बच्चों में उनकी गोद के लिए लड़ाई होती तो वे दोनों को अपने दोनों घुटनों पर बैठाकर झगड़ा सुलझाते। उनके सामने पुरुष एक ओर बैठते, औरतें दूसरी ओर। जब कोई नाम पुकारा जाता तो वह शख़्स बताता कि उसने दिन में कितना सूत काता। भजन और गीता, गुरु ग्रन्थ साहब, क़ुरान या बाइबिल के अंशों के पाठ के बाद गांधीजी सभा में उपस्थित लोगों से सवाल पूछने के लिए कहते थे। ये सवाल नितान्त व्यक्तिगत भी हो सकते थे—मैं देर से क्यों जागता हूँ? मुझे नींद में वीर्य स्खलन क्यों हो जाता है? क्रोध पर कैसे नियन्त्रण किया जा सकता है? आश्रम के किसी वासी को गहना रखना चाहिए या नहीं? भोजन का मस्तिष्क पर क्या असर पड़ता है? अकसर गांधीजी आश्रम के सामुदायिक जीवन से जुड़े मसले उठाया करते थे।

प्रार्थना सभा के बाद गांधीजी और आश्रमवासियों के बीच अनौपचारिक संवाद हमेशा गम्भीर ही नहीं होते थे, उनमें हँसी-मजाक भी चलता था। मेडलिन के आगमन के एक पखवाड़े के बाद जब मौसम थोड़ा ठंडा होने लगा और सुबह की हवा में थोड़ी ठंडक आने लगी तो एक आदमी ने सवाल किया कि क्या सुबह में जागने के समय को आधा घंटा आगे नहीं बढ़ाया जा सकता?

दूसरे आदमी ने कहा, "यह सच है बापू। कभी-कभी नींद इतनी गहरी होती है कि घंटी सुनाई नहीं देती।"

"तो आप क्या चाहते हो कि घंटी आपके कान के पास बजाई जाए?" गांधीजी ने सवाल को हँसी में उड़ाने की कोशिश की।

"नहीं बापू, मैं तो इस मुश्किल से निकलने का उपाय जानना चाहता हूँ।"

गांधीजी ने अपने गम्भीर जवाब पर मुस्कुराहट का मुलम्मा चढ़ाते हुए जवाब दिया, "अगर हम इस छोटी-सी बात को मुश्किल मान लेंगे तो हमें अंग्रेजों से आज़ादी की बात भूल जानी चाहिए।" उन्होंने आगे कहा, "जो कोई भी जागना चाहेगा, उसे जगाने वाला भी कोई न कोई मिल जाएगा। अगर आप चाहते हो तो मेरे पास आकर सो जाना। मैं आपको तीन बजे जगा दूँगा।"

इस पर सब हँस पड़े और बापू भी।

उन्होंने कहा, "अगर आपको घंटी के बाद भी अपना साथी सोता हुआ मिले तो आपको मेरी पूरी इज़ाज़त है कि उसके चेहरे पर पानी के छींटे डालें।"

एक बुज़ुर्ग महिला ने शिकायत की कि जाड़े में रजाई से मुँह-कान ढँककर सोते हैं और घंटी चूँकि कुछ कमरों से दूर है इसलिए नींद में सुनाई नहीं पड़ती। सभा में कई तरफ से इस पर सहमति की भुनभुनाहट उभरी।

गांधीजी ने कहा, "तब हमें और ज्यादा घंटियाँ लगानी होंगी। और मुझे मालूम है कि नई घंटियाँ खरीदे बिना ज्यादा घंटियाँ कैसे आ सकती हैं। लोग अपने तकिए के बगल में थाली और चम्मच रखकर सोएँ। आश्रम की घंटी सुन कर जो जाग जाए वह थाली बजाना शुरू कर दे।"

इस पर फिर हँसी फूटी। गांधीजी भी हँसे मगर उन्होंने कहा, "यह हँसने की बात नहीं है। कल से मैं भी थाली बजाऊँगा। आगे से एक नहीं, कई घंटियाँ बजेंगी।"

गांधीजी के बारे में मेडलिन के मन पर पहली छवि क्या बनी, यह उनके भारत आगमन के तीन दिनों के भीतर रोमाँ रोलाँ को लिखे दो पत्रों से स्पष्ट होती है। पहला पत्र एक छोटी-सी टिप्पणी है, जो 9 नवम्बर, 1925 को लिखी गई–

"ओह मेरे प्यारे पिता! मैं कल्पना भी नहीं कर सकती कि वे कितने दिव्य हैं। मैंने एक पैगम्बर से मिलने की तैयारी की थी, मुझे एक देवदूत मिले। आपको बहुत-बहुत धन्यवाद! ओह, मेरा जीवन सफल हो जाएगा।"

इसके बाद एक लम्बा पत्र है जिसमें, मुझे आश्चर्य है कि हिन्दी शिक्षक के रूप में मेरा भी जिक्र है, हालाँकि वह ज्यादा ही प्रशंसात्मक रूप में है–

10 नवम्बर, 1925

मेरे प्यारे प्यारे पिता,

कल मेरा मन इतना भावुक हो रहा था कि कुछ लिखना सम्भव नहीं था। और मुझे पता है कि आप उनके बारे में मेरे पत्र का कितना इन्तज़ार कर रहे होंगे। मुझे मेरी स्वार्थपरता के लिए क्षमा कीजिए। आप जानना चाहते हैं कि वे कैसे हैं? दूसरों की तरह मुझे भी उन्हें देखने के लिए पीछे कदम खींचने होंगे। उन्हें एक अजनबी की नज़र से देखूँ या उस लेखक की नज़र से, जो घटनाओं का सहभागी बने बिना उनके ब्यौरे दर्ज करता है?

भारतीय पैमाने से भी देखें तो वे थोड़े छोटे कद के हैं मगर मजबूत काठी के हैं। उनकी छाती और ऊपर की बाँहें काफी चौड़ी और मजबूत हैं। लेकिन उनकी टाँगें दुबली-पतली हैं, शायद उन्हें मोड़कर बैठने की भारतीय आदत के कारण। पहली नज़र में कमजोर व्यक्ति लगते हैं लेकिन यह भ्रामक छवि है, क्योंकि उनकी काया मजबूत है। वे रात में पाँच-छह घंटे से ज्यादा नहीं सोते, दिन भर काम करते रहते हैं फिर भी शाम को जब वे टहलने के लिए निकलते हैं तो युवा लोगों को उनकी

तेज रफ्तार के कारण उनके साथ कदम मिलाकर चलने में परेशानी होती है।

उनके सिर का आकार अच्छा है। वह गंजा नहीं है मगर मूँड़ा हुआ है। उनके कान चौड़े हैं, मुझे वे परियों के कान जैसे लगते हैं। उनकी भौंहें चौड़ी और अच्छी हैं। नाक सीधी है और नासिकाएँ चौड़ी हैं। उनके गाल और चेहरे पर झुर्रियाँ नहीं हैं, जैसी कि उनकी उम्र के यूरोपीय लोगों के चेहरे पर पड़ जाती हैं। उनका रंग काला नहीं मगर धूप के कारण जला हुआ-सा है। उनका ऊपरी होंठ खिचड़ी लच्छेदार मूँछ से ढँका हुआ है, निचला होंठ भरा हुआ-सा और थोड़ा आगे को लटका हुआ है। जब वे हँसते हैं, और वे प्रायः हँसते हैं, उनके सामने के दाँतों में दरार दिखती है जो उनकी हँसी को और भी आकर्षक बना देती है। वे चौड़ा चश्मा पहनते हैं जिनके शीशों में दो अर्ध चन्द्राकार शीशे भी लगे हैं, जो एक साथ दूर तथा नजदीक की चीजें देखने के काम आते हैं। लेकिन पिता! उनकी आँखें! वे आपके चेहरे को भरपूर निहारती हैं और सीधे आपके भीतर प्रवेश कर जाती हैं। अकसर उनमें शरारत और हास्य भरा होता है लेकिन शीघ्र ही उनमें भारी गम्भीरता और एकाग्रता उतर आती है। उनकी आवाज़ शान्त, पुरुषोचित है, जो सम पर रहती है बिना किसी उतार-चढ़ाव के। वे शुद्ध और सटीक अंग्रेजी बोलते हैं, बिना लड़खड़ाए। उन्हें खुद को सही करने की जरूरत नहीं पड़ती। उनका हर वाक्य वही कहता है जो वे कहना चाहते हैं। लेकिन बात सिर्फ उनकी बातों की नहीं है। जरूरी है उनके पास रहना, क्योंकि उनका जीवन और उनके काम (सबसे महत्त्वपूर्ण से लेकर छोटे-से-छोटा काम तक) उनके शब्दों से ज्यादा अर्थपूर्ण हैं।

मैं यह जरूर कहूँगी कि शान्त दिखनेवाला उनका बाह्य व्यक्तित्व एक भ्रम है। उनके शरीर में एक नियन्त्रित तनाव है। यह उनके सुगढ़ हाथों के खिंचाव या जब वे घुटने मोड़ कर नहीं बैठे होते तब उनके पैरों की निरन्तर थपथपाहट से जाहिर होता है। ऐसा महसूस होता है कि उनका शरीर अति संवेदनशील है, जिसे मजबूत दिमाग और फौलादी इच्छाशक्ति ने कड़े नियन्त्रण में रखा है।

लेकिन आपको या मुझे शरीर से क्या मतलब है ? अपने बारे में कह सकती हूँ कि मुझे ईश्वर की चेतना से रू-ब-रू होने का सौभाग्य प्राप्त हुआ है। रेलवे स्टेशन से सीधे उनके कमरे तक पहुँचने के बाद जब मैंने उन्हें पहली बार देखा तो मुझे उनके चारों ओर प्रकाश का एक घेरा नज़र आया। यह तभी होता है जब वे बहुत गहराई में डूबे होते हैं। और जब उन्होंने मुझे अपने पैरों पर से उठाया तो मुझे ऐसा अनुभव हुआ कि उनके हाथों में उस अमरत्व की रहस्यमयी छुअन है जो सभी तरह के जीवन के सतह के नीचे विद्यमान है। मेरे प्यारे, प्यारे पिता, ये बातें मैं आपके सिवा किसी से नहीं कह सकती। आश्रम के लोग बहुत सीधे और सरल हैं। कुछ लोग मेरे हिन्दी

शिक्षक जैसे हैं, जो बहुत शिक्षित हैं मगर कई मामलों में बहुत भोले हैं। वे यूरोपीय दिमाग को समझने में असमर्थ हैं। वे हमारे दिमागों की रहस्यमयता और विरोधाभासों के एहसास से पैदा होने वाले तत्त्व के बारे में, रचनात्मकता के उल्लास या विनाशकारी हताशा की गहराइयों के बारे में कुछ नहीं जानते। एकमात्र 'वे' ही हैं जिनसे मुझे बात करने की इच्छा होती है, जिनके आगे मैं दिल खोल कर रख सकती हूँ, जिनका मैं अपनी आत्मा की गहराइयों में स्वागत कर सकती हूँ।

—मेडलिन

मेडलिन के आगमन के दो-एक दिन ही बीते होंगे कि गांधीजी को आश्रम की महिलाओं के असन्तोष की भनक लग गई (उन्हें आश्रम की हर बात मालूम हो ही जाती थी), जो ज्यादा मुखर होता जा रहा था क्योंकि कुछ लोगों को लग रहा था कि वे अंग्रेज महिला के प्रति पक्षपात कर रहे हैं। किसी को यह याद न रहा कि आश्रम की नई निवासी की अगवानी करने के लिए महादेव देसाई, सरदार पटेल और स्वामी आनन्द जैसे तीन बड़े लोग रेलवे स्टेशन तक गए थे। चूँकि मेडलिन जो सूत कातती थीं वह कपड़े की बुनाई के काम की नहीं होती थी इसलिए आश्रम में सर्वश्रेष्ठ सूत कताई करने वाले सुरेन्द्र भाई को उन्हें सिखाने का जिम्मा सौंपा गया। दोपहर में खुद महादेव भाई ने मुझसे कहा कि गांधीजी चाहते हैं कि मेडलिन यथाशीघ्र हिन्दी सीख लें ताकि वे आश्रम के जीवन में घुल-मिल जाएँ और उनके काम में मदद करें। मुझे उनका हिन्दी शिक्षक बनाया गया।

उन्हें जो विशेष दर्जा मिला था उसके बारे में लोगों की गप्पबाजियों को रोकने का गांधीजी ने अनूठा हल निकाला। अगले दिन दोपहर के करीब जब मर्द लोग बगान, सब्जी के बगीचे या दुग्धशाला में काम कर रहे थे और महिलाएँ घर का सुबह का काम निबटाने के बाद मिले फुरसत के थोड़े-से समय में जबकि बच्चे अभी आश्रम के स्कूल से लौटे नहीं थे, बतिया रही थीं, हम सबने एक अजीब दृश्य देखा। गांधीजी एक हाथ में झाड़ू और दूसरे में बाल्टी भर पानी लिये साझा शौचालयों की ओर तेजी से बढ़ रहे थे और उनके पीछे मेडलिन थीं, जो उनसे लम्बी होने के बावजूद उनके साथ कदम मिलाकर नहीं चल पा रही थीं। गांधीजी ने उन्हें शौचालयों के फर्श साफ करने का तरीका बताना शुरू किया तो दोनों व्यक्ति शौचालयों से उठने वाली दुर्गन्ध से बेखबर उत्साह से भरे दिखे। जल्द ही हम लोगों को पता चला कि गांधीजी ने मेडलिन को रोज मल से भरी बाल्टियाँ कम्पोस्ट के गड्ढे में उलटने वाले लोगों द्वारा साफ किए जाने के बाद शौचालयों को नारियल के झाड़ू से रगड़कर साफ करने का

काम सौंप दिया था। उन्हें वह काम सौंपा गया था जो देश में अछूत मेहतरों का काम था, जो निचले से निचले तबके के माने जाते हैं।

यह पहला मौका था जब मैंने मेडलिन को करीब से देखा था। जिस दिन वे आश्रम में आई थीं, लगभग पूरे दिन अपने कमरे में ही सामान खोलने, ठीक करने में लगी रही थीं। उनका भोजन भी रसोई से उनके कमरे में भेज दिया गया था। उन्हें जो मेज-कुर्सी दी गई थी उन्हें उन्होंने लौटा दिया था। उन्होंने पलंग और भारी रफू की गई मच्छरदानी भी लौटा दी थी। उन्होंने कहा था कि वे फर्श पर चटाई पर सोने की आदी हो चुकी हैं और चटाई पर ही सोया करेंगी। भारत में मच्छरों और दूसरे कीड़ों के साथ जीने का भी उन्होंने फैसला कर लिया था।

जिस सुबह गांधीजी ने उन्हें शौचालय की सफाई का काम सौंपा उस सुबह उन्होंने पूरी बाँह वाली खादी की फ्रॉक पहन रखी थी, जो लन्दन में सिली गई थी। उनके चौड़े कन्धों पर से झूलती यह फ्रॉक उनके घुटनों तक आती थी। उनके केश लम्बे, चमकदार भूरे रंग के थे, जिन्हें वे पीछे करके मोटी चोटी गूँथकर रखती थीं। भरी दोपहर की धूप में उनकी चमड़ी गुलाबी अंगारे की तरह दमक रही थी, गरदन के इर्द-गिर्द गहरे लाल रंग के धब्बे उभरे नज़र आते थे। सुन्दरता के मानदंडों के मुताबिक मेडलिन को खूबसूरत औरत नहीं कहा जा सकता। उनका कद काफी लम्बा था, कन्धे काफी मजबूत दिखते थे, नाक काफी लम्बी थी और भौंहें काफी मोटी थीं, उच्चवर्गीय अंग्रेज महिलाओं के मुकाबले उनका रंग काफी मद्धिम था। उनके करीब जाने पर स्त्री सौन्दर्य की सारी कल्पनाओं के ऊपर उनका व्यक्तित्व हावी होता नज़र आता था। और वे इतनी वाक्पटु भी नहीं थीं कि अपने शब्दों के जादू से मोह लें। दरअसल, इसके विपरीत उनका व्यक्तित्व वाणी से ज्यादा मौन के जरिए खुद को अभिव्यक्त करता था और इसलिए उन्हीं से संवाद करता था जो मौन की बारीकियों को पकड़ सकते थे। तभी यह पता चल सकता था कि उनमें जो विरक्ति भाव दिखता था वह और कुछ नहीं बल्कि अस्पष्ट और शक्तिशाली मनोवेगों में बहुत यत्न से साधा गया सन्तुलन है, कि मेडलिन का आकर्षण उसमें नहीं है जो उनके चेहरे और काया से प्रकट होता है बल्कि उसमें है जो उन्होंने अपनी आत्मा में छिपाकर रखा है। आज मैं खुद को इस बात से खुश कर सकता हूँ कि गांधीजी के अलावा मैं ही एक व्यक्ति था जिसने उन्हें वास्तव में 'देखा'। यहाँ मैं पृथ्वी सिंह को भी अपवाद नहीं मानूँगा। वे मेडलिन के बहुत ही करीब थे मगर बहुत ही कम समय के लिए वे वास्तव में उन्हें देख पाते। वैसे, मुझे अपने उन सांस्कृतिक पूर्वाग्रहों को दूर करने में कई वर्ष लगे, जो मुझे अंग्रेज महिला को बँधे-बँधाए नज़रिए से मुक्त होकर नहीं देखने देते थे। बाद में मेरी दृष्टि साफ हुई।

आश्रम से मेडलिन को जो अनुभव प्राप्त हुआ वह उनकी अपेक्षाओं से काफी भिन्न था। करीब दो सौ पुरुषों, महिलाओं और बच्चों वाला आश्रम शारीरिक श्रम, मौन और प्रार्थनाओं में तपोवन वाला जीवन जीने वाले समुदाय से ज्यादा शोरगुल और अकसर आपसी कलह में उलझे ग्रामीण समुदाय जैसा था। अधिकतर महिलाओं और तमाम बच्चों ने स्वेच्छा से इस जीवन को नहीं चुना था। वे वहाँ इसलिए थे क्योंकि उनके पति या पिता ने गांधीजी के साथ रहने और उनके सामाजिक, राजनैतिक या त्याग के आदर्शों को अपनाने का फैसला किया था। पुरुषों के लिए आश्रम प्राचीन वन तपोवनों वाले स्वरूप के साथ ऐसा शरणस्थल था जहाँ, उनकी कल्पना के मुताबिक, ऐसा जीवन जिया जा सकता था जैसा हजारों साल पहले जिया जाता था। जब मैं कॉलेज से, जहाँ मैं पढ़ाता था, निकलने के बाद गांधीजी के आश्रम में जा रहा था तब दर्शनशास्त्र के एक लेक्चरर, मेरे दोस्त अमन ने मुझे रोकने की कोशिश की थी। उसने रूसो पर अपनी थिसिस लिखी थी। उसने कहा कि ऐसे तमाम प्रयोगों की तरह साबरमती आश्रम भी एक भ्रम पर आधारित है। यह उन लोगों के लिए एक काल्पनिक अतीत को साकार करने का प्रयास कर रहा है जिनके लिए वर्तमान असह्य हो गया है। वह शर्त लगाने को तैयार था कि गांधी खुद गहरे अतीत मोह में फँसे हैं (मैंने गौर किया कि उसने गांधी के साथ सम्मानजनक 'जी' नहीं लगाया)।

मैंने पूछा कि वे ऐसा क्यों करेंगे?

उसका जवाब था—कौन जाने ? आदिम, अक्षुण्ण प्रकृति के लिए, जो बहुत महत्त्वपूर्ण है; या उस बचपन के लिए जो कभी उतना रमणीय नहीं रहा जितना स्मृति में बसा लगता है; दृष्टि की उस ताजगी के लिए जिसमें हर अनुभव न केवल एकदम नया लगता है बल्कि शुद्ध और निर्दोष भी। आपके अपने आदर्श प्रेमचन्द भी तो ऐसी ही चीजों के छूट जाने के बोध से ग्रसित दिखते हैं। उनका दृष्टिभ्रम वह ग्राम समुदाय है जो कभी अस्तित्व में रहा नहीं, जो ऐसे लोगों का काल्पनिक समुदाय है जिनमें एक साझा उद्देश्य के साथ गहरे भावनात्मक सम्बन्ध हैं और मूल्यों का साझापन भी। यह अतीत मोह, एक काल्पनिक क्षति का शोक गांधीजी के आश्रम को भी उतना ही संचालित करता है जितना प्रेमचन्द के उपन्यासों को।

उसने आगे कहा कि वह इन दोनों के प्रति मेरे आकर्षण को समझता है। ये दोनों एक ही सिक्के के दो पहलू हैं। संस्कृति या काल्पनिक समुदायों के निर्माण के सन्दर्भ में भ्रामक धारणाओं का भले ही महत्त्व हो मगर वे हमेशा खतरनाक होती हैं। नैतिक मूल्यों के लिए अतीत मोह ही नहीं, यथार्थवाद भी चाहिए।

मैंने उससे कहा कि पश्चिमी दार्शनिकों के अध्ययन ने उसे नुक़सान पहुँचाया है। पश्चिमी विचारों ने उसकी दृष्टि को भ्रमित कर दिया है, सन्देहों ने उसके दिमाग

को बोदा बना दिया है। वह सनकी हो गया है।

उसने जवाब दिया कि वह गांधी का प्रशंसक है मगर उनको आदर्श नहीं मानता। भारतीय लोग किसी की प्रशंसा करना नहीं, उसे आदर्श बनाना, बल्कि इससे बुरा यह कि उसकी पूजा करना ही जानते हैं।

मैं कह सकता हूँ कि उसकी ये बातें मेरी समझ में नहीं आईं। मैं मानता हूँ कि अमन ने गांधीजी के यथार्थवाद को कमतर आँका, जो आदर्शों के पालन में अकसर उनकी जिद के रूप में भी प्रकट होता है।

अगर मेडलिन ने किसी आदर्श समुदाय में शामिल होने का भ्रम पाल रखा होगा तो जल्द ही यह टूट गया। आश्रम सामुदायिक जीवन जी रहे लोगों के बीच अपरिहार्य मतभेदों, टुच्ची ईर्ष्याओं से मुक्त न था। दरअसल, उनके (अधिकतर महिलाओं और तमाम बच्चों) पास इस जीवन के सिवा कोई विकल्प न था। इसकी वजह यह थी कि वे अलग-अलग कारणों से गांधीजी के प्रति आकर्षित हुए थे और उनके साथ रहना चाहते थे मगर उन्होंने पाया कि उन्हें एक-दूसरे के साथ भी रहना पड़ेगा। गांधीजी इस समुदाय के जीवन में, जिसमें लोग पड़ोसी तो थे मगर करीबी नहीं, सन्तुलन बनाए रखने पर जितनी ऊर्जा खर्च करते थे उसके लिए मेडलिन के मन में कद्र थी। उन लोगों की कलह अन्तरंगता की जरूरत और उसके आनन्द के मद्देनज़र तुरन्त शान्त नहीं होती थी बल्कि कलह की वजह खत्म हो जाने के बाद भी मनमुटाव लम्बे समय तक बना रहता। यात्राओं, पत्राचारों, रचनात्मक कार्यक्रमों और कांग्रेसी राजनीति की व्यस्तताओं के बावजूद गांधीजी सामुदायिक जीवन के अपने सपने को साकार करने के लिए आश्रमवासियों को सीख और फटकार देने के साथ-साथ उन्हें पुचकारते भी रहते थे। इस सपने को वे अपना अब तक का सबसे महत्त्वपूर्ण प्रयोग बताया करते थे। बाधाएँ न तो उन्हें हतोत्साहित करती थीं और न कमजोर करती थीं, क्योंकि एक स्वप्नदर्शी होने के नाते वे लोगों को, वे जो हैं उससे कहीं आगे इस रूप में देखते थे कि वे क्या बन सकते हैं।

और सपना क्या था? प्रकृति से तादात्म्य बनाए रखनेवाला भौतिक जीवन, जो प्राकृतिक खाद्य पर जोर देने वाले सादे निरामिष भोजन और नैसर्गिक उपचार करने वाली पारम्परिक औषधियों से चलता हो। नितान्त सरल आर्थिक जीवन, जिसमें शारीरिक श्रम की खासी हिस्सेदारी हो और हाथ से काते सूत से हथकरघा पर बने कपड़ों तथा हस्तशिल्प की सामग्रियों का इस्तेमाल होता हो। और नैतिक जीवन, जिसमें सचाई, ईमानदारी और सरलता के कड़े मानदंडों का पालन किया जाता हो।

ये चीजें एक-दूसरे से भिन्न नहीं हैं बल्कि आपस में जुड़ी हैं और एक-दूसरे को प्रभावित करती हैं। चरखा कातना जितनी शारीरिक या आर्थिक क्रिया थी, उतना ही नैतिक कर्म था।

गांधीजी ने एक शाम मेडलिन से कहा, ''चरखा कातने के चार घंटों को मैं दिन का सबसे लाभकारी हिस्सा मानता हूँ। अपने श्रम का फल मैं देख सकता हूँ। इन चार घंटों में कोई अपवित्र विचार मेरे मन में नहीं उठता। जब मैं गीता, क़ुरान या रामायण पढ़ता हूँ उस दौरान मेरा मन इधर-उधर भटकता है। लेकिन जब मैं चरखे का पहिया घुमा रहा होता हूँ तो मेरा दिमाग स्थिर रहता है।'' और प्रार्थना, जिसे वे भोजन से भी ज्यादा जरूरी मानते थे, आश्रम को चलाने या स्वतन्त्रता आन्दोलन का नेतृत्व करने के लिए अपरिहार्य थी। प्रार्थना उनके हृदय का दैनिक शुद्धीकरण था, ताकि ईश्वर उन्हें सन्देह में पड़ने पर राह दिखा सके, चाहे निर्णय आश्रम के किसी मामले के बारे में करने का हो या राष्ट्रीय राजनीति की भूलभुलैया में सही रास्ता चुनने का हो।

आश्रम में मेडलिन ने जल्दी ही यह समझ लिया कि गांधीजी के सपने में आस्था के दो छोर थे। एक छोर पर वे अधिकतर औरतें थीं, जो अपने गाँव या शहर के पारिवारिक जीवन की छोटी-छोटी खुशियों में रस लेने या उसकी परेशानियों में हिस्सेदारी के लिए उसमें लौटना चाहती थीं और उस सपने के प्रति खुला सन्देह रखती थीं। दूसरे छोर पर चन्द पुरुषों की मतान्धता थी, जो सादगी के आदर्श को वैराग्य की अति तक खींच कर ले जाना चाहते थे। वैसे, अधिकतर पुरुषों को साबरमती के तट पर वह सपना नहीं बल्कि वह स्वप्नदर्शी खींच कर ले आया था। मेडलिन ने पाया कि चन्द ही आश्रमवासी ऐसे थे जिन्हें वे संकल्पवान स्त्री-पुरुष के नाते सम्मान दे सकती थीं, जो उस सामुदायिक जीवन के निर्माण के लिए कन्धे से कन्धा मिलाकर चल सकते थे जिसे गांधीजी व्यक्ति की आध्यात्मिक क्षमता के उपयोग के लिए आवश्यक मानते थे। मुख्यतः कमजोर, दीन-हीन और दमित लोग ही, जो मेडलिन के लिए असह्य थे, बापू की ओर चुम्बक की तरह खिंचे आए थे। और वे उनका स्वागत करते थे। आश्रम में बीमार पड़ना एक वरदान जैसा था। गांधीजी बीमार को दो बार देखने आते थे। वे न केवल उसका हाल पूछते थे बल्कि उसके खान-पान, इलाज आदि में प्रमुख भूमिका निभाते थे। छोटी-छोटी बीमारियों के लिए पेट और माथे पर मिट्टी का लेप नया उपचार बन गया था।

मेडलिन ने उस सपने को दो साल पहले ही पूरे मन से अपना लिया था। उन्हें अब इसे अपने दैनन्दिन जीवन में साकार करना था। और इसके लिए उन्होंने जो रास्ता अपनाया उसे गांधीजी ने शुरू में सादगी के प्रति के उत्साह की अतिरंजना

बताया था। उन्होंने कोई टिप्पणी नहीं की मगर जब मेडलिन ने खादी फ्रॉक की जगह खादी साड़ी पहनी तो गांधीजी उनकी तरफ बस हैरत से देखते रहे। लेकिन एक सप्ताह बाद जब मेडलिन ने ब्रह्मचर्य का व्रत लेने और केश मुँड़वाने की इज़ाज़त माँगी तो गांधीजी ने आपत्ति की। उन्होंने सोचा था कि गांधीजी खुश होंगे।

उन्होंने ठिठोली भरी मगर वत्सल मुस्कान के साथ कहा, "मैं कोई बुद्ध नहीं हूँ और तुम बौद्ध भिक्षुणी नहीं हो। ये व्रत गम्भीर होते हैं। इन्हें हल्के में या हड़बड़ी में नहीं लेना चाहिए।"

मेडलिन कहना चाहती थीं कि आपने मेरे मन में वही पवित्र भावना जगा दी है जो यीशू ने सेंट टेरेसा के मन में जगाई थी। लेकिन उन्होंने सीधे-सीधे शब्दों में जवाब दिया, "आप जानते हैं कि मैं आपसे जुड़ी किसी चीज को कभी हल्के से नहीं लेती। मैंने अच्छी तरह समझ लिया है कि ब्रह्मचर्य की आपकी आम धारणा में केवल यौन निषेध नहीं शामिल है बल्कि सभी तरह के आत्मानुशासन और आत्मसंयम शामिल हैं। आश्रम का तपोवनवाला वातावरण मुझे आकर्षित करता है और मैं इसे और पुष्ट करने में सहायता करना चाहती हूँ।"

गांधीजी ने जवाब दिया, "अगर तुम केश मुँड़वाओगी तो दूसरी औरतों से अलग हो जाओगी। इससे तुम और अलग-थलग पड़ जाओगी। तुम इस पर आज रात विचार कर लो। हम कल इस पर बात करेंगे।"

उस रात मेडलिन काफी देर तक जगी रहीं। उन्होंने खुद को नन के रूप में कभी नहीं देखा था लेकिन अचानक उन्हें स्पष्ट हो गया कि केश मुँड़वाना और ब्रह्मचर्य का व्रत लेना उस रास्ते के मील के पत्थर थे जिस पर चलना उनकी नियति थी। कल से वे उन्हें महात्मा गांधी नहीं, सिर्फ बापू मानेंगी। वे जोर से बोल पड़ीं, "बापू!!" पिता के लिए यह भारतीय सम्बोधन उनकी ज़बान के लिए अजूबा था। उन्हें यह सोच कर परेशानी होने लगी कि उन्हें भी बाकी आश्रमवासियों की तरह इस शब्द का प्रयोग करना होगा। इसका एक ही समाधान था—अपनी आवाज़ में बापू कहा जाए। वे इस शब्द को सम्बोधन के रूप में नहीं बल्कि स्नेह की अभिव्यक्ति के बतौर इस्तेमाल करेंगी। केवल वे ही जानेंगी कि उनके 'बापू' कहने में कितनी अंतरंगता है, कि उन्होंने इस शब्द में कितना प्यार भर दिया है।

रात की आवाज़ें—सैकड़ों झिंगुरों का तीखा समवेत स्वर, बीच-बीच में नदी के मेढकों की टर्राहटें, और कभी-कभार उल्लुओं की चीख धीरे-धीरे चुप्पी में विलीन हो गईं। करीब आधी रात के बाद जब मेडलिन को नींद आई, तब तक वे शान्त, हल्की हो चुकी थीं, मानो सीने पर से कोई बड़ा बोझ हट गया हो।

अगली शाम, प्रार्थना समाप्त होने के बाद मेडलिन गांधीजी की कुटिया में गईं।

वे कस्तूरबा के कमरे के सामने आँगन में खड़े थे और खुले दरवाजे से उनसे बात कर रहे थे। मेडलिन के आने पर वे खुश दिखे। उन्होंने उन्हें अपने कमरे में इन्तज़ार करने को कहा। जब वे अपने कमरे में आए तो उनके पास गए और उनके दोनों हाथ अपने हाथों में लेकर और उनकी आँखों में गहरे झाँकते हुए कहा, "मुझे तुम्हारे लिए...और अपने लिए खुशी होती है।" फिर उन्होंने बा से कैंची लाने को कहा। मेडलिन आँखें बन्द करके उनके सामने घुटनों के बल बैठ गईं। उन्हें उनके शरीर का ताप अपने चेहरे पर महसूस हुआ, जब उन्होंने उनकी लम्बी चोटी को उठाकर उनके केश काटना शुरू किया। जब काम हो गया तो वे पीछे हट गए।

अपने हस्तकौशल से प्रसन्न होकर उन्होंने कहा, "मैं खासा अच्छा नाई हूँ।" मेडलिन ने अपना मुँड़ा हुआ सिर उनसे आशीर्वाद पाने के लिए झुका दिया। उन्होंने उनके कन्धों को थपथपाते हुए कहा, "मुझे मालूम है कि यह आश्रम जिन आदर्शों को साकार करने के लिए स्थापित किया गया उन्हें पूरा करने के लिए तुम जितना प्रयास करोगी उतना दूसरा कोई नहीं करेगा। मेरे पास तुम्हारे लिए एक उपहार है—एक नया नाम, मीरा। मीरा भक्ति और धैर्य से भरपूर एक राजकुमारी थीं। मीरा के भजन आज भी पूरे देश में गाए जाते हैं। अपने हिन्दी शिक्षक नवीन से उनके बारे में पूछना।"

जब वे वहाँ से जाने लगीं तो मेडलिन शर्त लगा सकती थीं कि चौड़े चश्मे के पीछे उनकी आँखों में आँसू भर आए होंगे। अगली ही सुबह जब वे प्रार्थना सभा से लौट रही थीं, मगनलाल भाई ने उन्हें बताया कि उन्हें नई कुटिया दी गई है, नदी किनारे वाली एक कमरे की कुटिया। यह कुटिया और मगनलाल भाई की कुटिया, जो आश्रम का भंडार भी थी, गांधीजी की कुटिया के करीब थी। मेडलिन की कुटिया गांधीजी की कुटिया से बमुश्किल पचास गज दूर थी।

चार

उनके आगमन के कुछ हफ्तों के भीतर आश्रम के दूसरे लोग मेडलिन को, जो अब मीरा बहन थीं, अपने में सिमटी रहनेवाली महिला मान लिया जो अब रहस्यमयी नहीं रह गई थीं। सफेद खादी साड़ी में लिपटी वह लम्बी काया अब काफी परिचित-सी हो गई थी, जो अकसर किसी न किसी काम से आश्रम में इधर से उधर जाती दिख जाती थी। साड़ी एक ऐसा परिधान है जिसमें आप गरिमापूर्ण तो लग सकती हैं मगर काम करने में वह बहुत आरामदेह नहीं होता, मगर मीरा बहन साड़ी में कभी साझा रसोई की ओर जाती दिख जातीं जहाँ वे सब्जियों के काटे जाने का निरीक्षण करतीं या बापू से दस मिनट पहले पहुँचने के लिए प्रार्थना स्थल तक जा रही होतीं या उनके साथ शाम की चहलकदमी के लिए साबरमती जेल तक जातीं। आश्रम के अपने कामों के बाद बाकी बचे समय में या तो वे अपनी कुटिया में होतीं या नदी तट पर, चरखा कात रही होतीं या कुछ पढ़ रही होतीं। बा, महादेव भाई, मुझे या अपने चरखा शिक्षक तुलसी महार को छोड़ वे किसी आश्रमवासी से बातचीत की पहल नहीं करतीं। जब उनसे कोई बात करता तो उनकी प्रतिक्रिया काफी मित्रवत् होती, भले ही इसमें एक ऐसा भाव होता जो आगे उनसे अन्तरंगता बढ़ाने से रोकता था। वे भारतीय महिलाओं के बीच अब भी अलग दिखती थीं। लेकिन मुँड़े हुए सिर पर साड़ी के पल्लू और धूप से कुम्हलाए रंग के कारण वे पश्चिमोत्तर सीमा प्रान्त की पठान महिला लगती थीं। केवल उनकी बड़ी-बड़ी भूरी आँखें, जो चमड़े के मुरझाए रंग के कारण और भी बड़ी दिखती थीं, उनके यूरोपीय मूल की याद दिलाती थीं।

लन्दन के एक अखबार ने उन परिस्थितियों पर एक सनसनीखेज खबर छापी जिनके तहत मेडलिन गांधीजी के साथ रहने लगी थीं। यह खबर कई भारतीय अखबारों में भी छापी गई। गांधीजी ने उनका नाम जब से मीरा रखा तब से आश्रम में जो तेज अफवाह फैली उसे 'नवजीवन' के फरवरी अंक में छपे मेडलिन के जवाब ने काफी हद तक शान्त कर दिया। मीरा बहन ने स्पष्टीकरण दिया था—"न तो मैंने अपने परिवार को छोड़ा है और न धर्म को। तैंतीस साल से जो धर्म मेरे हृदय में छिपा था वह अब प्रकट होकर सामने आया है।

"मैंने अपनी पुस्तकें नहीं बेची हैं। मैं उन्हें साथ लाई हूँ ताकि आश्रम में लोग उन्हें पढ़ सकें।

"मेरे मित्रों ने मुझे यहाँ आने से नहीं रोका। वे जानते थे कि मेरा संकल्प दृढ़ है।

"जब मैंने गांधीजी से उनके काम में हाथ बँटाने की इच्छा जाहिर की थी तो उन्होंने तुरन्त नहीं कहा कि 'आ जाओ'। उन्होंने कहा कि इस पर एक साल तक विचार कर लो। जब उन्होंने मुझे साथ रखा तो यह वादा नहीं करवाया कि मैंने जो रास्ता चुना है उससे कभी विचलित नहीं होऊँगी, न ही उन्होंने यह कहा कि मेरे पास जो कुछ है उसका त्याग कर दूँ। बल्कि उन्होंने हमेशा सावधान किया कि कोई भी संकल्प उतावली होकर न करूँ। उन्होंने मेरी चीजें न्यास में केवल साल भर तक रखने की सहमति दी।

"जब मैं यहाँ पहुँची तो न तो यहाँ के लोग 'अति आनन्दित' थे, न ही मेरा कोई 'भव्य' स्वागत किया गया। मैं इस समुदाय में बिना किसी आडम्बर के, सहजता से शामिल हो गई।

"यहाँ न तो मैं कोई 'प्रवचन' सुनती हूँ, न 'स्थिति के अध्ययन' में लगी हूँ। मैं केवल सूत कातना, बुनना और हिन्दुस्तानी सीख रही हूँ।"

गांधीजी द्वारा मेडलिन के मीरा नामकरण के बाद आश्रम में जो अफवाहें फैल रही थीं उन्हें दूर करने में इस स्पष्टीकरण ने बड़ी भूमिका निभाई। उनका नाम 16वीं सदी की राजपूत राजकुमारी मीरा के नाम पर रखा गया था जिन्होंने बचपन से ही खुद को भगवान कृष्ण को समर्पित कर दिया था। मेवाड़ के शासक घराने में तेरह साल की उम्र में ही ब्याही गई मीरा ने पत्नी के कर्तव्य निभाने से मना कर दिया था। उनका कहना था कि वे पहले ही कृष्ण को ब्याही जा चुकी हैं इसलिए राजा की पत्नी के कर्तव्य निभाना उनके लिए असम्भव था। ईश्वर भक्ति में मीरा ने अपने समय की राजपूत राजघरानों की महिलाओं से जुड़ी गहरी वर्जनाओं को तोड़ा। उनके पति की असामयिक मृत्यु के बाद उनके ससुरालवालों ने उन्हें सताना शुरू किया। वे महल से भाग गईं और कृष्ण के प्रेम और भक्ति के गीत बनाती, गाती घूमती रहीं। उनके गीत हिन्दी कविता की अमूल्य धरोहर बन गए। राजपूत रजवाड़े आज तक मीरा से नफरत करते हैं लेकिन मीरा जन-जन के हृदय में ईश्वर भक्ति की प्रतिमूर्ति बन कर बसी हैं। आश्रम में अफवाह थी कि बापू ने एक अंग्रेज महिला को मीरा नाम इसलिए दिया क्योंकि उसकी कहानी इस राजपूत राजकुमारी से मिलती है और बापू आधुनिक मीरा के हृदय में कृष्ण का स्थान रखते हैं।

X X X

मीरा अब इस देश में सहज हो गई थीं। अब जब वे आश्रम से बाहर जाती थीं तो आसपास के जीवन को किसी सैलानी की नज़रों से नहीं, ऐसे व्यक्ति की नज़रों से देखती थीं; जो एक साथ उत्साहित भी है और आशंकित भी, जो अपने देश या स्थान से एकदम भिन्न चीजों को देखते हुए अपना सन्तुलन बनाए रखने की कोशिश करता है। छोटे कद के, मरियल-से काठियावाड़ी घोड़े द्वारा खींचे जाने वाले कमजोर-से ताँगे की पिछली सीट पर बैठकर जब वे शहर में निकलती थीं तब उन्हें एक लड़की के रूप में बड़ी-सी बस की अगली सीट पर लन्दन की सड़कों पर घूमने की याद नहीं आती थी। लंदन में वे ड्राइवर के बगल में बैठती थीं, जो बड़े-से ओवरकोट और मफलर में लिपटा होता था और उसकी गोद में मोटी-सी चादर तह करके रखी होती थी। बस की उस ऊँची सीट पर बैठी वे दुकानों, फुटपाथों पर से गुजरते लोगों की टोपियों और सड़क पर दौड़ती तमाम तरह की घोड़ागाड़ियों पर नज़र डालती रहती थीं। लेकिन अब वे सैलानी की तरह नहीं बल्कि एक निवासी विदेशी की तरह जब दोनों जगहों की तुलना करती थीं तो समानताओं की जगह भिन्नताओं पर गौर करती थीं। उदाहरण के लिए, जाड़े के महीनों में सभी भारतीय पुरुष सिर पर कुछ न कुछ रखते थे, चाहे वह टोपी हो या ऊनी मफलर हो मगर वे पैर में बिना मोजे के चप्पल पहनकर घूमते रहते थे। अंग्रेजों की तरह वे न तो मोटे ऊन के मोजे पहनते थे और न भारी जूते। यूरोपीय मान्यता है कि पैरों को गरम रखना चाहिए। भारतीयों का मानना है कि गरमी पैर से नहीं बल्कि सिर से निकलती है।

अहमदाबाद की गलियाँ अब मेडलिन के लिए लन्दन की गलियों जितनी परिचित हो गई थीं। साइकिल या ठेले पर रंग-बिरंगी चूड़ियों से लेकर तली हुई गुजराती खाद्य सामग्रियाँ तक बेचने वाले हों या बोरियाँ या मकान बनाने वाली सामग्रियाँ ढोते बैल और ऊँट हों या सफेद धोती-कुर्ता, गोल गले का कोट और काली टोपी पहने मर्द हों, सभी इस परिदृश्य के सहज अंग बन गए थे। अब वे उनका ध्यान नहीं बँटाते थे। कभी-कभार सड़कों पर राबारी औरतें नीरस-से कपड़ों में रहने वाले अहमदाबादियों के बीच स्वर्ग की परियों की तरह दिख जाती थीं तो उनकी यूरोपियाई सजगता जाग्रत हो जाती और वे खुद को परदेश में अजनबी महसूस करने लगतीं। लम्बे काले घाघरे और पीले, लाल, हरे धागे से भारी कशीदाकारी और अभ्रक के चमकीले टुकड़ों से सजी चोली पहनने वाली उन औरतों की आँखें काजल से भरी होतीं, माथा काली बिन्दियों के गोदने से भरा होता। चाँदी के भारी गहनों से उनका गला, उनके बाजू और कान लदे होते। ये राबारी औरतें मीराबेन को याद दिला देतीं कि वे अंग्रेज हैं। बड़ी-बड़ी मूँछों वाले अपने मर्दों और छोटे बच्चों के साथ जाती ये औरतें एक पल के लिए ही सही, उन्हें परेशान-सा कर देतीं कि उन्होंने आखिर किस तरह का स्त्रीत्व

अपने लिए चुना है, हालाँकि यह एहसास कभी प्रश्न बन कर नहीं ठहर जाता था।

आश्रम के अन्दर भी मीरा चीजों पर बड़ी सटीक और विवेकपूर्ण नज़र डालती थीं। छोटे कद के लगभग एक जैसे दिखने वाले भूरे पुरुषों और स्त्रियों के बीच अलग-अलग व्यक्ति की पहचान उभरने लगी थी। शीघ्र ही उन्होंने पाया कि कुछ लोग सनकी किस्म के थे जिनकी तुलना वे अपने किसी परिचित उच्चवर्गीय अंग्रेज से नहीं कर सकती थीं। जैसे हरेन भाई थे, जो एक शाम के भोजन में पूरी पचपन चपातियाँ खाते थे। एक-एक चपाती ब्रेड के मोटे टुकड़े के बराबर होती थी। अगर उन्हें एक भी चपाती कम मिलती तो वे चीखते, "तुम लोग इतनी कंजूसी क्यों कर रहे हो? क्या मुझे भूखों मारना चाहते हो?" अगर उन्हें पचपन से छप्पन चपाती परोस दी जाती तो वे शिकायत करते, "क्या तुम लोगों ने मुझे भूखा राक्षस समझ रखा है?"

और सबके ऊपर थे भंसाली, जो स्थानीय कॉलेज में अंग्रेजी के प्राध्यापक रह चुके थे। वे गांधीजी के बरसों से करीबी सहयोगी थे। गांधीजी उनकी तापसिक मान्यताओं और उन पर अमल करने की उनकी दृढ़ता का बहुत सम्मान करते थे। आश्रम से हिमालय तक अपनी यात्रा में भंसाली ने बारह साल तक मौन व्रत रखने का संकल्प ले लिया था। कोई नहीं जानता था कि वे अपने किसी पाप का प्रायश्चित करना चाहते थे। एक रात, वापसी में वे मैदानी इलाके में एक गाँव में मवेशी के बाड़े में सो रहे थे कि अचानक किसी पशु की आहट पर जाग गए और उनके मुँह से निकल गया, "कौन है?" उन्हें तुरन्त एहसास हो गया कि उनका मौन व्रत तो टूट गया। आगे ऐसा न हो इसके लिए उन्होंने एक सुनार को राजी किया कि वह उनके होंठों को ताँबे के तार से सिल दे ताकि नींद में भी व्रत न टूटे। उस दौरान वे आटा और नीम के पत्तियों का पानी में घोल बनाकर पीते थे, यही उनका आहार था। सुनार ने ताँबे की एक नली भी उन्हें दी थी जिसे मुँह के एक छोर में घुसाकर वे वह घोल पिया करते थे।

यात्रा से वापसी पर गांधीजी से उनकी पहली मुलाकात आश्रम से जुड़ी यादगार कहानियों में शामिल हो गई थी। महीनों से यों ही छोड़े गए, बढ़े हुए बाल और दाढ़ी-मूँछ के बावजूद भंसाली आश्रम के दरवाज़े में घुसते ही पहचान लिये गए थे। "भंसाली भाई आ गए!" यह खबर आश्रम में तुरन्त फैल गई। जब तक वे बापू के कमरे में पहुँचे, उनके पीछे दर्जन भर आश्रमवासी भी साथ लगे थे। अजीबोगरीब आहार के बावजूद भंसाली खुले बदन में स्वस्थ दिख रहे थे। उनकी आँखों में बेशक सूनापन-सा था, कोई भावना नहीं थी। बापू किसी बीमार आश्रमवासी को देखने गए थे। सब लोग बापू के कमरे में बैठ गए।

जब बापू कमरे में लौटे तो भंसाली को देखते ही उनका चेहरा जिस तरह खिल

गया उससे उनकी खुशी जाहिर हो गई। उनके चेहरे की रेखाएँ भी जैसे मुस्कुरा उठीं। दोनों दोस्त गले मिले और बैठ गए। संयोग से वह बापू के मौन व्रत का दिन था। वे बात नहीं कर सकते थे मगर लगातार मुस्कुरा रहे थे और सिर खूब हिला रहे थे ताकि जता सकें कि वे भंसाली की वापसी पर कितने खुश थे। भंसाली तो मुस्कुरा भी नहीं सकते थे क्योंकि उनके होंठ सिले हुए थे। वे बस बापू की तरह खूब तेजी से सिर हिला सकते थे। लेकिन उनकी आँखों में सूनापन फिर भी मौजूद था।

अगले दिन बापू ने भंसाली के होंठों को सीने वाला तार निकाल देने का आदेश दिया। लेकिन भंसाली को अपना मौन व्रत तोड़ने को राजी करने में उन्हें कुछ दिन लगे। शुरू में भंसाली बापू से लिख कर संवाद करते थे। फिर बापू ने उन्हें यकीन दिलाया कि वे अपवादस्वरूप भगवान का नाम जोर से बोलें। अन्ततः भंसाली केवल बापू से बातचीत शुरू करने पर राजी हुए। उन दोनों की बातचीत सुनने वाले किसी शख्स ने बताया कि महीनों के मौन के कारण भंसाली की आवाज़ जंग खाई-सी सुनाई देती थी।

बापू चाहते थे कि भंसाली आश्रम की गतिविधियों में भाग लें लेकिन भंसाली जिद्दी थे। बापू की हर सलाह पर उनका सवाल होता—"क्यों?" मैं चरखा क्यों कातूँ? मैं बगीचे में क्यों काम करूँ? मैं दूसरों के साथ क्यों खाऊँ? अन्ततः बापू ने उनकी जिद का एक उपाय निकाला। भंसाली जब सवाल करते कि मैं चरखा क्यों कातूँ, तो बापू कहते, "मेरी खातिर। क्या आप मेरी लुंगी के लिए सूत नहीं कातेंगे?" भंसाली बापू के पक्के भक्त थे। मनुष्य मात्र से उनका सम्बन्ध बस गांधीजी तक सीमित था। सो, वे राजी हो गए। अब वे हर दिन घंटों चरखा कातते रहते। लेकिन वे अपना आहार बदलने को राजी न थे। बल्कि उलटे उन्होंने गांधीजी को अपने भोजन में नीम की पत्तियाँ डालने के लिए राजी कर लिया। लेकिन बापू ने आटे का घोल पीने से इनकार कर दिया। अन्ततः उन्होंने भंसाली को आग में नहीं बल्कि धूप में सुखाई आटे की रोटियाँ खाने को राजी किया। मीराबेन जब भी उनकी कुटिया के सामने से गुजरतीं, उन्हें एक ही जगह एक ही मुद्रा में चरखा कातते देखतीं। वे कभी सिर उठाकर नहीं देखते, न ही वे अपनी कुटिया की पत्थर की सीढ़ियों पर सुखाई जा रही रोटियों की ओर देखते। मीराबेन को कभी पता नहीं चल पाया कि लोग उनकी आँखों में सूनेपन की जो बात कहते थे वह सच थी या नहीं।

पाँच

शुरू में जब मैं यह गौर करने लगा कि मीरा आश्रम में अपने आपमें सिमटी रहना चाहती थीं तब मैंने यह सोचा कि ऐसा इसलिए है क्योंकि यह परिवेश उनके लिए अजनबी है, कि तमाम परिचित निशान से वंचित होने ने उन्हें मेमसाहब वाली सामान्य गंभीरता को और कसकर ओढ़ने को प्रेरित किया। जब मैं उन्हें और बेहतर जानने लगा तो मैंने महसूस किया कि आश्रम में गांधीजी के सिवा और किसी से मेलजोल के प्रति उनकी अनिच्छा सोची-समझी है। बहुत बाद में जब मैं उनके जीवन की कहानी पर काम करने लगा तो पाया कि एकांत की मीरा की जरूरत उनके चरित्र का हिस्सा थी, वह कोई मुखौटा नहीं था जिसे वे अपनी मर्जी से हटा देतीं।

शॉचेनआवर के बिंब विधान में मानव संबंध सर्द रात में साही पक्षियों जैसा होता है। वे गरमी पाने के लिए एक-दूसरे के करीब आते हैं मगर एक-दूसरे को एक-दूसरे के शरीर के काँटे चुभने लगते हैं तो वे अलग हो जाते हैं मगर ठंडक उन्हें फिर एक-दूसरे के करीब आने को मजबूर करती है। यह क्रम तब तक चलता रहता है जब तक वे ऐसी दूरी नहीं अपना लेते कि गरमी भी मिलती रहे और काँटे की चुभन असहनीय भी न लगे। अगर दूसरों से सामीप्य ऊष्मा देता है और यदाकदा दर्द भी देता है तो मीरा दूरी की ठंडक, आग की जगह बर्फ को ही चुनतीं।

मीरा बचपन में भी, जब वे मेडलिन थीं, एकाकी रहीं। वैसे, अपनी डायरी में उन्होंने लिखा है कि यह अकेलापन अलगाव वाला नहीं था। एक छोटी बच्ची की उम्र में भी उन्हें एकाकीपन ही अच्छा लगता था, यह उन पर थोपा नहीं गया था। मेडलिन की बचपन की यादें सरे में पहाड़ियों के बीच में बसे गाँव मिल्टन हीथ में अपने दादा की विशाल कोठी के इर्द-गिर्द केन्द्रित हैं, जहाँ उन्होंने अपने जीवन के पहले दस साल में से अधिकतर समय गुजारा। नौसेना अधिकारी उनके पिता कभी-कभी दो-दो साल या ज्यादा समय तक समुद्री बेड़े पर ही रहते थे और कभी-कभार जब इंग्लैंड लौटते थे तब परिवार लन्दन में रहता था और पिता नौसेना कार्यालय में काम करने जाते थे। लन्दन की यादें तो मेडलिन के स्मृतिपटल से लुप्त हो गईं मगर मिल्टन हीथ की, जहाँ उनका परिवार पिता की अनुपस्थिति में जाकर

बस जाता था, यादें कायम थीं और वहाँ की सारी छवियाँ इतनी स्पष्ट थीं कि वे उन यादों को जीवन्त बना देती थीं। ऊँचाई पर स्थित 20 एकड़ जमीन पर बना तीन मंजिला ट्यूडर हाउस डोर्किंग वैली का खूबसूरत नज़ारा दिखाता था। उसके बाईं ओर नॉर्थ डाउन्स और लीथ पहाड़ियाँ थीं। तरह-तरह के पेड़ों, झाड़ियों और फूलों से भरा सुन्दर बगीचा; घुड़सवारी, शिकार और सवारी गाड़ियों के काम आने वाले घोड़ों के लिए अस्तबल, गायों के लिए बाड़ा, बग्घी के लिए अस्तबल, मुर्गियों के दड़बे, सुअरों के लिए बाड़ा—यानी एक समृद्ध किसान के गाँव की जायदाद के लिए जरूरी तमाम सुविधाएँ और इन्तजाम। मेडलिन के प्यारे दादा नाटे, गठीले कद के मितभाषी व्यक्ति थे। उनकी आँखें शान्त थीं और दाढ़ी सफेद तथा लहरदार थी। मेडलिन उन्हें अकसर फूलों के बाग में कीचड़ से सने बिना तसमे के जूतों में कुछ-कुछ करते देखतीं। उन्हें याद आता, गरमी के दिनों में वे धूप से मुरझाए, उजाड़-से मैदान में टहलते और वह छोटी बच्ची उनके पसरे हुए साये के नीचे पीछे-पीछे घूमती रहती, दोनों में से कोई कुछ नहीं बोलता।

बगीचे के रास्तों की लम्बे झाड़ू से सफाई करना, बगीचे में गुलाब की कलमें लगाना और ऐसे ही कुछ काम उनके दादा के शगल में शुमार थे। वे ईस्ट इंडीज से मसाले आयात करने वाली कम्पनी के निदेशक थे मगर लन्दन के अपने कार्यालय के कामों से कहीं ज्यादा ये शगल उन्हें प्रिय थे।

जब से मेडलिन को अपने बारे में याद है, उन्हें मनुष्य से ज्यादा पौधों, पेड़ों और पशुओं का साथ अच्छा लगता। उनसे तीन साल बड़ी बहन रोहना जब बोर्डिंग स्कूल में दाखिल हो गई तो मेडलिन को उदासी से ज्यादा राहत हुई। अब उन्हें अजीबोगरीब खेलों में उसका साथ नहीं देना था जिनमें उन्हें अचल होकर रह जाना पड़ता या मेडलिन को गुफा में रहने वाला जंगली भालू बनना पड़ता। गुफा पढ़ाई की मेज को चादर से पूरी तरह ढँककर बनाई जाती थी। उन्हें गुलाम बनना पड़ता, जो रानी की उँगली के इशारे के बिना हिल भी नहीं सकता था। पुलिस-डाकू के खेल में मेडलिन को तहखाने (बिस्तर के नीचे) में कैद डाकू बनना पड़ता। रोहना अपाशे जब आग के चारों ओर नाच रही होती तो मेडलिन को डर से काँपती लड़की बन कर सीढ़ियों से बँधे रहना पड़ता।

मेडलिन ने रोहना से कभी करीबी नहीं महसूस की। वे बहनें जैसी दिखती भी नहीं थीं। रोहना का रंग साफ था, बाल मुलायम और हल्के थे, उसकी नाक मेडलिन की गरुड़ जैसी तीखी, टेढ़ी नाक के विपरीत ऊपर की ओर मुड़ी हुई-सी थी। दोनों का रंग-रूप ही नहीं, स्वभाव भी अलग-अलग था। मेडलिन का स्वभाव नाना-नानी के परिवार वालों से मिलता था, रोहना का सीधा और पारम्परिक तौर-तरीका

दादा-दादी के परिवार वालों से मिलता था। उनकी माँ के पड़दादा ने हंगरी या शायद रोमानिया में नौकरी करते हुए एक जिप्सी महिला से शादी की थी। मेडलिन का मानना था कि इसी कारण उनकी माँ के परिवार वालों के स्वभाव में एक तरह का बावलापन और अनिश्चितता का तत्त्व समा गया था, जो बाद की पीढ़ियों में असामान्य आचरण के रूप में उभरता रहता था। यह उनके अधिकतर चाचाओं, चाचियों, चचेरे भाई-बहनों के अन्दर दबा होगा मगर उनकी माँ और खुद उनमें काफी उभरकर सामने आता था।

दूसरी ओर उनके दादा-दादी का परिवार एकदम परम्परावादी था। दादा आंग्ल बिशप थे, पड़दादा जनरल थे, चचेरे दादा एटन के सैनिक न्यायाधीश थे। यानी परिवार के साथ थोड़ी कुलीनता भी जुड़ी थी, हालाँकि मेडलिन खुद में यह चीज नहीं पाती थीं और दूसरों में इसे नापसन्द करती थीं। उनके माता-पिता के स्वभाव में भी काफी अन्तर था, जो उनके व्यक्तित्वों से भी झलकता था। माँ दुबली-पतली थीं और फुर्तीली चाल से चलती थीं जबकि पिता गठी हुई काठी के थे और धीर-गम्भीर व गरिमापूर्ण चाल से चलते थे।

रोहना स्कूल चली गई, उसके बाद माँ ने मेडलिन की उम्र की पड़ोसी लड़कियों को घर पर बुलाने की अनमनी कोशिशें भी छोड़ दीं। मेडलिन उन लड़कियों के प्रति एकदम उदासीन ही रहतीं। वे बगीचे में पेड़ के नीचे अकेले ही खेल कर सन्तुष्ट रहतीं या मौसम खराब होता तो ऊपरी मंजिल पर दिन की नर्सरी में खेलतीं जहाँ से डोर्किंग घाटी का पूरा दृश्य नज़र आता, हालाँकि खराब मौसम में सब कुछ धुन्ध या बर्फबारी में ओझल हो जाता। आया बर्था और माँ को छोड़ दूसरे मनुष्यों से मेडलिन का सम्पर्क कभी-कभार ही होता। घर में बड़े लोगों से उनकी मुलाकातें सीमित ही होतीं। मेडलिन को यही पसन्द भी था। केवल रविवार को वे दिन का खाना निचली मंजिल पर सबके साथ माँ के बगल में बैठकर खातीं। बाकी दिन उनका खाना दिन की नर्सरी में या बीच वाली मंज़िल पर रात की नर्सरी में भेज दिया जाता, जहाँ से अस्तबलों का आँगन दिखता था। हर शाम नर्सरी चाय के बाद बर्था उन्हें धोया हुआ कुरता पहनाती और नीचे बैठकखाने में ले जाती, जहाँ उनकी दादी, जो स्कॉटिश मूल की थीं, चुपचाप बुनाई कर रही होतीं। और मेडलिन फर्श पर चित्र पहेली से खेलतीं। रोज के इस कार्यक्रम का एकमात्र सुखद हिस्सा दादा के साथ समय बिताने का होता था। वे फर्श पर उनके साथ बैठ कर चित्र पहेली को सुलझाने में मदद करते, मगर तभी जब मेडलिन अनुरोध करतीं।

जब स्कूल में दाखिले का समय आया तो मेडलिन घबरा गईं। शोर मचाते बच्चों से घिर जाने, अपना जीवन दूसरों के कहने पर चलाने, समय पर अपना काबू न रह

जाने के खयाल उनके लिए असह्य थे। किस्मत से माँ ने उनकी पीड़ा समझी, वे परम्पराओं को तोड़ने वाली महिला तो नहीं थीं मगर उनसे अनजान-सी जरूर रहती थीं। मेडलिन ने लिखा है, "मैं माँ से हमेशा करीबी महसूस करती थी। वे सुन्दर महिला थीं मगर वे खुद को जितना नहीं समझ पाती थीं उतना दूसरे भी उन्हें नहीं समझ पाते थे। मुझे पता था कि वे मुझे प्यार करती थीं और गहरे लगाव के साथ मुझ पर नज़र रखतीं लेकिन मुझे अपने मन की भी करने देती थीं।"

मेडलिन के पिता आपत्ति कर सकते थे मगर वे प्रायः समुद्र पर ही रहते थे। वैसे, अन्ततः वे भी अपनी पत्नी के आगे झुक जाते। धीरे-धीरे उन्होंने परिवार और घर के मामलों पर फैसला करने का जिम्मा उन्हें ही सौंप दिया था। वे अपने पति के सजने-सँवरने और देखभाल की पूरी जिम्मेदारी भी सँभालती थीं। वे ही उनकी कमीजों, मोजों, टाइयों और सूट वगैरह का चुनाव करती थीं। शादी के शुरुआती दिनों में पति की दाढ़ी-मूँछ, जो थोड़ी बेतरतीब रहती थीं, अब छोटी और तराशी हुई रहती थीं।

मेडलिन की माँ ने तय किया कि उनकी छोटी बेटी को स्कूल जाने की जरूरत नहीं है, बल्कि वह घर में ही पढ़ाई कर सकती है। उसके लिए युवा, गरीब चचेरी बहन लुसी सॉण्डर्स को शिक्षिका के तौर पर नियुक्त किया गया, जिसकी शादी की कोई सम्भावना नहीं दिखती थी। सॉण्डर्स मेडलिन को पढ़ना-लिखना, अर्थगणित वगैरह सिखाती थीं। वह उनके परिवार के साथ तब तक रहीं जब तक वह भारत नहीं चली आईं। प्रारम्भिक पाठ से वे आगे नहीं बढ़ पाईं।

अपनी दादी की कोठी में वे ज्यादातर समय जानवरों, खासकर घोड़ों के साथ बिताती थीं। दादा के मुख्य सईस ने घोड़ों से उनके लगाव को देखकर घुड़सवारी वाले घोड़े की जीन तथा लगाम कसना और बग्घी वाले घोड़ों को जोतना सिखा दिया। मेडलिन को अपने दसवें जन्मदिन पर जब उपहार में एक वेल्श खच्चर दिया गया तो वे बेहद खुश हुई थीं। लेकिन उनकी यह खुशी थोड़े दिन के लिए ही रही। यह खच्चर छह महीने और जीवित रहा और इस दौरान मेडलिन ने उसकी देखभाल किसी और को नहीं करने दी। हर दिन सुबह-शाम वे उसके बाड़े में जाकर सूखी घास और अनाज खिलातीं। वे उसकी सफाई और फेराई करतीं जिससे वह गरमी के दिनों में काफी चुस्त और चमकदार हो गया था। वे हर महीने उसके पैरों की भी सफाई करतीं।

नवम्बर के शुरू के दिनों में एक रात वह खच्चर अपने बाड़े से निकलकर अनाज के गोदाम में पहुँच गया, जहाँ उसने पेट से ज्यादा खा लिया। अगली सुबह वह बेजान दिखा, उसकी आँखें धुँधली हो गई थीं और वह खाने की ओर नज़र भी नहीं डाल

रहा था। वह करवटें ले रहा था और पेट पर दुलत्ती मारने की कोशिश कर रहा था।

अस्तबल के एक कर्मचारी ने उसे देखा तो बताया कि "उसे पेट में दर्द है। उसे टहलाने की जरूरत है ताकि वह लोटपोट करके अपने पेट को मरोड़े नहीं।" मेडलिन ने उसे टहलाया मगर वह काफी तकलीफ में था। अकसर वह रुक जाता और सिर को मोड़ कर पेट की ओर देखने लगता। जानवरों के डॉक्टर को बुलाया गया लेकिन शायद बदलते मौसम के कारण उसका रोग भी काफी गम्भीर हो गया था। दर्द बारह घंटे में उसकी जान ले सकता था। मेडलिन रात भर ठंड में उसके पास ही रहीं। लेकिन अन्त करीब आते ही खच्चर ने करवट बदलने की कोशिश की और फिर निश्चेष्ट हो गया। मेडलिन उसके तपते शरीर से लिपटी उसके माथे को सहलाती रहीं। माँ ने उन्हें समझाया, दादा ने उनसे बाड़े से निकलकर घर में आने को कहा लेकिन उन्होंने सबकी अनसुनी कर दी। और जब मरते खच्चर से उन्हें अलग करने के लिए बर्था ने उनकी बाँहें खींचीं तो अचानक वे रोने लगीं। उनकी रुलाई थम नहीं रही थी। तमाम लोग और खुद वे भी अपने आपको पहचान नहीं पा रही थीं।

मेडलिन जब बारह साल की हो गईं तब उन्हें बड़े, शिकारी घोड़ों की सवारी करने की इज़ाज़त दी गई। उन्हें शिकार के लिए बजने वाली तुरही की आवाज़ और शिकारी कुत्तों के भूँकने की आवाज़ें और खुले मैदान में सरपट दौड़ते घोड़े की सवारी की अच्छी तरह याद है। जब वे आँख बन्द करतीं तो सामने वे दृश्य सजीव हो उठते जब वे शाम को घोड़े से उतर रही होतीं, उनके कपड़े पर कीचड़ के छींटे फैले होते, उनसे जानवर और मनुष्य के पसीनों की मिली-जुली गन्ध आ रही होती, और वे खुद भूखी मगर थकान के आनन्द से भरी होतीं।

छोटी बच्ची के रूप में मेडलिन को दोपहर में ढलानों पर देर तक घूमना खूब अच्छा लगता था—फार्म हाउसों और लम्बी-लम्बी बेलों से ढँके कॉटेजों, तरह-तरह के फूल-पौधों से भरे बाँगरों से गुजरते हुए दूर सरे की पहाड़ियों की ओर टहलना, जिनकी चोटियाँ घने बाँज से ढँकी होतीं और वसन्त में तो हरी चादर की तरह फैली दिखतीं। आमतौर से वे अकेले ही टहलने निकल जाती थीं। उनकी आया बर्था उनके कहने पर उनसे कुछ कदम पीछे ही चलती रहती थी। बतखों से भरे तालाब की ओर जाने वाला रास्ता खेतों, वसन्त ऋतु में मीठी सुगन्ध देने वाले फूलों की झाड़ियों से भरा होता। इस रास्ते पर चलते हुए मेडलिन को पेड़-पौधों और फूलों से एक तरह का अपनापा महसूस होता।

साबरमती आश्रम के व्यस्त जीवन में दिन में तो वे हमेशा दूसरे लोगों के साथ रहतीं, एकान्त तो दुर्लभ था बल्कि उसे अहंवादी, दूसरे के प्रति भावनाशून्य होने का प्रमाण माना जाता था। हाँ, आध्यात्मिक कारणों से एकान्त स्वीकार्य था। सो, केवल

रात में ही अपनी कुटिया में उन्हें एकान्त मिलता। जब वे विस्तर पर लेटतीं तो अँधेरे में रात्रि संगीत यानी सैकड़ों झिंगुरों का समवेत स्वर, बीच-बीच में मेढकों की टर्राहट और कभी-कभार उल्लुओं की आवाज़ें धीरे-धीरे मद्धिम होती जातीं और नीरवता छा जाती। और तब मेडलिन अकसर अतीत की गलियों में घूमने लगतीं। उनकी स्मृतियाँ प्रमुखता से उभर आतीं। एक बार फिर वे मिल्टन हीथ के ढलवें लोहे के खुले दरवाज़ों से बाहर निकल जातीं—उतराई की ओर जाने वाले पथरीले रास्ते पर, ऊँची-ऊँची घास और पीली सिंजी के बीच से, जहाँ बीचफल की लतरों पर सेवती का फूल चमकता रहता। उनकी स्मृति में सफेद शृंगों के खिलने और मुरझाने की गति तेज हो जाती। तीस वर्ष बाद भी उन फूल-पौधों की खुशबू की हल्की-हल्की अनुभूति होने लगती।

प्रकृति के साथ मेडलिन का अंतरंग संबंध समय के साथ मजबूत होता गया। जब भी वे सब लन्दन में रहने आते थे, तब नए घर में जमने के बाद पहला काम वे नजदीक के किसी बगीचे का पता लगाने का करती थीं। बैटरसी पार्क में दोपहरों में लुसी या बर्था के साथ टहलना लन्दन की शुरुआती यादों में शुमार है। वैसे, आमतौर पर वे घर में ही बन्द रहती थीं। ऐसा नहीं है कि वे कोई संन्यासिनी थीं। वे माँ के साथ खरीदारी पर निकलतीं लेकिन खुद को खरीदार नहीं मानती थीं। वे परिवार के सामाजिक उत्तरदायित्वों को निभाने में शरीक होती थीं लेकिन कभी भी खुद को उसका हिस्सा नहीं महसूस करतीं। लन्दन में उन्होंने नाटकों की दुनिया भी देखी। उनकी इच्छा होती कि वे संगीत में कुछ करें लेकिन इसके लिए उन्हें युवा होने तक इन्तज़ार करना था। उन्हें अच्छी तरह याद है जब उन्हें माता-पिता पहली बार नाटक दिखाने ले गए थे। यह शेक्सपियर का नाटक 'द टेंपेस्ट' था। लेकिन उन्हें दूसरे नाटकों की याद नहीं थी। भीड़भाड़ और घुटन से उन्हें सिरदर्द हो जाता। सो, नाटकों में जाना उन्हें जल्दी ही बन्द करना पड़ा।

जब भी उनके पिता समुद्र पर चले जाते तो स्लेड परिवार हमेशा उनके दादा के घर रहने नहीं जाता था। उनके दिल में और बचपन की यादों में जो फार्म हाउस खास जगह रखता था वह सरे के गाँव ग्रेट बुखैम में पहाड़ी पर स्थित था। उसे फीनिक्स फार्म कहा जाता था। एक अद्भुत संयोग था कि गांधीजी ने दक्षिण अफ्रीका में अपने पहले आश्रम का भी यही नाम रखा था। मेडलिन को फीनिक्स फार्म की शायद इसलिए अच्छी तरह याद थी क्योंकि उन्होंने अपने बचपन के आखिरी दिन वहीं बिताए थे।

उन्होंने अपनी डायरी में लिखा है, "जवानी के शुरुआती दिन खुद अपने और आसपास की चीजों के प्रति अबूझ, अस्पष्ट असन्तोष और बेचैनी लेकर आए, हालाँकि मुझे काफी स्नेह मिल रहा था।

"फीनिक्स फार्म के उत्तर में ढलवाँ खेत फैले थे और दक्षिण में खेत और जंगल। सप्ताह के अन्तिम दिनों में सुबह-सुबह माँ, लूसी और मैं शानदार ढलानों और सुगन्धित पेड़ों के बीच देर तक टहलती रहतीं। मेरी यादों में वे सारी चहलकदमियाँ आपस में गड्डमड्ड होकर एक दिन की याद में सिमट गई हैं। वह दिन था, मेरे तेरहवें जन्मदिन से एक सप्ताह पहले, जुलाई के अन्तिम दिनों में से एक।

"हम अलस्सुबह ही घर से निकल पड़े थे। कच्ची-पक्की सड़क पर चलते हुए हम जंगल की ओर चल पड़े थे। नींद के आखिरी क़तरे को झटकते हुए मेरी आँखें चारों ओर पसरे जीवन्त, साँस लेते सिंचित खेतों के किनारे लगी झाड़ियों के आकारों को महसूस करने लगी थीं। धीरे-धीरे रोशनी तेज हो रही थी और आसमान का परिदृश्य स्पष्ट हो रहा था। मील के पुराने पत्थरों के बीच की दरारों से लतरें झाँक रही थीं। रास्ते पर बिछी घास ओस की चमकती बूँदों के बोझ से झुकी जा रही थी। जंगल में पहुँचकर रास्ता पगडंडियों में बदल गया था और गहरी छायाओं के बीच जाता हुआ घास और पौधों से ढँक गया था। जंगल में पहुँचते-पहुँचते सूरज कुछ और ऊपर चढ़ आया था और साये हल्के होते जा रहे थे। हमारे चारों ओर रंग-बिरंगी तितलियाँ नाच रही थीं। दोपहर से पहले हमने खीरे और जलकुम्भी भरे सैंडविच खाए, जिन्हें लूसी साथ लेकर आई थी। हम बाँज के एक विशाल पेड़ के नीचे दरी बिछाकर बैठे थे। हमारे बगल में काली अंजियाँ पक रही थीं जो चमकदार लाल-हरे मनकों की तरह पसरी थीं। भँवरे उनके आसपास भिनभिनाते हुए चक्कर काट रहे थे। कुछ महीनों में काली अंजियाँ पक कर ज़मीन पर गिर जाएँगी और सड़ते हुए खट्टी-मीठी खुशबू बिखेरने लगेंगी। माँ और लूसी वनस्पति में खासी दिलचस्पी लेती थीं और मैं भी धीरे-धीरे पौधों और फूलों पर एक जानकार जैसी नज़र डालने लगी थी। पक्षियों के मामले में भी ऐसा ही था। मैं अलग-अलग पक्षियों की आवाज़ पहचानने लगी थी और एक अज्ञात पक्षी का गाना तो हमेशा खुशी से भर देता था। मैं चिड़ियों के घोंसलों के पास से गुजरती तो उनमें पड़े अंडों को गौर से देखती। पंखों, टहनियों और मिट्टी के बीच दबे अंडे अपना रंग बिखेरते और मुझे फुदकी, टिटहरी और रोबिन वगैरह के घोंसलों में फर्क की पहचान हो गई थी। हम दोपहर बाद घर लौटते, जब सूरज का तेज मद्धिम पड़ने लगता और उसके किनारों पर सिन्दूरी रंग की छाया उभरने लगती और हमारे पीछे घने जंगलों में पक्षियों की आवाज़ें फैल रही होतीं।"

डायरी में दर्ज इस अंश के बाद गांधीजी के नाम एक पत्र का मसौदा है। इस पर तारीख पड़ी है 28 नवम्बर 1925 की। मैं नहीं कह सकता कि मीरा ने इस पत्र को पूरा किया या नहीं, और पूरा किया तो गांधीजी को भेजा या नहीं। मसौदा यह था—

''बापू! जब मैं पीछे मुड़ कर खुद को एक लड़की के रूप में देखती हूँ तो पाती हूँ कि अकसर ऐसे क्षण आते रहते थे जो मुझे उस दुनिया से, जिसमें मैं रहती हूँ, और उस ब्रह्मांड से, जिसमें मैंने एक स्थान घेर रखा था, मुझे काट देते थे और मैं यह नहीं जान पाती थी कि मैं कौन हूँ, मैं कहाँ हूँ। यह अलगाव कभी-कभी मुझे बहुत आतंकित कर देता था। उदाहरण के लिए, ऐसा तब होता था जब बड़े लोगों को तारों, आकाशगंगा और उनके बीच के अनन्त अन्तरिक्ष के बारे में बातें करते सुनती थी। एक ठंडी दहशत मुझे घेर लेती थी, जब उनके शब्दों को मेरा मस्तिष्क काल्पनिक छवियों में ढालने लगता। तब मैं हड़बड़ाकर बिलकुल सांसारिक, आम बातों पर ध्यान लगाने लगती थी, जैसे यह कि लूसी की नीली चप्पल आगे से घिस रही थी, या पापा की वर्दी का एक बटन गायब था जिसे बर्था ने सिला नहीं था। इस तरह मैं उस डर को भगाने की कोशिश करती जिसके बारे में मैं किसी से, अपनी माँ तक से बात नहीं कर सकती थी। इसी तरह, मैं पारलौकिक जीवन के बारे में सोच कर ठंडे पसीने से नहा जाती थी। मुझे चर्च जाने में डर लगता था क्योंकि वहाँ प्रार्थना इन शब्दों के साथ खत्म होती थी—'जैसा कि यह आरम्भ में था, जैसा कि यह अब है और हमेशा रहेगा, यह संसार अनश्वर है। आमीन!'

''लेकिन कभी-कभी अनन्तता और पारलौकिकता दूसरे रूप में सामने आती जिसके प्रति मैं खासतौर से आकर्षिक होती। यह भय और अलगाव का नहीं, अनुग्रह और उल्लास का रूप था। यह अनुग्रह प्रकृति के स्वर के माध्यम से, शान्त क्षणों में आता था। यह पक्षी के गान के जरिए, फूलों की पत्तियों से बिखरती खुशबू के जरिए या पेड़ों के पत्तों के बीच सरसराते हवा के बयार के जरिए आ सकता था। मैंने इन सबके बारे में किसी से कुछ नहीं कहा। यह आवाज़ मैं फिर सुन रही हूँ यद्यपि यह मनुष्य की आत्मा के, जो कि आपकी आत्मा है, जरिए सुन रही हूँ। यह सब कह कर मैं आपको परेशान तो नहीं कर रही बापू? क्या आप एक अंग्रेज महिला से और ज्यादा संयम की अपेक्षा रखते हैं?

''कई साल पहले, एक बार एक दूसरी मानव आत्मा से मुझे प्रकृति की वह आवाज़ सुनाई दी थी। बापू, तब मैं इक्कीस साल की थी। मैं उसके बारे में आपको बताना चाहती हूँ। मैं आपको उस आनन्द के बारे में और उससे मिली पीड़ा के बारे में भी बताना चाहती हूँ। वही एक मौका था जब मैं अपने कमरे के एकान्त में फर्श पर घुटनों के बल झुककर प्रार्थना करने लगी थी, सचमुच अपने जीवन में पहली बार प्रार्थना करने लगी थी। मैं ईश्वर से प्रार्थना कर रही थी कि मुझे इस पीड़ायुक्त आनन्द से मुक्ति दे लेकिन बार-बार इसका रस भी लेने दे। आपके सामने मैं अपना दिल खोल कर रख देना चाहती हूँ। अगर मैंने इसे दबा दिया तो इसे भूल जाऊँगी। सन्देह

की हल्की-सी आवाज़, ज्ञान के पंखों की हल्की-सी फड़फड़ाहट से यह सवाल उभरता है, 'इतने वर्षों से जो मैंने मन में दबा कर रखा है उसे आपके सामने खुल कर रखूँगी तो क्या आप उसे स्वीकार करेंगे? क्या आप लाखों टुकड़ों में बिखर जाने से रोक लेंगे, उन ठंडे-ठंडे असंख्य तारों के रूप में टूट जाने से जो एक ठंडे ब्रह्मांड में रहते हैं?' और हृदय चीख कर कहता है, 'हाँ, वे तुम्हें बचा लेंगे!'

" लेकिन बापू, मैं अंग्रेज हूँ। आप नहीं जान पाएँगे कि मुझे खुद को जब्त करने में, आपकी निजी दुनिया में अतिक्रमण से खुद को रोकने में मुझे कितनी मुश्किल हुई है, जबकि मैं हर पल आपके साथ रहना चाहती हूँ। मेरी अन्तरात्मा कहती है कि एक दिन ऐसा ही होगा। मैं आपका साया बनूँगी और आप मेरी समीपता को वैसे ही सहज स्वीकार करेंगे जैसे अपनी छाया की समीपता को स्वीकार करते हैं। यह सपना ही मेरी उम्मीद है। यह मुझे बिखरने नहीं देती, जोड़ कर रखती है।"

छह

रोमाँ रोलाँ ने मेडलिन का परिचय देते हुए गांधीजी को लिखे पत्र में जिस "हिंसक और आवेगपूर्ण व्याकुलता" का उल्लेख किया था उसकी उत्पत्ति बारह साल पहले हुई थी, जब मेडलिन 21 वर्ष की हुईं।

नवम्बर 1913 में स्लेड परिवार को इंग्लैंड लौटे दो वर्ष बीत चुके थे। परिवार मेडलिन के दादा की गाँव वाली कोठी मिल्टन हीथ में रह रहा था। नौसेना कार्यालय में देर-देर तक काम करने के कारण मेडलिन के पिता ज्यादातर लन्दन में ही रहते थे। रोहना भी अब घर में नहीं रहती थी। भारतीय सिविल सेवा के एक अधिकारी से विवाह हो जाने के बाद वह भारत लौट गई थी। 1911 में सम्राट और महारानी के भारत दौरे पर हुए दरबार के समारोह में वे एक-दूसरे से मिले थे। दिल्ली में लगे दरबार में भारत के राजे-रजवाड़े ब्रिटिश राज के प्रति अपनी वफादारी दिखाने के लिए इकट्ठा हुए थे। दिल्ली तब ब्रिटिश भारत की नई राजधानी बनी थी।

अकेला छोड़ दिए जाने से मेडलिन सन्तुष्ट थीं। सुबह में वे ढलानों पर घुड़सवारी करतीं, शाम में दादा के साथ पहेली के खेल खेलतीं और रविवार की सुबह माँ के साथ जंगल के घने सायों में टहला करतीं। बाकी समय वे ऊपर की मंज़िल पर अपने कमरे में रहतीं। कुछ पढ़ती रहतीं और संगीत सुनती रहतीं। एक नया यान्त्रिक पिआनोला खरीदा गया था और उसे बगल के कमरे में रखे पिआनो से जोड़ दिया गया था। यह पिआनोला संगीतकार को कुछ आज़ादी देता था क्योंकि इस पर संगीत मनमर्जी तेज़ी और ऊँचे स्वर में बजाया जा सकता था। इसे बनाने वाली आंग्लियस कम्पनी की लाइब्रेरी में शास्त्रीय संगीत का अच्छा खजाना था। मेडलिन ने बीदोवेन के सोनाटा के सभी रेकॉर्ड खरीद लिये थे और दिन-ब-दिन एक-एक करके उन्हें बजाती रहती थीं।

बीदोवेन के प्रति अपने आकर्षण का कारण मेडलिन नहीं बता सकती थीं लेकिन इसका एहसास उन्हें बचपन में जंगलों के बीच या ढलानों पर टहलते हुए हुआ। यान्त्रिक पिआनोला की सीमाओं के कारण तोड़ी-मरोड़ी, अस्पष्ट आवाज़ के बावजूद वह कारण बीदोवन के संगीत, खासकर सोनाटा ओपस नम्बर 2 'द टेंपेस्ट' में उनकी

आत्मा से उभरता था, जिसे वे बार-बार बजाती थीं। वह 'अनुग्रह का अग्रदूत' था। वह अनुग्रह, जो उनकी मान्यता के मुताबिक आत्मा में प्रवेश करेगा और पहले उसे भिगोएगा और फिर उसके आयामों को बदल देगा।

वे बार-बार लन्दन जाती थीं, सिर्फ उन संगीत कार्यक्रमों को सुनने जिनमें बीदोवेन का संगीत प्रमुख होता। सो, जब उन्होंने 'द टाइम्स' में घोषणा पढ़ी कि बीदोवेन का संगीत होने वाला है तो उनके मन में कोई संशय नहीं रह गया कि इसमें जाना ही है। उन्होंने फ्रेडरिक लैमंड का नाम पहले नहीं सुना था लेकिन अखबार में छपी एक खबर ने स्पष्ट कर दिया कि पिआनोवादक लैमंड बीदोवेन के सोनाटा की व्याख्याओं के लिए पूरे महादेश में मशहूर हैं। वे ग्लास्गो के निवासी थे और शहर के संगीत प्रेमियों में अद्भुत संगीतकार के रूप में जाने जाते थे। मात्र 16 वर्ष की उम्र में उन्होंने फ्रैंकफर्त में मैक्स श्वार्ज के साथ और बीदोवेन के श्रेष्ठतम समकालीन जानकारों में गिने जाने वाले बुलो के साथ अध्ययन किया। एक ऑस्ट्रियाई अभिनेत्री से शादी करके वे बर्लिन में बस गए थे।

जिस क्षण लैमंड मंच पर आए और शानदार चमकते काले पिआनो के सामने बैठ कर उसके पहले अपैसनाटा सोनाटा का पहला सुर छेड़ा, मेडलिन को लग गया कि वे वह संगीत सुनने जा रही हैं जिसे वे वर्षों से अपनी दुर्दमनीय इच्छा के साथ सुनती रही हैं। असन्तोषजनक पिआनोला पर या छोटे-मोटे पिआनोवादकों से उन्होंने जो सुना था वह बीदावेन के संगीत खजाने की नकल भर था। लेकिन उस शाम एक पुराना वादा पूरा होनेवाला था। नाटे, गठीले कद-काठी के उस स्कॉट संगीतकार के वादन की सघनता, उसके संगीत के सुर की सम्पूर्णता या अभिव्यक्ति की स्पष्टता से ज्यादा महत्त्वपूर्ण मेडलिन का यह विश्वास था कि वे बीदोवेन का संगीत सुनने जा रही हैं। इस विश्वास को उस संगीतकार ने भी महसूस किया होगा जब उसने उस संगीत की धुनों को कागज पर दर्ज किया होगा। दूसरे पिआनोवादकों के विपरीत लैमंड ने, जिनकी भौंहें उतनी ही ऊँची थीं जितनी उस व्यक्ति की भौंहें थीं जिनका संगीत वे सुनाने जा रहे थे, अपने व्यक्तित्व को बीदोवेन और मेडलिन के बीच आरोपित नहीं किया। सुरों की मद्धिम गति के साथ श्रोता और संगीतकार का तादात्म्य गहरा था और मेडलिन ने महसूस किया कि बीदोवेन की निर्भयता, शक्ति और शुद्धता ने उन्हें उस अनुभूति से भर दिया जिसे शब्दों में व्यक्त नहीं किया जा सकता था। तेरह की उम्र से ही, मेडलिन को उस उत्कंठा के मूल का एहसास था, जो अकसर अव्याख्येय बेचैनी में या अचानक पीड़ा और दहशत तक में उभर आती थी। अपने विरोधाभासों और आवेग के साथ जब 'टेंपेस्ट' गूँजने लगा तब मेडलिन को समय की गति के धीमे पड़ने की गहरी शारीरिक सनसनी-सी महसूस हुई, ऐसी

अनुभूति जो चेतना के लोप से पहले होती है। लेकिन उसमें उस लोप के साथ अनुभूत होने वाली दहशत और विखराव नहीं था। संगीत उनके मस्तिष्क में गूँज रहा था, वह लम्बा खिंच रहा था, अचानक तेज हो जाता और बिना ठहरे पसर जाता। और तब ऐसा महसूस हुआ कि मानो उनकी आत्मा काया की कैद से मुक्त हो रही हो। फीनिक्स फार्म के दिनों के बाद पहली बार मेडलिन ने खुद को अपने शरीर में पूरी तरह अवस्थित पाया, भले ही वे उसकी सीमाओं से बाहर निकल रही थीं। संगीत खत्म होने के बाद वे ताली बजाने के लिए औरों के साथ खड़ी नहीं हुईं, सिर झुकाए सीट पर बैठी रहीं और हॉल उनके अगल-बगल से खाली हो रहा था। वर्षों बाद यही पवित्रता और शक्ति उन्होंने गांधीजी में पाई, जब महात्मा पूरे अपने आपमें होते थे।

x x x

मेडलिन को लैमंड को फिर सुनने का मौका उन्हें आठ साल बाद मिला।

विश्वयुद्ध छिड़ चुका था। जर्मनी के साथ युद्ध छिड़ने के उत्साह से मेडलिन भी अछूती नहीं रही थीं। जिस दिन युद्ध की घोषणा हुई, उनके पिता को छोड़ पूरा परिवार सड़क पर जमा हो रही भीड़ में आ मिला। पिता पिछले कई दिनों से नौसेना कार्यालय में डेरा जमाए थे। पूरे लन्दन के लाखों लोग एक लहर की तरह स्वतः ही बकिंघम पैलेस तक आ गए थे। जब सम्राट और महारानी बालकनी में खड़े हुए तब मेडलिन ने भी 'ओ गॉड, अवर हेल्प इन एजेज़ फस्ट' और 'गॉड सर्व द किंग' सबके साथ मिलकर गाया था। करीब पाँच लाख लोग बिना किसी नेता के रहस्यमय ढंग से गाने चुन कर समवेत स्वर में गा रहे थे।

युद्ध की घोषणा तनावपूर्ण लम्बे इन्तज़ार के बाद की गई थी। इसने वैसी ही राहत पहुँचाई जैसी लम्बे गरम मौसम के बाद बारिश की फुहारों से मिलती है। मेडलिन के हर परिचित ने युद्ध का स्वागत किया था। कलाकारों, लेखकों, पत्रकारों और विश्वविद्यालयों के वरिष्ठ अध्यापकों ने युद्ध के समर्थन में बयान दिए। धर्मगुरुओं ने युद्ध को पवित्र कर्तव्य बताया। पहले छह महीनों में बीस लाख स्वयंसेवकों ने सेवा के लिए नाम दर्ज कराए। अधिकतर लोगों का मानना था कि युद्ध एक साल में खत्म हो जाएगा लेकिन चार साल बाद उन्हें लगने लगा कि वह कभी खत्म नहीं होगा।

इन चार वर्षों में युद्ध की विभीषिका ने प्रचार और देशभक्ति के बहाने बुने गए गहरे जाल को भी भेदना शुरू कर दिया। लोगों को एहसास होने लगा कि यह दूसरे प्रकार का युद्ध है। यह युद्ध नरसंहार की कई नई तकनीकों—मशीनगन, गैस, पनडुब्बी, टैंक, हवाई जहाज—का इस्तेमाल कर रहा है और कत्लेआम की और भी

नई तकनीक ईजाद कर रहा था। मेडलिन यह दावा कर सकती थीं कि उन्हें युद्ध के परिणामों का पहले ही एहसास हो गया था। दुखद खबरें आ रही थीं। उन्होंने बम्बई में जिन युवकों के साथ कभी नृत्य किया था वे अपने जहाजों के साथ डूब गए थे। ऐसी खबरें स्लेड परिवार को मृतकों के परिवारों से पहले मिल जाती थीं क्योंकि नौसेना कार्यालय में मेडलिन के पिता को जर्मन पनडुब्बियों से इंग्लैंड के व्यापारिक समुद्र मार्ग की रक्षा की व्यवस्था करने का जिम्मा सौंपा गया था। युद्ध में हाथ या पैर गँवा करके लौटने वाले सैनिकों को दीवार या दरवाज़े के सहारे खड़े होकर अपने विकलांग जीवन को सिगरेट पीते हुए खींचते देखना काफी कष्टप्रद था। लेकिन मेडलिन को लोगों की आत्मा में हो रहा क्षरण ज्यादा तकलीफदेह लगता था। सहृदय से सहृदय और मितभाषी लोग भी जर्मन लोगों के बारे में ऐसे बातें करते थे जैसे वे आदमी नहीं, चूहे-बिल्ली हों जिन्हें नष्ट किया ही जाना चाहिए। मेडलिन को नफरत भरी इन बातों से शुरू में तो सदमा पहुँचता, फिर बाद में कोफ्त होने लगी और युद्ध के लिए बैंडेज तैयार करने के काम से उनका दिल उचाट होने लगा। घर में वे ऊपरी मंज़िल के अपने छोटे-से कमरे में सिमट-सी गई थीं। वहाँ वे अपने पिआनो और किताबों के साथ समय गुजारतीं और केवल भोजन के लिए नीचे उतरतीं ताकि परिवार के लोग युद्ध की जो बातें करते, उनसे अलग रह सकें। वे कैसे भूल सकती थीं कि बीदोवेन जर्मन थे, कि जिस संगीत के लिए वे जी रही थीं वह जर्मनी और ऑस्ट्रिया की देन थी।

युद्ध समाप्त हुआ तो कोई उल्लास, कोई आनन्द नहीं मनाया गया। केवल एक शुक्रिया का भाव था कि बन्दूकें शान्त हुईं, नरसंहार थम गया और अब बचे हुए लोग शीघ्र घर लौटेंगे। इतने बड़े त्याग के लगभग सिफर नतीजे के कारण मोहभंग और खालीपन का एहसास बाद में होने वाला था। पूरे यूरोप की जो मनःस्थिति थी उससे मेडलिन उतनी ही कम प्रभावित थीं जितनी वे युद्ध से ठीक पहले के उत्साह से अछूती थीं। विरले अपवादों को छोड़ मेडलिन आसपास व्याप्त आम मनःस्थिति में आने वाले ज्वार-भाटे से खुद को हमेशा अप्रभावित रखती थीं। उनके रास्तों को रोशन करने वाले तारे नितान्त निजी आकाशगंगा के थे।

युद्ध खत्म होने के बाद जब जर्मनी और जर्मन चीजों के प्रति नफरत की भावना प्रबल थी, जर्मन संगीत वाले संगीत कार्यक्रमों की माँग नहीं रह गई। लैमंड के एजेन्ट ने तो मेडलिन को यही बताया। वह कल्पनाशून्य, ठस किस्म का नाटे कद का व्यक्ति था, जिसके पुराने ट्वीड जैकेट पर बालों से झड़ी रूसी बिखरी होती। लैमंड हालाँकि स्कॉट मूल के थे और युद्ध के दिनों में हॉलैंड में रहे थे मगर जर्मनी में वे इतने लम्बे समय तक रह चुके थे कि इंग्लैंड में उनका स्वागत नामुमकिन था। मेडलिन ने खुद

संगीत समारोह आयोजित करने के व्यापार में कूदने का फैसला तब किया जब उस एजेन्ट ने यह टिप्पणी की कि वैसे भी बीदोवेन का संगीत बहुत बोझिल और इतना जर्मन मिज़ाज़ का है कि युद्ध से त्रस्त अंग्रेजों को यह नहीं भाएगा क्योंकि वे हल्का, खुशगवार संगीत चाहेंगे।

मेडलिन ने एजेन्ट से लैमंड का पता लिया और उन्हें एक संकोच भरा पत्र लिख डाला। पत्र का मिज़ाज़ वैसा नहीं था जैसा गांधीजी को लिखे उनके पहले पत्र का था। उन्होंने इंग्लैंड में लैमंड के तीन संगीत कार्यक्रम करवाने की पेशकश की। लैमंड शुरू में थोड़ा हिचके। लेकिन मेडलिन ने बीदोवेन के संगीत के प्रति जो गम्भीर लगाव दिखाया और लैमंड को उसका बढ़िया व्याख्याकार बताया उससे प्रभावित होकर लैमंड ने अन्ततः स्वीकृति दे दी। पहला संगीत समारोह डोर्किंग के टाउन हॉल में होना था। केवल बीदोवेन के सोनाटा से रँगी शाम सरे के ग्रामीण श्रोताओं पर जरा भारी पड़ती इसलिए लैमंड ने सुझाव दिया कि कार्यक्रम को थोड़ा हल्का बनाने के लिए चॉपिन्स का वालसे ओप. 34 नम्बर 3, लिस्ट का हंगारियन चारण गीत नं. 14 और रैवेल का ज्यु डि यु मी शामिल किया जाए।

संगीत समारोह वाले दिन मेडलिन इतनी उत्तेजित थीं कि उन्होंने लैमंड के आगमन से पहले उनके वास्ते मेहमान के कमरे को तैयार रखने के लिए बर्था को निर्देश दे-देकर पागल कर दिया। फूल और गमले कई बार चुने गए और खारिज किए गए, बिस्तर की चादर परदे से तालमेल वाली चाहिए थी तो परदों को नई चादर से तालमेल के लिए बदला गया। शाम के संगीत कार्यक्रम के लिए टिकटों और सूचनाओं, पोस्टरों की छपाई और उनके प्रसार, पिआनो को दुरुस्त करने से लेकर बैठने की व्यवस्था तक तमाम काम खुद करने के बावजूद मेडलिन को थकान नहीं महसूस हो रही थी। वे कभी ऊपर जातीं, कभी नीचे आतीं, कभी एक कमरे में तो कभी दूसरे कमरे में जातीं और भूल जातीं कि वे उस कमरे में क्यों आईं। अन्ततः उनकी माँ ने उन्हें तनावमुक्त होने के लिए टहलने के लिए भेज दिया। नतीजा यह हुआ कि वे लैमंड की अगवानी न कर पाईं।

जब मेडलिन 3 बजे के पहले घर लौटीं तो ऊपर की मंज़िल से पिआनो से शानदार धुन गूँज रही थी। वे मन्त्रमुग्ध होकर कुछ क्षण के लिए बाहर ही खड़ी रह गईं, संगीत की वर्षा में भीगतीं। वे इसमें खलल नहीं डालना चाहती थीं। लेकिन टाउन हॉल में कार्यक्रम का वक्त करीब आ रहा था। साहस करके उन्होंने दरवाज़े पर दस्तक दी, पहले धीरे से और फिर थोड़ा जोर से। संगीत थम गया। अन्दर से एक धीर-गम्भीर, ऊष्मा से भरी आवाज़ आई, ''अन्दर आ जाइए।''

लैमंड पिआनो के पास खड़े थे। उत्तेजना और घबराहट में वे किसी तरह स्वागत

और अभिवादन के कुछ शब्द बुदबुदा पाईं। लेकिन खुद लैमंड का शर्मीलापन और ठहर-ठहरकर स्कॉटिश लहजे में बोलना मेडलिन के लिए आश्वस्तकारी रहा। वे कुछ दुबले हो गए थे मगर कमजोर नहीं दिख रहे थे। उनके शरीर पर गहरे नीले रंग का सर्ज का सूट था, जो युद्ध के पहले लन्दन के अच्छे दर्जी के यहाँ सिला होगा। कुल मिलाकर वह उनके ऊपर अटपटा नहीं लग रहा था बल्कि उनकी शान बढ़ा रहा था, जो सिर के उनके बालों में फैलती सफेदी के कारण और भी बढ़ रही थी। मेडलिन ने गौर किया कि वे जब बात कर रहे थे तब उनके हाथ पूरी तरह स्थिर थे। वे मजबूत हाथ थे, जिनकी गोरी-सी विवर्ण चमड़ी पर काले महीन बाल पसरे हुए थे। अपनी कल्पना में वे देख रही थीं कि वे हाथ पिआनो की हाथीदाँत की कुंजियों पर थिरक रहे हैं, उन पर एक साथ प्रहार कर रहे हैं और उन्हें सहलाते हुए वापस लौट रहे हैं, और संगीत-लहरी ऊँचाई को छूने के बाद मद्धिम हो रही है।

लैमंड के दो अन्य संगीत कार्यक्रम भी लन्दन में थे। दूसरा समारोह चार दिन के अन्तराल के बाद था और उन्होंने स्लेड परिवार के चर्च स्ट्रीट फ्लैट में ठहरना मंजूर कर लिया था। मेडलिन की शर्म अब तक खत्म हो चुकी थी और वे उनके साथ ज्यादा से ज्यादा समय बिताने के हर मौके को इस्तेमाल करना चाहती थीं। एक युवती का साथ मिले, इससे पिआनोवादक को इनकार क्यों होता। सुबह में वे दोनों देर तक टहलते, लन्दन के पार्कों का मुआयना करते। मेडलिन को प्रकृति से जितना लगाव था, लैमंड को उससे कम नहीं था। दोपहर के समय लैमंड अपने कार्यक्रम के लिए किराये पर लाए पिआनो पर अभ्यास करते और मेडलिन कमरे में एक कोने में बैठी ध्यान से सुनती रहतीं। संगीत रचना ओपस 106 में कुछ ऐसे क्षण आते थे जिन्हें दोनों कार्यक्रमों में दोहराया जाना था। ऐसे क्षणों में मेडलिन को महसूस होता कि व्यक्ति और संगीत एक-दूसरे में समा गए हैं और उन्हें अलग करना बेहद मुश्किल है।

मेडलिन ने उन पाँच दिनों में खुद में जितनी जीवन्तता महसूस की वैसी कभी नहीं महसूस की थी। वे निरन्तर मानो सातवें आसमान पर थीं। यह बचपन में थोड़े-थोड़े समय के लिए फूटने वाली खुशियों से अलग अनुभव था। वे दोनों खूब बातें करते, केवल टहलने के दौरान नहीं बल्कि संगीत समारोह से लौटने और खाना खाने के बाद देर रात तक। ज्यादातर लैमंड बोलते और वे सुनती रहतीं, उनके एक-एक शब्द पर गौर करतीं, उनकी आवाज़ के हर उतार-चढ़ाव को समझती रहतीं। उस युवती की बड़ी-बड़ी धूसर आँखों में उभरने वाली चमक ने उस मध्यवय पिआनोवादक को अपनी जवानी के दिनों के उन दुस्साहसों का बखान करने को प्रेरित किया जब संगीत की दुनिया में उन्होंने कदम रखा ही था। उन्होंने देखा, उनकी जीत

के किस्सों पर मेडलिन की आँखें प्रशंसा भाव के साथ फैल जातीं और पराजय के इक्का-दुक्का प्रसंगों पर भीग जातीं, जैसे इस वाक़ये पर कि क्लारा शुमान ने उन्हें अपनी कक्षा में आने नहीं दिया था। और जब लैमंड ने यह बताना शुरू किया कि वे बीदोवेन के संगीत की ओर कैसे मुड़े तो मेडलिन मात्र श्रोता नहीं रह गईं, उनकी चर्चा में भागीदार बन गईं। यही नहीं, वे एक ऐसी जोड़ीदार बन गईं जो लैमंड के अनुभव और भावनाओं की साझीदार हों जैसे।

"बुलो से पहला पाठ सीखना शुरू किया तो उन्होंने पूछा कि तुम क्या बजाने जा रहे हो? मैंने जवाब दिया—ओपस 106, जो बीदोवेन की सबसे लम्बी और कठिन संगीत रचना है।

"बुलो नाराज हो गए। उन्होंने कहा—गुस्ताख लड़के ! उस पर हाथ आजमाने से पहले पाँच साल रियाज़ कर लो।"

अगले पाठ में बुलो ने फिर पूछा, "तुम मेरे लिए क्या बजाने वाले हो?"

मैंने फिर कहा, "ओपस 106।"

बुलो का चेहरा सुर्ख लाल हो गया। उन्होंने जोर से पैर पटका और कुछ बड़बड़ाए। फिर उन्होंने कोर्स के अन्त तक कुछ नहीं कहा। जब मैंने फिर जवाब दिया, "सोनाटा, ओपस 106," तो वे हँस पड़े।

"ठीक है, मैं शेर्ज़ो सुनूँगा।"

मैंने शेर्ज़ो बजाई। जब मैंने खत्म किया तो वे मेरे पास आए और उन्होंने मेरा कन्धा थपथपाया। उन्होंने मोहक मुस्कान छेड़ते हुए कहा, "शाबाश! हम शुरुआत एलेग्रो के प्रारम्भ से करेंगे।"

लैमंड पिआनोवादक लिस्ट का बहुत आदर करते थे। उनसे मुलाक़ात की कहानी जब उन्होंने सुनाई तो मेडलिन की आँखें भर आईं। लिस्ट जब लड़के ही थे तब महान बीदोवेन ने उन्हें समर्पणात्मक चुम्बन दिया था। जब लैमंड लिस्ट से मिले थे तब वे बूढ़े हो चुके थे और पादरी का परिधान पहनते थे। उनके लम्बे सफेद केश लम्बी लटों की तरह झूलते थे। उनका चेहरा मस्सों से भरा था।

"लेकिन जब वे पिआनो के सामने बैठते और बजाना शुरू करते थे तब वे जैसे एक जादू बुन देते थे। शुमान के सिंफनी को उन्होंने जिस तरह बजाया था वह मुझे खासतौर पर याद है। मैंने तमाम पिआनोवादकों को सुना है लेकिन लिस्ट अपने पिआनो वादन से सनसनाहट, विलाप और फुसफुसाहट के साथ ही जो माधुर्य पैदा करते थे वैसा मैंने किसी में नहीं पाया।"

जब लैमंड की विदाई का समय आया, मेडलिन की दुविधा यह थी कि जादुई आकर्षण लैमंड के संगीत तक ही नहीं सीमित रहा, वह उनके व्यक्तित्व के साथ भी

जुड़ गया। सीधे-सीधे कहा जाए तो वे उस 56 वर्षीय पिआनोवादक को दिल दे बैठी थीं, जो हॉलैंड में रहता था, जिसकी एक पत्नी और एक बेटी थी और जो मेडलिन से मिलने वाली प्रशंसा को पसन्द करता था मगर इस बात से अनभिज्ञ था कि वे उसके प्रति सम्मोहित हैं।

नवम्बर के धूसर आकाश वाले, सीलन वाले शुरू के दिन काफी यातनादायी रहे। मेडलिन लन्दन के फ्लैट में ही रहीं। उन जगहों से अलग होना उन्हें असह्य लगता था जहाँ लैमंड की मौजूदगी का एहसास होता था। लेकिन उन्होंने लैमंड के प्रति अपनी भावनाओं से उसी गम्भीरता और जुनून के साथ संघर्ष किया जिस जुनून से उन्होंने उनके संगीत कार्यक्रमों की तैयारी की थी। उन्हें पूरा एहसास था कि इन भावनाओं का कोई समाधान नहीं है, वे किसी अपेक्षित लक्ष्य तक स्वाभाविक रूप से पहुँचने वाली नहीं हैं। भावावेग से घिर जाने के बावजूद उनका आत्म नियन्त्रण इतना मज़बूत था कि वह उनकी कल्पनाओं की उड़ान को लगाम लगा सकता था। वे उन लड़कियों में नहीं थीं जो रात-रात भर बिस्तर पर करवटें बदलती हैं, आँखें बन्द करके यह कल्पना करती हैं कि वे जिससे प्यार करती हैं उसका चेहरा उनके चेहरे पर झुका आ रहा है, उसकी साँसें उनके गालों को सहला रही हैं, उसका हाथ उनके वक्षस्थल पर सरक रहा है, उसके नाखून उनके पार्श्वभाग का जायजा ले रहे हैं या वे उसके प्यार भरे शब्दों को बार-बार याद कर रही हों। मेडलिन की पीड़ा खामोशी भरी थी। उन्होंने अपना हाले दिल तो किसी से नहीं ही कहा, अपनी आकांक्षा और उन सम्मोहन भरे संवादों के आकर्षण का भी प्रतिरोध किया। अन्ततः सहायक साबित हुई प्रार्थना। अकसर वे किसी गिरजाघर या कॅथीड्रल को खाली पातीं, जिसमें एकाध श्रद्धालु इधर-उधर अँधेरे में बैठे होते, तो वह ईश्वर के साथ मूक संवाद की कोशिश करतीं। मिल्टन हीथ में लौटने के बाद भी, करीब एक साल तक वे बीदोवेन को सुनने की हिम्मत न जुटा पाईं। यह दर्द उस संगीत के व्याख्याकार की अनुपस्थिति से भी ज्यादा गहरा था। दो वर्ष बाद जब वे रोमाँ रोलाँ से मिलीं तो लेखक की भेदती आँखों को उस "जबरदस्त भावावेग" के अवशेषों को पहचानने में कोई दिक्कत नहीं हुई जिससे वे गुजरी थीं। मेडलिन ने रोलाँ द्वारा लिखी बीदोवेन की जीवनी पढ़ने के बाद उनसे मिलने की इच्छा जताई थी।

लन्दन से लैमंड की रवानगी के एक साल बाद मेडलिन की निराशा कुछ फीकी तो पड़ी मगर खत्म नहीं हुई थी। वे उन लोगों में थीं जो अपने दर्द के प्रति हमेशा वफादार रहते हैं। उस गरमी में अपनी माँ के अनुरोध पर मेडलिन ने यूरोप की यात्रा करने का फैसला किया। वे बीदोवेन से जुड़ी जगहों पर जाने की सोचती रहती थीं। बीदोवेन की जीवन यात्रा जर्मनी के मध्य में राइन नदी के किनारे बसे उनींदे-से छोटे

शहर बॉन में शुरू हुई जहाँ उनका जन्म हुआ था और बचपन के पाँच साल बीते थे और जहाँ वे अपने जीवन के, बाद के वर्षों में अकसर जाया करते थे।

उस छोटे-से मकान के कमरों में घूमते हुए और संगीतकार की तस्वीरों को देखते हुए मेडलिन उनकी छोटी, दुबली काया और उसके भीतर बसी उदात्त ऊर्जा के बीच के विरोधाभास पर गौर करती रहीं। बीदोवेन बेशक खूबसूरत नहीं थे, न ही बदसूरत थे (ऐसा ही गांधीजी के बारे में कहा जा सकता था)। उनके जन्मस्थल पर रखी चीजों में पिआनो ने मेडलिन को सबसे ज्यादा प्रभावित किया। उसकी पीली पड़ती कुंजियाँ बीदोवेन की उँगलियों के निरन्तर स्पर्श से घिस गई थीं। मेडलिन कल्पना कर सकती थीं कि बीदोवेन बचपन में अपने महत्त्वाकांक्षी और सख्त पिता के पिआनो पर कैसे घंटों अभ्यास करते होंगे और डरते रहते होंगे कि कोई गलत सुर न निकल जाए।

बॉन से मेडलिन रेलगाड़ी से विएना पहुँचीं, जो कभी हैप्सबर्ग साम्राज्य की चमचमाती राजधानी थी, जहाँ बीदोवेन ने अपना अधिकांश वयस्क जीवन बिताया था। मेडलिन की तीर्थयात्रा केवल उन तमाम स्थानों की खोज और यात्रा तक सीमित नहीं रही जिन स्थानों पर बीदोवेन इस शहर में पैंतीस साल के अपने प्रवास के दौरान रहे। मेडलिन को पता था कि उनका चंचल चित्त और अनिश्चित स्वभाव उन्हें अकसर फ्लैट बदलने पर मजबूर कर देता था। उनका व्यक्तित्व उन्मुक्त मेधावी व्यक्ति वाला था, जिसे सामान्य मानदंडों से आँका नहीं जा सकता था। बीदोवेन को दैनन्दिन जीवन का हिसाब-किताब असहनीय लगता था। इस मामले में, मेडलिन शरमाते हुए उन्हें अपने जैसा ही बताती थीं। गेटे ने उनके बारे में कहा था, ''वे दुनिया को नफ़रत के काबिल पाते थे तो इसमें कोई ग़लत बात नहीं थी, हालाँकि उनका अपना व्यवहार उसे खुद अपने लिए या दूसरों के लिए भी ज्यादा खुशगवार नहीं बनाता था।''

बीदोवेन से जुड़े स्थानों में मेडलिन को सबसे ज्यादा पसन्द आई हेलेनेंटल की घाटी, जो दक्षिण गुएना के बेडेन के पास है। बीदोवेन ने अपने जीवन की आखिरी ग्रीष्म ऋतु यहीं बिताई थी और बेडेन में प्राकृतिक खनिजों वाले पानी से अपने कई रोगों का उपचार करने की कोशिश की थी। मेडलिन यहाँ एक छोटी-से सराय ज़म गोल्देनेन श्वान में रहीं, जो एक प्राकृतिक झरने के किनारे है, बीदोवेन यहाँ एक पूरी गरमी भर रहे थे। हर सुबह मेडलिन उस घाटी तक टहलने जातीं, जहाँ बीदोवेन खेतों और जंगलों तक अकेले टहला करते थे। उस समय तक वे बधिर हो चुके थे और टहलते हुए अपने मन में वे धुनें तैयार किया करते थे जिन्हें उनके कान कभी सुन नहीं सकते थे। इंग्लैंड लौटने से एक दिन पहले मेडलिन टहलती हुईं जंगल के एक खाली-से स्थान पर पहुँच गईं जहाँ पतझड़ से लगभग पर्णहीन हो रही डालियों से दोपहर की धूप छन कर गिर रही थी। मेडलिन घास से ढँकी जमीन पर बैठ गईं और

कल्पना करने लगीं कि बीदोवेन भी इस एकान्त स्थल पर बैठे होंगे और खामोश जंगल की भव्यता और उसका सौन्दर्य चारों तरफ पसरा होगा। मेडलिन ने कल्पना की कि बीदोवेन ने अपनी भावनाओं में रचने-बसने वाले संगीत को भाषा देने की किस तरह कोशिश की होगी। मेडलिन को तब वे शब्द याद आए जो बीदोवेन ने अब बॉन हाउस में रखे हेलेनेंटल संगीत नोटबुक के हाशिये पर दर्ज किए थे—"हे वनों के देवता! मैं अनुग्रहीत हूँ, जंगल में आनन्द का अनुभव कर रहा हूँ। क्योंकि हर पेड़ आपके माध्यम से खुद को अभिव्यक्त कर रहा है। हे भगवान! यह सब कितना भव्य है!" मेडलिन ने कल्पना में देखा कि बीमार संगीतकार ने अपनी नोटबुक निकाली और जब अपनी भावनाओं को संगीत में व्यक्त करने की कोशिश की और विफल रहे तो उस मटमैले कागज को जमीन पर फेंक दिया, इस विश्वास के साथ कि उनके सामने जो दैवी दृश्य क्षण-क्षण बदल रहा है उसे ध्वनि, शब्द, रंग या मूर्ति शिल्प के माध्यम से कोई भी नश्वर प्राणी प्रस्तुत नहीं कर सकता।

ये काल्पनिक छवियाँ धीरे-धीरे फीकी पड़ गईं क्योंकि मेडलिन ने महसूस किया कि वे मूर्च्छा-सी शान्ति से घिर गई हैं। यह पुरानी, परिचित अनुभूति थी, जो बचपन में सरे के जंगलों में टहलते हुए उन्हें हुआ करती थी। एक अपरिचित आन्तरिक नीरवता ने जैसे सब कुछ को स्पष्ट कर दिया था। उस स्पष्टता में मेडलिन ने 'द टेंपेस्ट' को सुना, जैसा कि लैमंड ने लन्दन में उस शाम बजाया था—उसके तमाम विरोधाभासों और आवेगों के साथ। नहीं, यह ध्वनि की भ्रामक अनुभूति नहीं थी। वे जानती थीं, और उस पूरे विश्वास के साथ जानती थीं जो ऐसे बोध से पैदा होता है, कि वह संगीत वहाँ हमेशा से रहा है भले ही उन्होंने उसे पहले कभी नहीं सुना हो। यह सपना देखने जैसा था, जो कि रात-दिन, सोते-जागते चलता रहता है। केवल जाग्रत अवस्था में हमारी चेतना ऐसा शोर पैदा करती है कि हम सपने को 'सुन' नहीं पाते।

मेडलिन को पता नहीं चला कि वे वहाँ कितनी देर बैठी रहीं, संगीत में डूबीं, और जब वह खत्म हुआ तब फिर से सामान्य दुनिया में लौट आईं। वहाँ से जाने से पहले उन्होंने एक पत्ता उठा लिया, जो अभी-अभी पेड़ से झरा था। यह पत्ता उनके पास रोलाँ की लिखी जीवनी में हमेशा पड़ा रहा और अब सूखकर बदरंग हो गया था, उस पर काले धब्बे उभर आए थे और उसकी नसें कमजोर पड़ गई थीं।

विएना छोड़ने से पहले उन्होंने रोमाँ रोलाँ की 'ज्याँ क्रिस्ताफे' का पहला खंड और 'विए डि बीदोवेन' की प्रति ग्रेबेन की एक पुस्तक दुकान से खरीदी। इस दुकान में विदेशी भाषाओं की किताबें भी रहती थीं। किसी ने मेडलिन से कहा था कि 1915 में रोलाँ को साहित्य का नोबेल पुरस्कार दिलवाने वाला महान उपन्यास 'ज्याँ

क्रिस्ताफे' बीदोवेन के जीवन पर आधारित था। मेडलिन ने फ्रेंच-अंग्रेजी शब्दकोष की मदद से इसे पढ़ने में बड़ी मशक्कत की लेकिन फ्रेंच का उनका ज्ञान इतना प्रारम्भिक किस्म का था कि पुस्तक को पूरी तरह समझना मुश्किल था। उन्होंने किताब को किनारे कर दिया लेकिन इतना तो समझ गई थीं कि रोलाँ विरले लोगों में से हैं, वे अपने पात्र के साथ पूरा तादात्म्य बना लेते हैं और यह कि मेडलिन को फ्रेंच सीखनी ही होगी ताकि इस किताब को पढ़ सकें और लेखक से मिलकर उनकी ही भाषा में बात कर सकें।

मेडलिन ऑस्ट्रिया से शांति की जिस अनुभूति के साथ लौटी थीं उसे लन्दन ने शीघ्र ही कुतरना शुरू कर दिया। उनकी बेचैनी फिर लौट आई। चूँकि लन्दन में अब उन्हें रोकने वाला कोई कारण नहीं रह गया, सो वे पेरिस चली गईं। वे वहाँ छह महीने रहकर फ्रेंच का गहन अध्ययन चाहती थीं, ताकि 'ज्याँ क्रिस्ताफे' के दसों खंड पढ़ने के बाद रोलाँ से मुलाक़ात के लिए वक्त माँग सकें। मेडलिन ने दोनों लक्ष्य पूरे किए। मुलाक़ात के अनुरोध का जवाब हार्दिकता और शालीनता भरा मिला। रोलाँ ने उन्हें स्विट्ज़रलैंड-फ्रांस की सीमा पर जेनेवा झील के पास ऊँचाई पर एक गाँव विलेन्युव में अपने घर आमन्त्रित किया।

रोलाँ से पहली मुलाक़ात का जो ब्यौरा मेडलिन ने लिखा है वह काफी परिचित-सा लगता है—"मैंने साइकिल पर झील की परिक्रमा की और काफी संशय-ग्रस्त अवस्था में समय पर पहुँच गई। केवल एक ही भावना मन में थी—सब कुछ हासिल होगा या कुछ भी नहीं। मैंने घंटी बजाई, नौकरानी ने दरवाज़ा खोला और एक छोटे-से बैठकखाने की ओर इशारा किया और कहा कि रोलाँ बस एक-दो मिनट में आ जाएँगे। मैं यन्त्रवत बैठ गई। मैंने कदमों की आहट सुनी और फिर दरवाज़े की कुंडी पर हाथ रखे जाने की। मैं खड़ी हो गई। रोमाँ रोलाँ अन्दर आए—काले वस्त्र में लम्बी, गोरी आकृति। उन्होंने धीरे से लगभग शरमाते हुए अभिवादन किया और दरवाज़े के पास रखी एक छोटी-सी कुर्सी पर बैठ गए। उनके सामने बैठते हुए मैं केवल उनकी शान्त, नीली आँखों के बारे में सोच रही थी जो पूरे दृश्य को समेट रही थीं और मुझ पर भी अपनी भेदक दृष्टि डाल रही थीं। मैंने कुछ कहने की कोशिश की लेकिन मेरे शब्द अटक रहे थे, लटपटा रहे थे। उन्होंने मुझे धैर्य से सुना और जवाब दिया लेकिन ऐसा लगा कि कोई अदृश्य परदा हम दोनों को अलग कर रहा हो।"

जब तक मैं मेडलिन का हिन्दी शिक्षक रहा और उसके बाद भी मैंने खुद से कभी यह सवाल नहीं किया कि मेडलिन ने गांधीजी और रोलाँ के प्रति 'सब कुछ या कुछ भी नहीं' का जो भाव रखा उसे उन दोनों ने इतना आकर्षक क्यों पाया, मेडलिन ने

अपने और उनके बीच के अवरोध को मिटाने का जो संकल्प दिखाया उसके प्रति उन दोनों ने इतना हार्दिकता भरा रुख क्यों अपनाया। मैं नहीं कहूँगा कि मुझे आज भी इन सवालों के जवाब मिल गए हैं। शायद उन दोनों के स्वभाव में मेडलिन के तौर-तरीके इस तरह प्रतिध्वनित होते थे कि वे दूसरे लोगों को रहस्यमय लगते थे। शायद वे मेडलिन में अपनी उन गहरी सचाइयों की अनुभूति करते थे, जो दबे हुए और अति नियन्त्रित मनोवेग के रूप में होते हैं और पुरुषों में केवल उनके काम में अभिव्यक्त होते हैं। शायद वे एक आदर्श के प्रति मेडलिन की प्रतिबद्धता की प्रशंसा करते थे, और खुद में भी उस प्रतिबद्धता को महसूस करते थे। मेडलिन के लिए यह आदर्श एक व्यक्ति में साकार होता था। यह प्रतिबद्धता कठिनाइयों से घबराती नहीं थी, रास्ते की बाधाओं से हारती नहीं थी। और अपने लक्ष्य के लिए ये तीनों धारा के विरुद्ध खुशी-खुशी तैरने को तैयार थे, भले ही पूरी दुनिया विपरीत दिशा में जा रही हो।

तीसरी मुलाकात तक रोमाँ रोलाँ ने मेडलिन को अपनी 'आध्यात्मिक पुत्री' के रूप में अपना लिया था। ''पहले घबराहट खत्म हो गई थी, हम दोनों के बीच का अदृश्य परदा उठ गया था और मैं मुक्त होकर बातें कर सकती थी। वे मेरे सामने बैठे होते और हम देर तक बातें करते रहते। ऐसा लगता, हम हमेशा से एक-दूसरे को जानते रहे हों।''

मेडलिन की लन्दन वापसी के लिए पेरिस रवाना होने से पहले दोनों की चौथी और अन्तिम मुलाक़ात हुई। इसमें रोलाँ ने यों ही महात्मा गांधी का जिक्र किया, जिनकी जीवनी हाल में उन्होंने प्रकाशित करवाई थी।

मेडलिन ने पूछा, ''ये कौन हैं?''

''वे दूसरे यीशू हैं,'' रोलाँ ने सहजता से कहा, ''अच्छाई और पवित्रता के मामले में गांधी यीशू से कमतर नहीं हैं। और हृदयस्पर्शी विनम्रता के मामले में तो वे यीशू से भी श्रेष्ठ हैं। निराशा और दिशाहीनता के इस युग में गांधी उम्मीद के मसीहा हैं। युद्ध पिपासा के उन्माद से ग्रस्त इस दुनिया के लिए वे विवेक की आवाज़ हैं।''

अपने दाएँ हाथ के अँगूठे और तर्जनी से अपनी मूँछों को सहलाते हुए वे कुर्सी से उठ गए और अपने अध्ययन कक्ष में गए और शीघ्र ही एक पतली-सी किताब लेकर लौटे। उन्होंने कहा, ''ये है वह जीवनी। अगर तुम उनके बारे में पढ़ना चाहती हो तो पेरिस तक रेल यात्रा में तुम्हारा समय अच्छी तरह कट जाएगा।''

सात

मेडलिन ने गांधीजी के साबरमती आश्रम का जीवन अपनाने से पहले काफी तैयारियाँ की थीं। इसके उलट, मैंने गांधीजी का अनुयायी बनने का फैसला किया तो इसके पीछे भावावेग का हाथ था। उस वक्त ऐसा ही लगा था। उसे एक फैसला कहना भी अपनी इच्छाशक्ति के बारे में बड़ा दावा करने जैसा होगा। यह कहना ज्यादा ठीक होगा कि यह बस घटित हो गया, मैं अपने भविष्य में भटक कर चला आया।

उस समय मैं हिन्दी साहित्य का एम.ए. का छात्र था और प्रेमचन्द पर अपना शोध प्रबन्ध लिख रहा था। मैंने बी.ए. प्रथम श्रेणी में पास किया था और मुझे आज तक याद है कि नतीजा निकलने के बाद मैंने घोषणा की थी कि मैं प्रान्तीय सिविल सेवा की परीक्षा नहीं दूँगा। जब मैं छोटा बच्चा था तभी से मेरे दादा-दादी, चाचा-चाची और भाई-बहन और खासकर मेरे पिता समेत पूरे परिवार ने तय मान लिया था कि मैं ब्रिटिश भारत के प्रशासन में ऊँचे ओहदे पर बैठूँगा। अलबत्ता भारतीय सिविल सेवा (आइ.सी.एस.) में जाने से ऊँची बात कोई नहीं थी और यह इतनी सम्मानजनक बात थी कि परिवार को गर्व हो कि महावीर प्रसाद का बेटा सरकार के ऊँचे पद पर विराजने वाला है। जब मैंने कहा कि मैं हिन्दी में एम.ए. करना चाहता हूँ तो पिता बहुत नाराज हुए। वे मुझे कृतघ्न कहने लगे और घर से बाहर निकाल देने की धमकी दे दी। माँ पर उन्होंने गुस्सा उतारा कि 'तुमने उसे बिगाड़ दिया है', कि यह उन्हीं की गलती है कि मैं इतना मनमौजी हो गया हूँ। वे अफसोस करने लगे कि काश उन्हें और बेटे होते जो उस दुख को कम करते जो मैंने उन्हें पहुँचाया था। उन्होंने गांधीजी को भला-बुरा कहा, जिन्होंने उस साल सरकार से असहयोग और सिविल नाफरमानी का आह्वान किया था और जिसका देश के युवकों पर भारी असर पड़ा था। पिता ने अन्ततः आँखों में आँसू भर कर समझाया कि मैं अपना रास्ता बदल दूँ, मैं अपनी मेधा को महज कॉलेज अध्यापक बन कर बरबाद न करूँ, वह भी उस विषय का अध्यापक जिसे व्यापक तौर पर महत्त्वहीन माना जाता है। मेरी मेधा ईश्वर का वरदान हो सकती है लेकिन यह मुझे पिता और पूर्वजों से विरासत में भी मिली है इसलिए मैं उनका ऋणी हूँ। जब मैं सिर झुकाए रहा और इनकार

में गरदन हिलाता रहा तो वे फिर नाराज हो गए। मैंने उनका जवाब नहीं दिया कि कहीं मेरे ऊपर जिद्दी होने के अलावा अनादर करने का आरोप न लगे। मैंने उनसे यह नहीं कहा कि न केवल मैं गांधीजी का आदर करता हूँ बल्कि उनके सिद्धान्तों और उनकी मिसाल पर चलते हुए ब्रह्मचर्य का व्रत भी लेने की सोच रहा हूँ। यह कहता तो उनका दिल टूट जाता। उन्होंने घोषणा कर दी कि अब वे मुझसे सीधे बात नहीं करेंगे और माँ को माध्यम बनाकर ही बात करेंगे, ''नवीन की माँ, अपने बेटे से कह दो...'' और वे घर से झटके से बाहर निकल गए ताकि अपने दोस्तों से सहानुभूति बटोर सकें कि वे आज के दौर के ऐसे अभागे पिता हैं जिसका अपने बेटे पर कोई नियन्त्रण नहीं है।

माँ की फटकार नरमी भरी होती थी। हर फटकार से पहले उनका यही कहना होता था कि उन्हें बस मेरे सुखद भविष्य की चिन्ता है। मैं जानता था कि उन्हें कितनी उम्मीद थी एक मजिस्ट्रेट की माँ कहलाने की (ज़ब मैं बड़ा हो रहा था तो वे अकसर यह कहा करतीं), जबकि उनकी बड़ी बहन का सबसे सफल माना जाने वाला बेटा महज एक इंजीनियर था। मैंने उन्हें जो निराश किया वह कई दिनों तक खुल कर सामने आता रहा। खाने के दौरान वे अकसर बहुत थोड़ा खाकर उठ जातीं या खाती ही नहीं और मेरी थाली में ढेर सारा खाना परोस देतीं। उनकी आँखों में उलाहना भरी होती, जब भी वे मुझसे बात करतीं तो उनकी आवाज़ में स्वतः आह उभरती रहती। और उधर मीरा की माँ थी, जो एक सुदूर स्थान में लम्बे और अनिश्चितता भरे प्रवास के लिए उनका सामान बाँध रही थी; और पिता थे जो बेटी से कुछ ग़मगीन होकर हाथ मिला रहे थे, शायद आम दिनों से ज्यादा देर तक, और उसे ऐसी यात्रा पर भेजते हुए सिर्फ इतना कह रहे थे कि ''अपना खयाल रखना'', जिस यात्रा के बाद वह ऐसे जीवन में रम जाएगी जिसके वे हमेशा खिलाफ रहे हैं। ''अपना ख्याल रखना!'' मैं कबूल कर सकता हूँ कि मैं अंग्रेजों को कभी नहीं समझ पाऊँगा।

लेकिन मैं मेडलिन के माता-पिता के प्रति अपने प्रशंसा भाव को जरूर कबूल करूँगा। माता-पिता और मीरा के बीच पूरे मतभेद के बावजूद उन्होंने मीरा के फैसले को स्वीकार किया, उनके एडमिरल पिता ने भी। बेशक उन्हें अफसोस था और वे नहीं समझ पा रहे थे कि मेडलिन ऐसा क्यों कर रही हैं मगर उन्होंने उनके कदम की श्रेष्ठता को स्वीकार किया। मुझे सन्देह है कि शायद ही कोई भारतीय अभिभावक अपनी सन्तान की स्वाधीनता का आदर करते हुए ऐसा त्याग करने की क्षमता रखता होगा।

में गुजरात कॉलेज में एम.ए. फाइनल के क्लास कर रहा था। इस कॉलेज को गर्व था कि अहमदाबाद के 'कुलीन' (मेरे हिसाब से सबसे अमीर) लोगों के लड़के यहाँ पढ़ते हैं। इसके कई छात्र अन्ततः अपने परिवार की कपड़ा मिल या शहर के सबसे प्रमुख उद्योग कपड़ा उद्योग से जुड़े व्यापार को सँभालने लगते थे। मिलों में काम करने वाले कताई, बुनाई आदि के उस्तादों के लड़के पढ़ाई खत्म करके कपड़ा उत्पादन तकनीक का प्रशिक्षण लेने चले जाते थे। कुछ ही लड़के अंग्रेजी राज की नौकरशाही के ऊँचे पदों के लिए सिविल सेवा परीक्षाओं में बैठते थे क्योंकि व्यापार की ओर झुकाव रखने वाले गुजराती इस मामले में उत्तर भारतीयों से अलग विचार रखते थे।

कॉलेज में मैं राष्ट्रवादी के रूप में जाना जाता था यद्यपि मैं हमेशा ध्यान रखता था कि राष्ट्रवादी झुकावों और ब्रिटिश राज के खिलाफ बग़ावत माने जाने वाले उद्‌गारों के बीच की सीमा का अतिक्रमण न करूँ। जब मैंने खादी पहनना शुरू किया तो कॉलेज प्रशासन ने नाक-भौं सिकोड़ी, प्रिंसिपल जब भी मुझसे टकराते, मेरी अनदेखी करते। दूसरे छात्रों के जरिए सन्देश भिजवाए गए कि मुझ पर नज़र रखी जा रही है इसलिए मुझे क्लास में सोच-समझकर बोलना चाहिए। मैं खुली अवज्ञा की धार पर चलना तो जानता था, फिर भी अपने आदर्श पुरुष से मिलने के लिए साबरमती आश्रम जाने से हिचकता था। फिर मुझे पता चला कि गांधीजी छात्रों के निमन्त्रण पर कॉलेज में भाषण देने वाले थे। मैं उन्हें सुनने के इस मौके को किसी भी कीमत पर छोड़ना नहीं चाहता था।

कुछ दिनों तक तो यह अनिश्चितता रही कि गांधीजी कॉलेज में आएँगे या नहीं, कॉलेज प्रशासन गांधीजी को निमन्त्रित करने पर सवाल उठाएगा या नहीं। सौभाग्य से, प्रिंसिपल एक कायर व्यक्ति थे और अवसरवादी भी, जो किसी भी हाल में कोई गड़बड़ी नहीं चाहते थे। अंग्रेजों को नाराज करने और छात्रों की हड़ताल के डर से वे आदतन समझौते का रास्ता चुनने में हिचके। उन्होंने कॉलेज के सभाकक्ष में सभा करने की इज़ाज़त नहीं दी लेकिन कहा कि छात्र अगर चाहें तो गांधीजी से—जिनके लिए उनके मन में गहरा आदर था—अपने छात्रावास में मिल सकते थे। जब गांधीजी आए तो उन्होंने छात्रावास के द्वार पर उनका स्वागत किया। हाथ जोड़े हुए, चापलूसी भरी चौड़ी मुस्कान बिखेरते हुए उन्होंने माफी माँगी कि शहर में पहले से एक कार्यक्रम के लिए निमन्त्रण के चलते वे दोपहर की सभा में शरीक न हो पाएँगे।

अप्रैल की उस गरम-सी शाम को जब गांधीजी ने अपना भाषण शुरू किया तब छात्रावास का भोजन कक्ष छात्रों, शिक्षकों और कॉलेज के कर्मचारियों से भर गया था, भीड़ बाहर बरामदों तक फैली थी। मैं पहली बार गांधीजी को करीब से देख रहा था। वे हमेशा की तरह छोटी-सी धोती में थे, जो उभरी हड्डियों वाले उनके घुटनों से ऊपर

तक ही आती थी, छाती खुली हुई थी। मुझे आश्चर्य हुआ, वे कितने छोटे और दुबले थे। भूरी-सी चमड़ी से उनके कन्धे की हड्डियाँ और पसलियाँ उभरी हुई दिख रही थीं। उनका वजन सौ पाउंड से ज्यादा नहीं होगा। सच है कि वे इस बार दिल्ली में हुए दंगे के कारण हिन्दू-मुस्लिम एकता के लिए किए गए उपवास के बाद स्वास्थ्य लाभ कर रहे थे लेकिन मेरे आश्चर्य की ज्यादा वजह यह थी कि मेरे मन में उनकी जो ऊँची छवि थी उससे उनका शारीरिक रूप-रंग काफी भिन्न था। पिछले कुछ वर्षों में अहमदाबाद में गांधीजी की सभाओं में पिता की जानकारी के बिना चला जाया करता था। इन बड़ी जनसभाओं में वे ऊँचे मंच पर बैठे होते और उनके सामने माइक्रोफोन होता। भीड़ के बीच में अकसर अपने पंजों पर उचक कर उनका दर्शन करने की कोशिश करता। वे दूर मंच पर बैठे होते और फिर भीड़ उनके प्रति श्रद्धा और आदर में हाथ हिलाती रहती इसलिए उनके व्यक्तित्व की सही झलक नहीं मिल पाती थी। अब उन्हें इतने करीब से देखने पर मैंने महसूस किया कि श्रद्धा और आदर की वे लहरें मेरे अप्रतिरोधी मस्तिष्क से घुस कर मेरे भावबोधों पर हावी हो गई थीं और उन्होंने उन्हें उनकी भौतिक वास्तविकता से कहीं ज्यादा बड़ा दिखा दिया था।

जब गांधीजी ने बोलना शुरू किया तो चुप्पी छा गई, एक प्रत्याशा में। वे गुजराती में, बातचीत की शैली में बोले। उनके भाषण में कोई लफ्फाजी या भावुकतापूर्ण शब्दाडम्बर नहीं था जिसे अधिकतर दूसरे नेता पसन्द करते हैं और अपनाते हैं। लेकिन कुछ देर बाद सभाकक्ष में बेचैनी दिखने लगी। लोग जोर से गला साफ करने लगे या खाँसने लगे और पैर इधर-उधर सरकाने लगे। छात्र लोग आपस में एक-दूसरे को प्रश्नवाचक नज़रों से और फिर महात्मा को अविश्वास से देखने लगे। गांधीजी कह रहे थे कि स्वराज पाने का रास्ता यह है कि छात्र अपने शौचालय की सफाई खुद करें और मल भी खुद फेंकें, न कि इसके लिए अछूत मेहतर का इन्तज़ार करें। अगर वे देश की आज़ादी सचमुच चाहते हैं तो वे शहर के पुराने, भीड़भाड़ वाले इलाकों में हर रोज जाएँ और सड़क पर फैले कचरे की सफाई करें। यह उन अछूतों के प्रति एकता जताने का एक उपाय है जिन्हें ऐसे काम करने पड़ते हैं। इस तरह अस्पृश्यता की कुप्रथा खत्म होगी, जिसके बिना स्वराज बेमानी है।

किसी ने बीच में सवाल उठाया, "स्वराज के लिए अस्पृश्यता निवारण को शर्त क्यों बनाया जाए?"

"यह काम तो आज़ादी के बाद भी हो सकता है।"

"जी हाँ, जरूरी क़ानून बना कर।"

गांधीजी कह रहे थे, "पंचम्मा और उसके काम को नीचा मत समझिए। झाड़ू देना भी एक कला है। अगर मेरी चलती तो मैं खुद सड़कों को झाड़ू लगाता। यही

नहीं, मैं सड़क किनारे फूलों के पौधे लगाता और रोज पानी देता। तमाम गाँवों और शहरों में कूड़े के ढेर मिलेंगे। मैं उन्हें बगीचा बना देता।''

सभाकक्ष में शोर बढ़ता जा रहा था। गांधीजी चुप हो गए। चट्टान की तरह स्थिर बैठे वे शोर को ऊपर से गुजर जाने दे रहे थे। कुछ क्षण बाद उन्होंने अपना दायाँ हाथ उठाया। शोर फुसफुसाहट में बदल गया।

उन्होंने फिर बोलना शुरू किया, ''मैं उस व्यवस्था की तहेदिल से भर्त्सना करता हूँ जिसने बड़ी संख्या में हिन्दुओं को पशु से भी बदतर बना दिया है।'' उनकी आवाज़ शान्त थी, उनका दबा हुआ आवेग तभी उभरता था जब उनके टूटे हुए अगले दाँत से 'स' की 'श' निकलता था। वे कह रहे थे, ''स्वराज का अर्थ मेरे लिए यह है कि निचले से निचले तबके को आज़ादी मिले। जब हम सब कष्ट में हैं तब अगर पंचम्मा की स्थिति नहीं सुधरती तो स्वराज के नशे में कोई बेहतर नहीं हो जाएगी। मैं केवल अंग्रेजों की गुलामी से भारत की आज़ादी नहीं चाहता। मैं हर तरह की गुलामी से भारत की आज़ादी चाहता हूँ।''

उनके भाषण पर फीकी, रस्मी तालियाँ बजीं। गांधीजी ने अपनी जेब घड़ी देखी और खड़े हो गए। महादेव भाई के आगे-आगे वे कॉलेज से तेजी से निकलकर कार तक पहुँचे और दोनों हाथ मिलाकर अभिवादन की मुद्रा में ऊपर उठा दिए। हम सबने जान लिया कि सफाई के बाद वे समय की पाबन्दी को बेहद अहम मानते थे, कि आश्रम की सायंकालीन प्रार्थना सभा में वे कभी देर से नहीं पहुँचे।

उस भाषण को छात्रों ने कोई खास तवज्जो नहीं दी। शायद अकेला मैं ही था जो उनकी तमाम बातों से सहमत था। उनकी बातें एक ऐसे व्यक्ति की महानता जाहिर करती थीं जो छोटी-छोटी बातों पर भी गौर करता था, जो व्यक्तिगत साफ-सफाई को राजनैतिक आज़ादी जितना ही महत्त्वपूर्ण मानता था, जिसके लिए शौचालय की स्वच्छता उतनी ही महत्त्वपूर्ण थी जितना आध्यात्मिक उत्थान। अब याद करता हूँ तो मुझे लगता है कि उस दिन मामला उनके शब्दों से सहमति का नहीं था, मैं तो उन शब्दों को जैसे पी रहा था। यह मामला उनके शब्दों के सकल प्रभाव का था जो गांधीजी के सारतत्त्व को सम्प्रेषित कर रहा था और मेरे वजूद पर असर डाल रहा था। मैं उनके बताए रास्ते पर चलने, एक तरह के रसाकर्षण के जरिए उनकी गंभीरता और शक्ति को ग्रहण करने के लिए खुद को उनके हवाले करने को तैयार था। उस रात मैंने अपने दिल की तमाम बातें गांधीजी के नाम एक पत्र में लिख डालीं।

मुझे कोई सन्देह नहीं है कि इस पत्र ने ही उन्हें मुझे अपने आश्रम का सदस्य बनाने और अपने परिवार में शामिल करने को तैयार किया। वे शरीर के हों या मन

के, बीमार लोगों की अपील सुनने से कभी मना नहीं करते थे। एक भटकी हुई आत्मा की पुकार के प्रति अपने कान बन्द करना उनके लिए असम्भव था, खासकर अगर उस पुकार में वह द्वन्द्व प्रतिध्वनित हो रहा हो जिससे वे स्वयं गुजर रहे हों। मेरी पुकार ऐसी ही थी।

आज पचास साल से ज्यादा बीतने के बावजूद मैं गांधीजी को लिखे उस पत्र को याद करके शर्म का अनुभव करता हूँ जिसमें मैंने अपनी 'असमर्थता' का विस्तार से जिक्र किया था। दरअसल, वह असमर्थता मुझे उस समय काफी परेशान कर रही थी, वह पवित्रता के अलभ्य आदर्श में भारी चूक के रूप में मेरे दिमाग पर हावी थी, भले ही वह अक्षम्य पाप न रहा हो। लेकिन वह असमर्थता उतनी महत्त्वपूर्ण नहीं थी। यह सिर्फ मेरी 'असमर्थता' नहीं थी, इस अर्थ में कि यह युवा, कुँआरा और पुरुष होने से जुड़ी आम असमर्थता थी। मुझे अब भी हिचक होती है, शायद इसलिए कि बापू ने मेरी पहचान छिपाते हुए मेरे पत्र को सार्वजनिक कर दिया था। इस तरह के नितान्त निजी प्रसंगों का खुलासा करने से दूसरों को क्या परेशानी हो सकती है, बापू इसका खास खयाल नहीं रखते थे।

'यंग इंडिया' के एक अंक में उन्होंने मेरे पत्र के जवाब में 'वासना पर नियन्त्रण कैसे करें' नामक यह लेख लिखा–

"अपनी वासना पर विजय पाने की कोशिश कर रहे एक युवक ने मुझे हृदय को झकझोरने वाला पत्र लिखा है। इस युवक की जो स्थिति है उसमें कई लोग हैं। वासना पर काबू पाना मुश्किल है मगर असम्भव नहीं। यह युवक खासतौर से इसलिए परेशान है कि अकसर रात में उसका वीर्य स्खलन हो जाता है। उसकी चिन्ता वाजिब है। अगर एक बार भी यह स्खलन स्वतः होता हो तो व्यक्ति को चिन्तित और शर्मसार होना चाहिए। यह तो पक्की बात है कि यह अपवित्र इच्छाओं के कारण होता है। हाल में मुझे बताया गया कि जिस व्यक्ति को कब्ज रहता है उसे भी यह हो सकता है। यह ठीक है लेकिन कब्ज भी अपवित्र इच्छाओं के कारण होता है। इस तरह की इच्छाओं से मुक्त पुरुष या स्त्री एक दाना भी ज्यादा नहीं खाएँगे। ऐसे व्यक्ति को कभी कब्ज नहीं हो सकता।

" चिन्ताएँ दो तरह की होती हैं। एक वे जो आवश्यक और उत्थानकारी होती हैं। दूसरी वे जो अनावश्यक, और व्यक्ति को पतन की ओर ले जानेवाली होती हैं। अगर हमसे अनजाने में गलती हो गई हो या हमने उससे मज़ा न उठाया हो तो चिन्ता और शर्म के बावजूद हमें खुश रहना चाहिए। इस चिन्ता को सजगता भी कह सकते हैं। दूसरी तरह की चिन्ता पश्चात्ताप के रूप में होती है जो व्यक्ति गलती करते समय मज़ा लेने के बावजूद बाद में करता है। ऐसी चिन्ता व्यक्ति के दिमाग को कमजोर

करती है और वह दुराचार में और गहरे डूबता जाता है। अब आप समझ गए होंगे कि जिसे स्वतः स्खलन होते हैं वह चिन्ता-मुक्त नहीं रह सकता। अगर वह जागते हुए इस चिन्ता से मुक्त रहता है तो उन स्खलनों से घबराना नहीं चाहिए बल्कि उन्हें एक चेतावनी के रूप में लेना चाहिए कि अपवित्र इच्छाएँ उसे अन्दर से खोखला कर रही हैं। उसे खुद को उनसे बचाने का सतत् प्रयास करना चाहिए। मैं खुद इस तरह के स्खलनों से मुक्त नहीं रहा हूँ। मुझे याद है कि वर्षों तक मैं इससे मुक्त रहा। लेकिन जब मैं भारत लौटा और दूध लेने लगा तो ये फिर से अकसर होने लगे। दूध के अलावा दूसरे कारण भी रहे। यहाँ के वातावरण ने अपने प्रारम्भिक वर्षों की यादें ताजा कर दीं।

"यौन इच्छाओं को कमजोर करने के लिए कई उपाय हैं। उपवास सर्वोत्तम उपाय है। लेकिन अगर आप उपवास नहीं कर सकते तो यथासम्भव कच्चा खाना खाएँ। मिठाई और मसालों से पूरा परहेज करना चाहिए और दूध कम से कम पीना चाहिए। लेकिन सबसे ज्यादा धैर्य की जरूरत है इस संघर्ष में, क्योंकि इच्छा का ईश्वर शक्तिशाली है और मनुष्य कमजोर है।"

मुझे गांधीजी ने एक छोटी चिट्ठी लिखी—

10 जुलाई, 1925

चिरंजीव नवीन,

'यंग इंडिया' के ताजा अंक में तुम अपनी समस्या का समाधान पढ़ सकते हो। अपनी यौन इच्छाओं के खिलाफ संघर्ष के लिए आश्रम एक अच्छी जगह रहेगी। और शायद तुम इसमें विजयी रहोगे। मैंने मगनलाल भाई से बात की है, जब भी तुम तैयार होओ, यहाँ आ सकते हो। जहाँ तक ब्रह्मचर्य का संकल्प लेने की बात है, मैं तुम्हें इसे हल्के से लेने की सलाह नहीं दूँगा। सारी दुनिया खत्म हो जाए परन्तु एक बार संकल्प ले लिया तो उसे टूटने नहीं देना चाहिए।

गरीबों की सेवा करने की तुम्हारी इच्छा की मैं प्रशंसा करता हूँ। याद रखो, गरीबों की सेवा करना आसान है। मगर उनकी तरह जीवन बिताना कठिन है, जैसा कि हम लोग यहाँ बिताते हैं।

बापू के आशीर्वाद।

यह पत्र दोपहर बाद की डाक में आया। इस डर से कि कहीं वे अपना इरादा बदल न दें, कि बाद में सोच-विचार के बाद वे मुझे योग्य न पाएँ इसलिए मैं तुरन्त साबरमती आश्रम की ओर चल पड़ा। मैं गांधीजी को धन्यवाद देना चाहता था,

उन्हें आश्वस्त करना चाहता था कि मुझे अपने साथ जीवन बिताने का मौका देने के फैसले पर उन्हें कभी अफसोस नहीं करना पड़ेगा।

आश्रम के फाटक पर कोई पहरेदार नहीं था। उसके ठीक बगल में इमली का इतना बड़ा पेड़ था जितना बड़ा मैंने पहले कभी देखा नहीं था। सूरज डूब चुका था। चरमराते दरवाज़े के आसपास पेड़ों, डालियों पर शोर मचाते पक्षी अपने-अपने ठिकाने तलाश रहे थे। इस शोर में लकड़ी के दरवाज़े के खुलने और मेरे कदमों की आवाज़ें भी घुल-मिल गईं। मैंने कल्पना नहीं की थी कि आश्रम में इतनी आसानी से प्रवेश कर पाऊँगा। सेबों के बगीचे के बीच ईंटों से बनी पगडंडी पर जब मैं बढ़ा तो अपनी तेज चाल को थोड़ा धीमा किया ताकि लगे कि मैं टहल रहा होऊँ। मेरा कलेजा जोर-जोर से धड़क रहा था और नसों में जो उफान था उसे शान्त करने में कठिनाई महसूस हो रही थी। छोटे-छोटे झुंडों में स्त्री-पुरुष प्रार्थना सभा से लौट रहे थे और बगल से गुजरते उन लोगों की बातचीत मैं सुन सकता था। वे गांधीजी के भाषण पर बातें कर रहे थे। जब मैं हिचकते हुए, कुछ अनिश्चय में भर कर खड़ा हो गया कि किस तरफ जाऊँ तो कुछ लोगों ने मेरी ओर देखा। लेकिन मेरी प्रश्नाकुल नज़रें उत्सुकता से विहीन आँखों से टकराकर लौट गईं। अन्ततः मैंने साहस करके एक बुजुर्ग महिला से गांधीजी की कुटिया का रास्ता पूछा। बुजुर्ग महिलाओं से मैं हमेशा सहजता महसूस करता रहा हूँ।

मैंने उस महिला से यह भी पूछा कि "क्या मैं उनसे मिल सकता हूँ?"

उन्होंने "हाँ" कहा और प्रार्थना स्थल के पास एक छोटे-से बगीचे के बीच की कुटिया की ओर इशारा किया, "वे अन्दर हैं।"

मैं कुटिया के पीछे बाँस की खपच्चियों से बने फाटक तक गया और खड़ा हो गया, उसे खोला नहीं। मैं खुद को संयत कर लेना चाहता था। सफेद चूने से पुती, फूस की उस कुटिया और उसके भीतर से खुले दरवाज़े से बरामदे पर आकर पड़ती पीली रोशनी वगैरह सब कुछ इतना सादगीपूर्ण था कि उसने मेरी घबराहट कम करने की जगह बढ़ा दी। आखिर मैं एक सम्राट के पास जा रहा था। वे ब्रिटेन के सम्राट एडवर्ड सप्तम भले न थे, जो भारत की ज़मीन पर राज कर रहा था, लेकिन वे 30 करोड़ भारतीय दिलों के निर्विवाद शहंशाह जरूर थे।

मैं उस दरवाज़े पर दस मिनट जरूर खड़ा रहा होऊँगा, इस इन्तज़ार में कि कोई इधर से गुजरे और मैं उससे अन्दर जाने की इज़ाज़त माँग सकूँ। मुझे डर भी लग रहा था कि गांधीजी की कुटिया के आगे मुझे इस तरह बेमतलब खड़ा देखकर कोई

सन्देह न करे और कोई बवाल न खड़ा हो जाए। नहीं, मुझे थोड़ा और समय चाहिए था। आत्मविश्वास का दिखावा करते हुए मैं आश्रम के अन्त में बनी कुटिया की ओर चल पड़ा और उसे पार करके उस जगह पहुँच गया जहाँ लगभग सूखे नदी तल की ओर ढलान शुरू हो रहा था।

उस साल मानसून में देरी हो रही थी और जुलाई का महीना होने के बावजूद साबरमती सँकरे-से सोते के रूप में बह रही थी। कई जगहों पर पानी भरे छोटे-छोटे गड्ढे थे, जो रेतीले डबरों में बदल जाने वाले थे, अगर बारिश नदी को फिर से जवान नहीं कर देती। शान्त शाम, ठहरी हुई-सी नदी और आश्रम की नीरवता, सबका कुछ ऐसा प्रभाव मेरी नसों पर पड़ा कि मेरी रही-सही चिन्ता भी मिट गई। कुछ देर मैं नदी किनारे जमीन पर बैठा रहा। नदी के उस पार कुछ लोग धीरे-धीरे हरकतें करते दिख रहे थे। वे दिन में सूखने के लिए फैलाई गई साड़ियाँ समेट रहे थे। साड़ियों के धमकदार पीले, हरे, सिन्दूरी, नीले रंग शाम के धुँधलके में फीके पड़ रहे थे। उनकी रंगत की गहराई से ही उनके रंग का अन्दाज लगाया जा सकता था। रंगसाजों और धोबियों के पीछे दूर अहमदाबाद के पुराने इलाके के क्षितिज पर कपड़ा मिलों की चिमनियाँ नज़र आ रही थीं। हवा ठहरी हुई थी और चिमनियों से निकल रहा धुआँ भी स्थिर दिख रहा था। वह गहराते आसमान को छू रही काली चिमनियों का लहरदार विस्तार जैसा दिख रहा था। रात नदी की सतह पर तेजी से उतर रही थी और उसके दूसरे किनारे पर भी और शहर में रोशनी करनेवाली बत्तियाँ जैसे अँधेरे की चादर को जगह-जगह से छेद कर रही थीं। अब तक मैं थोड़ा और संयत हो गया था और आश्रम में जिस मुलाकात के लिए आया था उसके लिए थोड़ा तैयार भी। सो, मैं उठा और कुटिया की तरफ चल पड़ा।

गांधीजी फर्श पर एक गोलाकार सफेद गद्दे पर बैठे थे। उनके पैर पीछे की ओर मुड़े हुए थे। उनके सामने लकड़ी की एक डेस्क थी जिस पर कुछ कागज, सरकंडे की कलम, दवात और स्याहीसोख पैड रखी थी। बाकी कमरा लगभग खाली था। उसके फर्श पर चटाई बिछी हुई थी। कोने में मिट्‌टी का एक घड़ा रखा था, पानी के लिए। उस पर पकी हुई मिट्‌टी का एक ढक्कन रखा था और उसके ऊपर शीशे का एक गिलास उलट कर रखा था। हाल में अखबारों में जिस चरखे की कई तस्वीरें छपी थीं वह दूसरे कोने में खासी जगह घेरे हुए था। उसके साथ बाँस की एक टोकरी रखी थी जिसमें दिन भर का काता गया सूत और रूई के गोले रखे थे जिनसे सूत काता जाना था। डेस्क के बगल में एक युवक खड़ा था जो गंजेपन की ओर बढ़ रहा था और जिसकी आँखों पर काले फ्रेम का चश्मा चढ़ा था। वह कुर्ता-पाजामा पहने हुए था और गांधीजी जो बोल रहे थे उसे एक डायरी में लिख रहा था। गांधीजी

के प्रति आदर दिखाने के लिए वह कमर से कभी झुक जाता था, कभी सीधा हो जाता था। जब मैंने कमरे में प्रवेश किया तो गांधीजी ने सिर उठाकर देखा नहीं क्योंकि उनका कमरा हमेशा खुला रहता था और लोग बिना बताए कमरे में आ जाया करते थे। गांधीजी को इसकी आदत पड़ चुकी थी। मैं दरवाज़े के पास खड़ा होकर इन्तज़ार करने लगा।

चश्मेवाले वह युवक महादेव भाई थे। जब वे चले गए तो गांधीजी ने सिर उठाया और कमानीदार चश्मे के भीतर से मुझे देखा।

उन्होंने पूछा, ''हाँ, कहिए !'' उनकी आवाज़ मित्रतापूर्ण थी मगर अति स्वागतवाला स्वर नहीं था।

जब मैंने अपना परिचय दिया और आने का कारण बताया तो उनके चेहरे का भाव बदल गया। अब उसमें दूरी नहीं, गर्मजोशी का भाव था। जब मैंने घुटनों के बल बैठ कर अपनी कृतज्ञता प्रदर्शित करने और उनका आशीर्वाद लेने के लिए उनके पैर छुए तो उन्होंने पूछा, ''तुम मुझे बदले में क्या दोगे ? तुम जानते हो न कि मैं एक बनिया हूँ, जो कोई भी चीज मुफ्त में नहीं देता।''

''बापू, मैं हिन्दी में आपके पत्राचार देखूँगा।''

उन्होंने पूछा, ''तुम्हें क्या लगता है मेरी हिन्दी अच्छी नहीं है?'' मुझे उनकी आवाज़ में बनावटी सख्ती लगी।

''मैं नहीं जानता। मेरा खयाल है बेशक अच्छी होगी। मगर हर चीज में सुधार किया जा सकता है।

''हाँ,'' अब उनकी आवाज़ में गम्भीरता थी, ''ईश्वर के सिवा कुछ भी एकदम सही नहीं है। हम सब जरूरी कोशिश करके हमेशा सुधार कर सकते हैं।''

दरअसल, वे हिन्दी बहुत अच्छी लिखते थे, केवल कुछ गुजराती भाव उनमें झलकता था। जिस सहजता से वे बोलते थे उसी सहजता से लिखते भी थे। वे छोटे, स्पष्ट वाक्य लिखते थे, जो विषय के मर्म तक सीधे पहुँचते थे। कोई भटकाव, कोई पेंच नहीं होता था उनमें। इनके लिए उनके पास समय भी नहीं था। इसका अर्थ यह नहीं कि उनके पत्र रूखे और भावहीन होते थे। उनमें सहानुभूति का भाव प्रमुख होता था, भले ही कभी-कभार उनमें थोड़ी झिड़की होती थी। कई-कई वर्ष बाद जब मीरा के नाम उनके पत्रों का चयन प्रकाशित हुआ तो उनकी आत्मा में बसी कविता का भी एहसास हुआ, जो उनके प्रकृति वर्णन में अभिव्यक्त होता नज़र आता है। जैसे यह—''मेरे सामने हिमालय की चोटियाँ खड़ी हैं, बर्फ में लिपटीं, सूरज की रोशनी में चमचमातीं। नीचे छोटी-छोटी पहाड़ियाँ हरियाली में लिपटी हैं मानो लाज से उन्होंने

खुद को ढँक लिया हो।''

बापू बेशक कवि नहीं थे, उनकी उपमाएँ शालीनता और पवित्रता की चिन्ता में सीधी-सादी होती थीं। लेकिन यह कहना गलत होगा, जैसा कि भारतीय मूल के एक अंग्रेज लेखक ने हाल में कहा है, कि अपनी आन्तरिक मनःस्थितियों में उलझे होने के कारण वे प्रकृति या अपने आसपास के भौतिक परिवेश के प्रति उदासीन थे।

आठ

आश्रम में मीरा के आगमन के तुरन्त बाद नवम्बर 1926 में, हिन्दी के मेरे ज्ञान का दूसरा उपयोग किया जाने लगा। मुझे उनका हिन्दी शिक्षक नियुक्त कर दिया गया।

हमारा अध्ययन-अध्यापन अच्छी तरह शुरू हुआ। काश! गुजरात कॉलेज के मेरे पूर्व विद्यार्थी मीरा जितने प्रतिबद्ध और मेहनती होते। लेकिन शीघ्र ही मैंने पाया कि मीरा को पढ़ाना भी कोई आसान नहीं था। वे मेम थीं और इसका मुझ पर असर था, फिर वे गांधीजी के करीब थीं। इसलिए उनके साथ शिक्षक-विद्यार्थी वाला सामान्य व्यवहार नामुमकिन-सा था। जहाँ तक मीरा की बात थी, वे हमेशा की तरह औपचारिक बनी रहीं, हमेशा विनम्र और कभी भी गम्भीरता का लबादा नहीं उतारा।

हालाँकि मेडलिन की हिन्दी कक्षा में बापू नहीं आते थे मगर मीरा और मेरे बीच जो भी बात होती उसका उन्हें पता होगा। दूसरा पाठ खत्म होने के बाद मैंने मेडलिन से इच्छा व्यक्त की थी कि मैं फ्रांसीसी भाषा सीखना चाहता हूँ। वे सिखाने को राजी हो गई थीं। उस शाम जब प्रार्थना सभा समाप्त हो गई और बापू अपनी कुटिया में आराम करने चले गए तो मुझे उनके सामने हाजिर होने को कहा गया।

यह दिसम्बर के शुरू के दिनों की शाम थी। हवा में गुलाबी ठंड-सी थी। वैसे, देश के इस हिस्से में कड़ाके की ठंड कभी नहीं पड़ती थी। गांधीजी की कुटिया के बरामदे की तीन सीढ़ियाँ चढ़ते हुए और उनके कमरे में प्रवेश करते हुए मैं घबराया हुआ था। दरवाज़े हमेशा की तरह पूरी तरह खुले थे। मुझे यह तो लग गया था कि मेरा बुलावा मेडलिन के मामले से सम्बन्धित था लेकिन यह अनिश्चय था कि पता नहीं मेरी प्रशंसा की जाएगी या झिड़की सुनाई जाएगी। गांधीजी हथकरघे के सूती और ऊनी मिश्रित भदमैले रंग की चादर ओढ़े, फर्श पर बैठे चरखा चला रहे थे। मुझे देखते हुए जब वे मुस्कुराए और मुझे बैठने को कहा तो मैं आश्वस्त हुआ। उन्होंने मुझसे पूछा कि मेरे पेट दर्द के लिए कच्ची सब्जी, फल और दूध का जो आहार उन्होंने सुझाया था वह ठीक चल रहा है या नहीं। फिर उन्होंने इस मुलाक़ात का मकसद बताया।

''तो तुम फ्रांसीसी भाषा पढ़ना चाहते हो, नवीन ?'' उन्होंने पूछा। उनकी आवाज़ तटस्थ थी, उनकी आँखें और हाथ चरखे पर लगे थे। मैंने हाँ कह दिया और सोचने लगा, पता नहीं अब आगे क्या होगा।

''क्यों ? इसलिए कि मिस स्लेड फ्रांसीसी भाषा की विद्वान हैं और यहाँ आई हुई हैं या इसलिए कि तुम रोमाँ रोलाँ को उनकी मूल भाषा में पढ़ना चाहते हो? या तुम मुझे फ्रेंच में मेरे पत्राचार में मदद करना चाहते हो?''

''मैंने सोचा कि एक यूरोपीय भाषा सीखना ठीक रहेगा, और लोग कहते हैं कि फ्रेंच सीखना कठिन नहीं है।''

''अच्छी बात है। लेकिन क्या तुम जानते हो कि कई अंग्रेज लोग भी फ्रेंच नहीं जानते ? और फिर अधिकतर फ्रांसीसी साहित्य प्रकाशन के तुरन्त बाद अंग्रेजी में अनूदित हो जाता है।''

गांधीजी ने थोड़ी देर के लिए चरखे को परे सरकाया ताकि मुझ पर पूरा ध्यान दे सकें।

''क्या तुम्हें पता है कि यहाँ आने के लिए मिस स्लेड ने अपना सब कुछ पीछे छोड़ दिया है ? क्या तुम्हें मालूम है कि हमारे उद्देश्य के लिए उन्होंने जो त्याग किया है वह उसके लिए हमारे त्याग से कहीं बड़ा है ? कि वे यहाँ सीखने, अध्ययन करने और हम लोगों की सेवा में और इस तरह अपने लोगों को अपना पूरा समय देने के लिए आई हैं ? इसलिए उनका हर मिनट दोगुना कीमती है और हमें उन्हें यथासम्भव ज्यादा से ज्यादा देना चाहिए। चूँकि वे हमारे बारे में हर चीज जानना चाहती हैं इसलिए उन्हें हिन्दी पर पूरा अधिकार चाहिए। अगर हम उनके समय का पूरा सदुपयोग करने में मदद नहीं करेंगे तो वे यह कैसे हासिल कर पाएँगी ? वे हमारी मदद करने को जरूर तैयार होंगी लेकिन हमारा कर्तव्य है कि हम उन्हें अपनी तरफ से ज्यादा से ज्यादा समय दें। हमारा अपना समय काफी बहुमूल्य है लेकिन उनकी थाती और भी बहुमूल्य है।''

मैंने सिर झुका लिया, मेरी चुप्पी मेरी भूल का स्वीकार थी। बापू का स्वर स्नेहपूर्ण था। मेरी भूल को पहले ही माफ करने के बाद वे मुझे प्रायश्चित का उपाय सुझा रहे थे।

''सो, कल जब तुम उनसे मिलो तो अपनी गलती के बारे में उन्हें बताओ। और उन्हें हिन्दी सिखाने पर पूरा ध्यान दो। फ्रेंच सीखना हमारे लिए एक विलासिता है जिसे हम स्वराज पाने के बाद अपना सकते हैं लेकिन तब तक हमें अपनी इच्छाओं से संघर्ष करना होगा और वही करने का फैसला करना होगा जो अत्यावश्यक हो।''

"जी हाँ, बापू !" कहते हुए मैं जाने को उठा। लेकिन उन्होंने अभी बात खत्म नहीं की थी।

"और तुम्हारी अपनी वो परेशानी ? मेरे सुझावों से कुछ मदद मिली ?"

मैंने अपने सीने के भीतर से एक गरमी उठती महसूस की, जो मेरे चेहरे तक पहुँच रही थी। अगर मुझमें मेडलिन को लेकर कोई ग्रन्थि होती तो मेरा चेहरा सुर्ख हो जाता।

"हाँ, बापू। सब ठीक है।"

उन्होंने सिर हिला दिया। उनकी आँखें सजग थीं, उनमें चिन्ता का भाव था लेकिन उन्होंने मेरी इस भावना का सम्मान किया कि इस विषय को और न खींचा जाए। मैं वहाँ से चला आया।

मैंने इस बातचीत को ताबड़तोड़ सवालों और हिचक भरे जवाबों के रूप में भले पेश किया हो लेकिन अन्तिम संवादों को छोड़ यह बातचीत दरअसल इस तरह नहीं हुई थी। बापू के सवाल कोई तीर जैसे नहीं थे जिनसे बचने की जरूरत थी। वे उनकी तरफ से एक गम्भीर संवाद की कोशिश थी, जिसका मकसद मुझे स्थिति की सही समझ बनाने में मदद करना था। मैंने महसूस किया कि बापू मुझे एक ऐसी सचाई की ओर ले जा रहे थे जो मुझे झूठी मान्यताओं से मुक्त करके ज्यादा प्रसन्न कर सकता था। उनकी आवाज़ में मेरी अन्तरात्मा के सद्‌गुण के लिए गहरी चिन्ता भरी हुई थी। यह मैं जरूर कहूँगा, चाहे आज के सनक भरे दौर के कारण मुझे हँसी का पात्र क्यों न समझा जाए।

एक सप्ताह बाद मुझे फिर उनकी कुटिया में बुलाया गया। इस बार दोपहर में बापू अपनी नीची डेस्क के पीछे चटाई पर बैठे थे और उनकी पीठ मोटे गोल तकिए पर टिकी थी। उनके घुटने ऊपर की ओर उठे हुए थे। लकड़ी की एक तख्ती उनके घुटनों पर रखी थी और उस पर एक अधूरा पत्र पड़ा था। वे इसी मुद्रा में लिखा करते थे। दिन भर की डाक डेस्क के बगल में रखी थी। वे कलम की निब को जाँच रहे थे, जो शायद टेढ़ी हो गई थी। गांधीजी के पास पहले एक फाउंटेन पेन थी, जो उनके किसी अमेरिकी प्रशंसक ने उन्हें भेंट की थी। वह रेलयात्रा में किसी ने चुरा ली थी। उसके बाद उन्होंने प्रतिज्ञा कर ली थी कि ऐसी कोई आकर्षक चीज अपने पास नहीं रखेंगे जो दूसरों में चोरी करने का लालच पैदा करे।

मुझे देखते ही उन्होंने कहा, "ओह! नवीन! हिन्दी का पाठ कैसा चल रहा है?"

"जैसी कि उम्मीद की जा सकती है बापू। मिस स्लेड खूब मेहनत कर रही हैं लेकिन उनके लिए यह आसान नहीं है।"

"और तुमने उन्हें लिखने के लिए क्या दिया है?"

मैंने जवाब दिया, ''स्लेट और खल्ली।''

''किट्टा और तख्ती क्यों नहीं? अच्छी लिखावट के लिए वे ज्यादा ठीक होती हैं।'' वे ठीक कह रहे थे। आसानी से उपलब्ध सरकंडे की आम कलम और लकड़ी की चौकोर तख्ती जिस पर पीली मिट्टी की परत चढ़ी होती थी, वह लिखने के लिए बढ़िया सामग्री थी। सरकंडे की कलम के एक छोर को अपेक्षित मोटाई में छील दिया जाता था और उससे जितना मोटा लिखना हो उतना दबा कर लिखना पड़ता था। यह खल्ली से ज्यादा बेहतर होती थी, जो स्लेट पर समान मोटाई की लकीरें बनाती थी। वैसे, स्लेट का इस्तेमाल आसान होता था। उस पर लिखे को मिटाने के लिए थोड़े गीले कपड़े से पोंछना काफी होता था। और स्लेट पर फिर से लिखा जा सकता था। लेकिन तख्ती को पहले धोना और रगड़कर साफ करना पड़ता था। फिर उस पर मिट्टी की पतली परत चढ़ाने के लिए बढ़िया लेप तैयार करना पड़ता था और लेप चढ़ाने के बाद उसे सुखाना पड़ता था। बरसात के दिनों में तो उसे सूखने के लिए घंटों इन्तजार करना पड़ता था। सरकंडे को उचित लम्बाई में काट कर उसके एक छोर को तेज चाकू से छील कर नोंक तैयार करनी पड़ती थी। और फिर स्याही तैयार करने के लिए काली गोंद का घोल तैयार करने में अलग मेहनत लगती थी। इसमें उँगलियाँ काले रंग में रँग जाती थीं।

स्लेट-खल्ली पर बापू की आपत्ति सुन्दरता से ज्यादा उनकी ऊँची कीमत को लेकर थी। कागज और पेंसिल के इस्तेमाल का तो कोई सवाल ही नहीं था क्योंकि वे और भी महँगे थे। बापू खुद उन तमाम कागज के टुकड़ों का इस्तेमाल करते थे जो उनके हाथ लग जाते थे। लिफाफों के भीतरी हिस्सों से लेकर एक तरफ लिखे गए पत्रों, सर्कुलरों आदि को काट कर अलग-अलग आकार में रखे जाते थे और दूसरी तरफ के सादे हिस्सों को लिखने के काम में लाया जाता था। वे हमें हमेशा याद दिलाते रहते थे कि साबरमती आश्रम सत्य के उनके प्रयोग की सबसे महत्त्वपूर्ण प्रयोगशाला है, जो इस गरीब देश के लोगों के दान पर चल रही है। इसलिए हममें से हरेक का यह कर्तव्य है कि वह एक भी पैसे की फिजूलखर्ची न होने दे। पैसा, समय और हमारा मस्तिष्क और शरीर तक, हर चीज एक ''पवित्र अमानत'' है। वे सब हमारी चीजें नहीं हैं कि हम उन्हें चाहे जैसे उपयोग करने का फैसला करें। ''पवित्र अमानत'' उनका एक पसन्दीदा जुमला था।

वे कहते थे, ''गरीबों की सेवा करने के लिए हमें उनके बीच सबसे गरीब बन कर रहना चाहिए। लोग आपके जीवन से सीखते हैं, आपके विचारों से नहीं।'' उनकी आँखें चश्मे के भीतर जब चमकने लगतीं और चेहरे में मुस्कुराहट उभरने लगती तो संकेत मिल जाता कि वे कोई पते की बात कहने वाले हैं। वे कहते, ''आखिर हम

फ्रांस में हाल में बनी कम्युनिस्ट पार्टी के नेता नहीं हैं। मिस स्लेड मुझे यह बता रही थीं। जब उस नेता से पूछा गया कि आप साम्यवादी विचारधारा को मानते हैं फिर भी शानो-शौकत से कैसे जीते हैं तो उस शख्स ने जवाब दिया--'मैं समाजवादी हूँ, मूर्ख नहीं।' यहाँ हम मूर्ख बनने की कोशिश कर रहे हैं।''

जब मैं जोर से हँसा तो बापू की मुस्कुराहट और फैल गई। बापू ऐसे ही थे। अपनी टिप्पणियों की गम्भीरता को अकसर इसी तरह हल्का करते थे, जब उन्हें लगता कि सुनने वाले को वे ज्यादा भारी लग रही हैं। 'उतना ही लो जितना ले सकते हो; मेरी उतनी ही बात मानो जितना विचार करने के बाद तुम्हें सही लगे।' करीबी लोगों के नाम उनके पत्र में अकसर यही भाव होता था।

नौ

मीरा जितनी मेहनत तुलसी महार से चरखा कातना सीखने में कर रही थीं, उतनी ही हिन्दी सीखने में भी। अपने काम को हल्के ढंग से उन्होंने कभी नहीं लिया। आश्रम के जीवन को उन्होंने उसी उत्साह से अपनाया जिस उत्साह से इंग्लैंड में लैमंड के संगीत कार्यक्रम आयोजित किए थे। सुबह में वे घंटी बजने से पहले जग जाती थीं। लगभग हमेशा वे प्रार्थना सभा स्थल पर पहले पहुँचने वाले लोगों में होती थीं। वे महिलाओं के समूह में पहली पंक्ति में बैठती थीं, बापू के ठीक सामने। शौचालयों की सफाई में वे उतनी ही सावधानी बरतती थीं जितनी दिन के भोजन के बाद रसोई में बरतनों को धोने में। देर शाम को उन्हें थोड़ी फुरसत मिलती तो अध्ययन में जुट जातीं। वे केवल अगले दिन का हिन्दी पाठ नहीं तैयार करती थीं बल्कि उस देश के बारे में जानकारियाँ हासिल करतीं जिसे उन्होंने अपना घर बना लिया था। वे भारतीय वस्त्र पहनतीं, निरामिष भोजन लेतीं, भारत और भारतीयों के बारे में बड़े चाव से पढ़तीं लेकिन उनका इरादा कभी भारतीय या देसी बनने का नहीं था। अपनी पहचान का बोध उनमें काफी गहरा था। वे आदर्श आश्रमवासी बनने की जद्दोजहद कर रही थीं, जिस पर बापू गर्व कर सकें और उसका उदाहरण दूसरों को देते हुए आश्रमवासियों के सामने बता सकें कि वे उनकी सबसे अग्रणी शिष्य हैं।

शान्ति और एकान्त की तलाश सामुदायिक जीवन के शोर-शराबे में और भी मुश्किल हो गई थी। और यहीं उन्हें दूसरे लोगों के साथ मिल कर आठ घंटे काम करना था। आमतौर पर वे अपने में सीमित रहतीं और व्यस्त रहतीं। औपचारिकता का प्रदर्शन करके दूसरे आश्रमवासियों को करीब आने से रोकतीं, उनके सवालों के जवाब हाँ-ना में देकर उनकी उत्सुकता को भोथरा कर देतीं। वैसे, उनके करीब आने की कोशिश कम ही लोग करते क्योंकि उनकी पृष्ठभूमि और बापू के साथ उनके विशेष सम्बन्ध के कारण ज्यादातर लोग उनसे रोब खाते थे। उनके आगमन के एक सप्ताह के भीतर ही उन्हें बापू के सोने से पहले उनके साथ एक घंटे बिताने की अनुमति मिल गई थी, जो अनसुनी बात थी। बापू अपनी कुटिया के बरामदे पर अपने बिस्तर पर लेटे होते और मीरा पास में बरामदे पर बैठी होतीं। वे अपनी गम्भीर, मगर

गर्मजोशी भरी आवाज़ में वह सब व्यक्त करतीं जो उनके हृदय के कोनों में इतने वर्षों से दबा हुआ था। उनकी बातचीत में कोई हस्तक्षेप नहीं करता। बापू उनकी बातें सुनते रहते, बीच-बीच में एकाध सवाल पूछ लेते और मीरा पर पूरा ध्यान देते, जबकि कस्तूरबा चुपचाप उनके सिर पर नारियल के तेल की मालिश करती रहतीं। बातचीत चूँकि अंग्रेजी में होती, कस्तूरबा कुछ समझ न पातीं। बीच में कभी-कभार जब मीरा की आवाज़ काफी भावुक हो उठती या बापू की आवाज़ में उतार-चढ़ाव आता तो कस्तूरबा उन्हें ध्यान से देखने लगतीं।

यह एक घंटा मीरा के जीवन का सबसे बहुमूल्य हिस्सा था। यह ऐसा अन्तराल था जिसमें वे अपने पूरे वजूद में होतीं और खुद को काफी जीवन्त महसूस करतीं। बापू के बगल में बा की उपस्थिति अतिक्रमण नहीं थी बल्कि आश्वस्तिदायी थी। मीरा महसूस करतीं कि वे बापू को और खुद को अपनी एकान्तिकता के परदे में समेट सकती हैं, कि ब्रह्मांड बस दो ही व्यक्तियों का है—बापू और वे। दिसम्बर के शुरू में जब बापू ने इस सिलसिले को अचानक समाप्त कर दिया तो जाहिर तौर पर वे बहुत आहत हुईं।

इसके संकेत तो थे लेकिन हिन्दी के अल्पज्ञान और नवागंतुका होने के कारण मीरा इसे समझ नहीं पाईं। दो दिन तक लोग आश्रम में मुँह लटकाए घूमते नज़र आए थे। वे छोटे-छोटे समूहों में फुसफुसाहटों में बातें करते पाए गए। एक सुबह जब मीरा प्रार्थना के बाद अपने कमरे में लौट रही थीं तो उन्होंने देखा कि मगनताल भाई, सुरेन्द्र भाई और दो अन्य वरिष्ठ आश्रमवासी, जिनके नाम वे नहीं जानती थीं, बापू की कुटिया में जा रहे थे। लम्बी बातचीत के बाद जब वे बाहर निकले तो काफी गम्भीर दिखे। उस शाम की प्रार्थना सभा एक चेतावनी जैसी थी। बच्चे भी शान्त थे। सभा के अन्त में बापू ने सवाल नहीं आमन्त्रित किए बल्कि खुद ही बोलते रहे। उनकी आवाज़ नपी-तुली और गंभीर थी। जब उन्होंने भाषण समाप्त किया तो सभा में से विरोध के स्वर उभरे। बापू ने हाथ उठाकर लोगों को शान्त रहने का इशारा किया। मीरा को उनका भाषण तो समझ में नहीं आया मगर उनके शब्दों के पीछे के संकल्प को वे जरूर ताड़ गईं। लोग जब सभा से जाने लगे तो मैंने देखा कि मीरा मुझे बहुत उत्सुकता से खोज रही हैं। वे चाहती थीं कि कोई उन्हें समझाए कि बात क्या हुई है।

मैंने उन्हें बताया, ''बापू ने कल से एक सप्ताह का उपवास करने का निर्णय लिया है।''

''लेकिन क्यों?''

मैंने बताया, ''आश्रम के स्कूल में जो कुछ हुआ उसके कारण।'' मैं बात को

टालना चाहता था और खुद भी बच निकलना चाहता था। मैं असहज महसूस कर रहा था और कोई सवाल पूछे जाने से पहले खिसक लेना चाहता था।

लेकिन मीरा ने जोर देकर पूछा, "क्या हुआ?"

"कुछ बुरा हो गया है।"

मैंने खुद को एक ऐसी हँसी हँसते हुए सुना, जो भारतीय लोग शर्मनाक स्थितियों में फँस जाने पर अकसर हँसा करते हैं। मीरा को यह काफी बुरा लगा।

"तीन लड़के गन्दी हरकतें करते पाए गए। बापू उनके इस दुराचरण के लिए प्रायश्चितस्वरूप उपवास करने जा रहे हैं," मैंने कहा और जल्दी से चलता बना।

शाम को जब मीरा बापू की कुटिया में गईं तो वे खुद के प्रति और दूसरों के प्रति शान्त और संयत दिखे। एक बार जब वे कोई फैसला कर लेते थे तब सभी सन्देह और पीड़ा मिट जाती थी और अपने चुने हुए रास्ते पर चलने का शान्त निश्चय बच जाता था। मीरा उनके बिस्तर के बगल में खड़ी थीं। बापू उन्हें देखकर मुस्कुराए। लेकिन मीरा अपनी तय जगह पर बरामदे में नहीं बैठीं।

वे फूट पड़ीं, "क्यों? आखिर आपको उपवास क्यों करना पड़ रहा है?" गुस्से से आँखों में आए आँसू को वे रोक नहीं पा रही थीं।

"तुम्हें पता है कि क्या हुआ है?"

"हाँ, तीन लड़के समलैंगिक क्रिया करते पाए गए। तो क्या हुआ? इस उम्र में यह होता है, हर जगह।"

"लेकिन यह इस आश्रम में हुआ। देश भर के लोग इस उम्मीद में इस आश्रम के लिए दान भेजते हैं कि मैं यहाँ एक नए आदमी का निर्माण कर रहा हूँ, कि मैं चरित्र निर्माण में लगा हूँ। उन लड़कों का चरित्र मेरे लिए एक पवित्र थाती है।"

"और आप उपवास करने जा रहे हैं। अपने स्वास्थ्य, अपने जीवन को खतरे में डालने जा रहे हैं?"

"मैं क्या कर सकता हूँ? उन्हें दंडित करने का तो कोई सवाल ही नहीं उठता। उनके शिक्षक के रूप में मुझे उनके जीवन में, उनके आन्तरिक विचारों में और इच्छाओं में प्रवेश करना चाहिए और उनकी अशुद्धताओं को मिटाना चाहिए। मीरा, बच्चों को आन्तरिक शुद्धता के बारे में सबसे पहले बताया जाना चाहिए। यह पहला और सबसे महत्त्वपूर्ण पाठ वे अच्छी तरह सीख लें तो बाकी चीजें आ जाएँगी। मैं उपवास करके खुद को दंडित करूँगा तो ये लड़के अपने भीतर झाँकेंगे। मैं यह उम्मीद करता हूँ। यह उन्हें अपनी गलतियों का एहसास कराएगा। यह उन्हें एहसास कराएगा कि जीवन की छोटी-छोटी चीजों में शुद्धता और सचाई ही चरित्र निर्माण की एकमात्र

कुंजी है।''

लेकिन मीरा फिर भी आश्वस्त नहीं हुई, ''लेकिन इतना बड़ा कदम? अपनी इस हालत में एक सप्ताह का उपवास?''

बापू बोले, ''नजदीक आओ, बैठो!'' हमेशा वात्सल्य और अधूरी हँसी से चमकती रहने वाली उनकी आँखें अब गूढ़ हो गई थीं। उन्होंने बा से गुजराती में कुछ कहा। मीरा को लगा कि बा के हाथ बापू के सिर पर यन्त्रवत् घी मल रहे थे मगर वे रो पड़ने को थीं।

''उपवास मेरे अस्तित्व के अंग हैं। अगर मैं आँखों के बिना रह सकता हूँ तो उपवासों के बिना भी रह सकता हूँ। आँखें जो काम बाहरी दुनिया के लिए करती हैं, उपवास वही काम आन्तरिक दुनिया के लिए करते हैं। एक स्थिर, छोटी-सी आन्तरिक आवाज़ मुझे कहती है कि उन लड़कों में जो अशुद्धता है वह मेरे भीतर भी है। उसे मुझे उपवास के जरिए शुद्ध करना ही चाहिए।''

''लेकिन अगर आप गलत हों तो?''

''लेकिन अगर मैं इस उपवास या आगे ऐसी किसी अग्निपरीक्षा में मर गया तो दुनिया मेरे अवशेषों पर यह समाधि लेख लिख सकती है—तुम इसी के हक़दार थे, मूर्ख!'' अपना मजाक उड़ाने वाली उनकी मुस्कान ने मीरा को भी मुस्कुराने का आमन्त्रण दिया लेकिन उस शाम मीरा उनके आकर्षण में पड़ने वाली नहीं थीं।

उन्होंने गुजारिश की, ''बापू, क्या ऐसा कुछ नहीं है जो आप उपवास का इरादा छोड़ दें ?'' उन्होंने बा की ओर अनुनय भरी नज़रों से देखा। उनकी आँखें झुकी हुई थीं, वे अपने काम में रमी हुई थीं।

बापू ने जवाब दिया, ''अगर मैंने अपनी आन्तरिक आवाज़ को दबाने की कोशिश की तो मैं अपनी सारी उपयोगिता खो दूँगा। फिलहाल तो मेरी यह भूल, अगर यह भूल है तो, मुझे बचाएगी। क्या यह बेहतर नहीं होगा कि मैं हरेक आवाज़ को, जो कितनी ही मित्रतापूर्ण और निर्दोष क्यों न हो, सुनने की जगह अपनी अन्तरात्मा को सन्तुष्ट करूँ, भले ही वह पूरी तरह पवित्र न होने के कारण गुमराह हो। अगर मेरा कोई गुरु होता तो मैं अपनी आत्मा और अपना शरीर उसे समर्पित कर देता। सभी कार्यों में उसका मार्गदर्शन लेता। लेकिन हमारे इस दोषपूर्ण समय में कोई सम्पूर्ण निर्दोष गुरु नहीं है। सो, अँधेरे में भटकते हुए, लाखों गलतियों के बीच से सत्य तक पहुँचना ही ठीक है, बजाय उस व्यक्ति के आगे समर्पण कर देने के जो यह नहीं जानता कि वह अज्ञानी है। क्या कोई गले में पत्थर बाँध कर तैरना सीख सका है? सो, मुझे अपने रास्ते पर जाने दो, भले ही वह गलत हो।''

उपवास के पहले तीन दिन तो बापू चल कर प्रार्थना स्थल पर जाते रहे। तीसरे

दिन चलने के लिए उन्हें सहारे की जरूरत पड़ी। बाकी चार दिन उन्हें खाट पर बैठा कर वहाँ तक ले जाना पड़ा। पूरे सप्ताह वे हर दिन केवल आधा घंटा तकिए के सहारे बैठ कर चरखा कात सके। उन्हें कभी-कभार मितली आती तो पानी का घूँट ले लिया करते। वैसे, सातों दिन नमक और सोडा बाइकार्बोनेट मिलाकर खूब पानी पीते रहे। सप्ताह खत्म होते-होते उनका वजन सात पाउंड घट गया और 96 पाउंड पर पहुँच गया, जेल से रिहाई के बाद पिछले तीन वर्षों में अधिकतम वजन से 16 पाउंड कम। सातवें दिन उन्होंने अंगूर के रस में मिला नारंगी का शरबत और नारंगी के फाँक खाकर उपवास तोड़ा। बाद में, दिन में उन्होंने बकरी के दूध में पानी मिलाकर पिया। धीरे-धीरे वे दूध की मात्रा बढ़ाते गए और बारह दिनों तक ठोस खाद्य नहीं लिया और सात पाउंड खोया वजन फिर हासिल कर लिया।

उपवास समाप्त होने के एक पखवाड़े के बाद बापू ने आश्रम से करीब डेढ़ मील दूर साबरमती जेल तक की प्रातः और सायंकालीन तेज चहलकदमी का सिलसिला फिर शुरू कर दिया। पहली सुबह बापू ने उन दो लड़कों को साथ लिया, जो समलैंगिक यौनाचार करते पाए गए थे। वे उनकी लाठी बने। बापू ने अपने हाथ दोनों ओर साथ चल रहे उन लड़कों के कन्धे पर रखे थे। बापू काफी उत्साहित लग रहे थे, पूरे रास्ते हँसते और मज़ाक करते रहे। अन्तिम पचास गज बच गए तो बापू ने अपने पैर ज़मीन से उठा लिये और अपना पूरा भार उन लड़कों के कन्धों पर डाल दिया और चिल्लाए, "चलो, हम देखते हैं कि तुम लोग कितनी तेजी से दौड़ सकते हो।" दोनों लड़के जब करीब 100 पाउंड के महात्मा को उठा कर जेल के दरवाज़े की ओर दौड़े तो फिर से सबकी हँसी फूट पड़ी।

बापू ने उपवास के दौरान मौन व्रत रखा था। यह उस अशुद्धता को उसी तरह निकाल बाहर करने के लिए था, जो उन्होंने अपने दिमाग में महसूस किया था, जिस तरह रोज का एनीमा उनके शरीर से अशुद्धियों को निकाल बाहर करता था। उपवास के पहले ही दिन, शाम को जब मीरा उनकी कुटिया में आईं तो उन्होंने एक छोटी टिप्पणी थमाई—

मीरा,

मैं एक सप्ताह तक तुमसे नहीं मिल पाऊँगा। शाम को तुम्हारा साथ नहीं मिल पाएगा लेकिन मुझे उन शामों से लगाव नहीं होना चाहिए। मैं अपने उस अस्पष्ट मनोवेग की प्रकृति के बारे में अपने अन्दर की आवाज़ का इन्तज़ार करूँगा जिस मनोवेग ने आश्रम को प्रदूषित किया है और उन लड़कों के दिमाग़ को भी। मुझे मालूम नहीं कि वह आवाज़ कब आएगी, आएगी भी या नहीं।

मैं उम्मीद करता हूँ कि इस बार कांग्रेस अधिवेशन में तुम मेरे साथ जाओगी। यह महीने के अन्त में कानपुर में होगा।

बापू के आशीर्वाद।

वे शान्त दिखे। उनके चेहरे पर उभरी तनाव की रेखाएँ गायब हो चुकी थीं। उनका दायाँ पैर, जो अचानक जीवन्त हो चुका था और अपने स्वामी की सहमति या जानकारी के बिना भी अचानक ज़मीन पर थाप देने लगा था, अब स्थिर हो गया था। मीरा बोलने वाली ही थीं कि गांधीजी ने अपने होंठों पर उँगली रखकर अपने मौन की याद दिला दी।

बापू के बगल में बैठीं बा ने नरम परन्तु साफ आवाज़ में हिन्दी में कहा, "अब जाओ बहन!" बापू अपनी डेस्क पर लिखने के लिए झुक चुके थे।

दस

उस साल भारतीय राष्ट्रीय कांग्रेस का वार्षिक अधिवेशन दिसम्बर में कानपुर में हुआ। देश के इस हिस्से में इन दिनों काफी ठंड पड़ती है। गांधीजी और मीरा आश्रम से तीन हफ्ते बाहर रहे। कानपुर जाते हुए वे एक सप्ताह वर्धा में रहे, जो मध्य प्रान्त का एक छोटा शहर है, जहाँ गाँधीजी के सबसे समर्पित शिष्य विनोबा भावे का आश्रम था।

मीरा ने हिसाब लगाया कि इन यात्राओं में उन्होंने बी.बी. एंड सी.आइ. रेलवे के तीसरे दर्जे के डिब्बों में कम से कम 100 घंटे बिताए होंगे। यात्रा में बापू के साथ आश्रम के दस लोग थे और हर बार रेलगाड़ी का एक पूरा डिब्बा गांधीजी के दल का हो जाता था। मीरा राहत महसूस कर रही थीं कि उन्होंने अपने केश छोटे करवा लिये थे वरना रेलयात्रा में इंजन से उड़नेवाली कोयले की धूल और धुआँ जिस तरह खुली खिड़कियों से डिब्बे में आ जाता था उसकी गन्दगी को साफ करने में कई दिन लग जाते। नाक और कान तो आसानी से साफ हो जाते, केश नहीं।

साबरमती आश्रम में लौटने के बाद मीरा ने 20 जनवरी 1926 को रोमाँ रोलाँ को जो पत्र लिखा उसमें अपनी यात्रा के अनुभव दर्ज किए—

''...अब मैंने उस व्यक्ति का एक अलग ही रूप देखा है, जिसे मैं बापू कहती हूँ और आप 'मेरे मित्र गांधी' कहते हैं। आश्रम के अन्तरंग वातावरण में मैं भूल गई थी कि मेरे जाने-पहचाने बापू राष्ट्र के लिए महात्मा हैं, कि मैं जिन्हें पूजती हूँ वे पूरे देश के लिए पूजनीय हैं। भारतीय जनता पर उनका कितना असर है, यह देख कर ही विश्वास किया जा सकता है। छोटा-बड़ा जिस भी स्टेशन पर गाड़ी रुकती, 'महात्मा गांधी की जय' के नारे लगाती भीड़ हमारा स्वागत करती। वक्त चाहे कोई भी हो, दिन हो या रात। प्लेटफॉर्म पर खड़ी भीड़ आगे बढ़ती, उस व्यक्ति की झलक पा लेनां चाहती जो उसके लिए सन्त और ईश्वर के बीच की शख्सियत है। भारतीय लोग इसे दर्शन कहते हैं। और मेरे हिन्दी शिक्षक बताते हैं कि यह दर्शन 'देखने' का शाब्दिक अनुवाद नहीं है, यह तो 'देखने' से अनन्त गुणा ऊँचा अर्थ रखता है। यह पवित्र व्यक्ति या छदि को अपनी आँखों के माध्यम से मन में बसा लेना है। और

उन भारतीय आँखों ने मुझे मन्त्रबिद्ध कर दिया, खासकर उन किसानों की आँखों ने जो ग्रामीण इलाकों के छोटे-छोटे स्टेशनों पर घंटों उनका इन्तज़ार कर रहे होते। उनकी आँखें किसी भक्त की उत्सुक, प्यासी आँखों जैसी होतीं जो अपने उद्धारकर्ता को उस आस्था से निहारती हैं जिसे वे शब्दों में अभिव्यक्त नहीं कर सकते थे। जहाँ-जहाँ भी रेलगाड़ी रुकती, मैं इस दृश्य को हर जगह बार-बार देख कर हैरत में पड़ जाती, सैकड़ों दुर्बल भूरी देह बापू के डिब्बे की खिड़की के सामने हाथ जोड़ कर खड़ी हो जातीं। उनकी आँखों में उम्मीद की चमक उनके वस्त्रों की फटेहाली को ढँक लेती।

"फादर, यह कितनी अजीब बात है कि भारत के धूल भरे ग्रामीण क्षेत्र में लुप्त होने वाली रेल पटरियों के किनारे बने उन पक्के प्लेटफॉर्मों पर मैं वह चित्र देखती जो लन्दन की राष्ट्रीय कलादीर्घा में टँगी है। आपने सेबास्टियानो डेल पियांबो की पेंटिंग 'द रेजिंग ऑफ लाज़ारस' देखी है? उसमें ईसा मसीह की ओर देखने वाले चेहरों पर आकर्षण, आश्चर्य और आदर के भाव अलग-अलग अनुपात में देखे जा सकते हैं। उन चेहरों को मैंने प्लेटफॉर्मों पर देखा।

"और बापू? वे खिड़की के पास बैठ जाते, शान्त और स्थिर, उनके हाथ जुड़े होते, चेहरा भावशून्य होता, शायद कुछ सख्त। गहरी, दबी हुई भावनाओं की चमक लिये उमड़ते मानव समुद्र के बरक्स इस विरोधाभास को कोई माइकल एंजेलो या डेल पियांबो ही उभार सकता है। यह काम मेरी सीमित अभिव्यक्ति क्षमता के बस में नहीं है। पूरी रेलयात्रा के दौरान और कांग्रेस अधिवेशन के दौरान भी, जहाँ गांधीजी अपने तम्बू से बाहर निकलते तो सामान्य कार्यकर्ताओं की भीड़ उन्हें घेर लेती थी, मैंने देखा कि भावना के अतिशय उभार और अपने प्रति दिखाई गई प्रशंसा और भक्ति के प्रति गांधीजी की प्रतिक्रिया ऐसी ही होती थी। मानो वे अपने अन्तर को अक्षुण्ण रखना चाहते हों, अपने लिए सम्मान के उभार में बहना न चाहते हों और खुद को महान न समझने लगना चाहते हों। अब मुझे समझ में आता है कि वे यह क्यों कहते हैं कि वे गुरु कभी नहीं बन सकते।

"जब रेलगाड़ी चल रही होती तो वे कुछ विश्राम करते मगर उम्मीद से भरी वे आँखें हमेशा उनके जेहन पर हावी रहतीं। ज्यादातर समय वे दूर कोने में खिड़की के पास बैठे होते। कभी-कभार वे अपनी सीट के ऊपर की बर्थ पर लेट जाते। उस बर्थ पर कोई भी उनके प्रति आदर के कारण नहीं बैठता था। लेकिन बापू ज्यादा आराम नहीं करते थे। भीड़ उन्हें इसकी छूट नहीं देती थी। स्टेशन दर स्टेशन महादेव भाई लोगों को समझाते रहते—'गांधीजी सो रहे हैं। कृपया शान्त रहें।'

"जवाब मिलता, 'वे भगवान हैं। उन्हें सोने की जरूरत नहीं पड़ती।'

"महादेव भाई नाराज हो जाते, 'आपके भगवान मन्दिरों में हैं। यहाँ तक कि

वे भी दोपहर में और रात में सोते हैं। इस भगवान को यात्रा करनी पड़ती है। वे आपके लिए दिन-रात काम कर रहे हैं। क्या आप उन्हें आराम नहीं करने देंगे?'

" न तो उनकी गुजारिश काम आती, न उनके गुस्से से कोई फर्क पड़ता। लोग जैसे भगवान को प्रसाद चढ़ाते हैं उस तरह फल, नमकीन, यहाँ तक कि पूरा भोजन भी डिब्बे में सरकाते रहते।

" कानपुर तक की लम्बी यात्रा में बापू को आराम करने का बहुत कम समय मिला। फिर भी कांग्रेस अधिवेशन और उसके आसपास आयोजित कई सम्मेलनों में, जहाँ उन्हें प्रमुख वक्ता बनाया गया था, उनकी ऊर्जा आश्चर्यजनक दिखी। सबसे सच्चा यह शख्स अगर कोई धोखा देता था तो वह अपने हाव-भाव से। ऊपर से तो वे कमजोर दिखते हैं मगर अंदर नाखून जैसे सख्त हैं। उनकी पतली, बगुले जैसी टाँगें हवा की गति से भागती हैं, और वे अपनी शान्त आवाज़ में चौबीस घंटे तक बोलते रह सकते हैं, बिना थकान का आभास दिए। लेकिन उनके भाषण हमारे यूरोपीय नेताओं की लफ्फाजी से कितने भिन्न होते हैं! वे न केवल ऐसी बातें कहने से परहेज करते हैं जिन पर वे अमल नहीं कर सकते, बल्कि अपने शब्दों के नपे-तुले सयानेपन को भी अकसर अपनी करनी की साहसिकता से अतिक्रमित कर देते हैं। वादा करने से पहले उसे पूरा करने के आदी बापू उन लोगों पर हँसा करते हैं, जो केवल बातों के बहादुर होते हैं।

" अब मुझे पता चला है कि आपने उनके बारे में लिखी अपनी छोटी-सी किताब मुझे क्यों दी और उस किताब ने मुझ पर इतना असर क्यों डाला। आप चाहते थे कि मैं एक ऐसे व्यक्ति से मिलूँ जिसकी आन्तरिक शक्तियाँ उसके कर्म में प्रकट होती हैं, ऐसे विद्वान से नहीं जिसका आन्तरिक जीवन उसके विचारों में प्रकट होता हो। शुद्ध विचारों वाले व्यक्ति हमारे जीवन पर मामूली असर नहीं डालते। शुद्ध विचार मैं कह रही हूँ तो इसका तात्पर्य बौद्धिक अर्थों में है। और भला ऐसी बातों के बारे में आपसे कुछ कहने का साहस क्या कर सकती हूँ। सक्रिय आस्था वाले व्यक्ति के रूप में बापू चिरंतनता की शक्तियों और इतिहास की वर्तमान गति के बीच एक कड़ी के रूप में नज़र आते हैं। ओह! मैं बस यही उम्मीद करती हूँ कि मैं उनकी कसौटियों पर हमेशा खरी उतरती रहूँ।

" अब और ज्यादा कुछ लिखने को नहीं है। लेकिन मैं शब्दों में न लिखूँ तो भी आप सहज अनुमान लगा सकते हैं कि मेरे मन में क्या कुछ उमड़ रहा है।"

—मीरा

कानपुर अधिवेशन में सरोजिनी नायडु गांधीजी की जगह कांग्रेस अध्यक्ष बनीं। वैसे, भारतीय स्वाधीनता संघर्ष का यह दौर लगभग ठंडा रहा। अंग्रेजी राज के खिलाफ कोई नया प्रतिकार नहीं शुरू किया गया। अधिवेशन में विचार-विमर्श के दौरान अपने भाषणों, लेखन आदि में गांधीजी अपनी इस मान्यता पर जोर देते रहे कि पार्टी कार्यकर्ताओं और देश की ऊर्जा को खादी के प्रसार, अस्पृश्यता उन्मूलन और हिन्दू-मुस्लिम एकता जैसे रचनात्मक कार्यों में लगाना चाहिए। देश के स्वराज के लिए ये बातें उनके मुताबिक अपरिहार्य थीं, अंग्रेजी राज से आज़ादी उस स्वराज का केवल एक पहलू है। लेकिन सभी कांग्रेसी कार्यकर्ता, खासकर करिश्माई नेता जवाहरलाल नेहरू के प्रभाव में आ रहे शिक्षित शहरी युवक, गांधीजी के इन विचारों से सहमत नहीं थे। अहमदाबाद लौटते हुए रेलयात्रा के दौरान गांधीजी ने मीरा से कहा, ''मैं शिक्षित भारत को अपनी तरफ आकर्षित करने के लिए नहीं बना हूँ। मुझे इससे कोई परेशानी भी नहीं है। यह मेरी सीमा है।'' फिर भी, पार्टी और देश पर उनका असर इतना जबरदस्त था कि असहमति के स्वर टुकड़ों में ही यहाँ-वहाँ उभरते थे।

हमें तब भारी खुशी हुई जब बापू ने घोषणा की कि वे अगले साल के भाषणों और यात्राओं के सभी कार्यक्रम रद्द कर रहे हैं और आश्रम में ही रहेंगे। हाल की कुछ घटनाओं से उन्हें लग रहा था कि वे अपने सबसे महत्त्वपूर्ण प्रयोग की अनदेखी कर रहे हैं। यह महत्त्वपूर्ण प्रयोग था—अलग-अलग पृष्ठभूमि की सामान्य औरतों और मर्दों के समूह को सत्य और अहिंसा के उच्चतम आदर्शों में ढालने का।

कांग्रेस अधिवेशन से लौटने के बाद आश्रम में कई लोग बापू और मीरा बहन के बीच बढ़ी करीबी पर चर्चा करने लगे। मीरा बहन का सहायक और हिन्दी शिक्षक होने के नाते मैं उन दोनों की बढ़ती अन्तरंगता को नजदीक से देख सकता था। आश्रम के जरूरी कामकाज में आठ घंटे व्यस्त रहने के बाद मीरा बाकी समय बापू की व्यक्तिगत देखभाल में बिताती थीं। वे उनकी कुटिया के इर्द-गिर्द एक सजग सन्तरी की तरह चक्कर लगाती रहतीं और जो भी उनसे मिलने आता उसे अपनी कड़ी, खोजी नज़र से एहसास दिलातीं कि या तो वह अपना समय बरबाद कर रहा है या उनके स्वास्थ्य पर अनुचित दबाव डाल रहा है। उन्होंने बापू से यह भी कह दिया कि वे उनकी दूसरी सेवाएँ भी करना चाहेंगी जैसे शाम में जब वे बिस्तर पर लेटते और वे दोनों बातें करते तब उनके तलवे पर घी मलना क्योंकि जाड़े में उनमें बिवाई फट जाती थी। बहुत दिनों तक बापू उनके इस अनुरोध को टालते रहे। बापू के शरीर की देखभाल का विशेषाधिकार बा का ही था। गरमी का मौसम आने को हुआ तो बापू ने मीरा को उनके लिए रोज मिट्टी के लेप को कपड़े में लपेट कर

तैयार करने की इज़ाज़त दे दी, जिसे वे सिर को ठंडा रखने के लिए बाँधते थे। इसे हर दो घंटे पर पानी से गीला करना पड़ता था।

मई के शुरू में जब अहमदाबाद दिन में गरमी में बुरी तरह से तपने लगा और रात का तापमान भी खास नहीं गिरता था तब मीरा को एक और काम सौंपा गया—बापू का भोजन तैयार करने का। और मीरा का सहायक होने के नाते यह मेरा भी काम बन गया। इसका अर्थ यह था कि रोज उन दस लोगों का दोनों शाम का खाना तैयार करना, जो बापू की करीबी मंडली के थे और जो उनके तापसिक विचारों पर कभी-कभी सनक भरे अमल करते थे। इस मंडली में बा शामिल नहीं थीं। मीरा मानती थीं कि उन्हें यह नई जिम्मेदारी बापू ने इनाम के रूप में सौंपी है क्योंकि वे भयानक गरमी के बावजूद बिना शिकायत किए अपने कर्तव्यों का पालन कर रही थीं। बापू अकसर कहा करते थे कि मीरा को यह गरमी बर्दाश्त नहीं होगी और पहाड़ी जगह पर जाना चाहेंगी।

बापू की रसोई का जिम्मा सँभालना, वह भी बा के कमरे के सामने, अपने आप में एक कठिन जिम्मेदारी थी। हम लोग खाना बनाते रहते और बा बिना कोई प्रतिक्रिया व्यक्त किए (यह भी अपने आप में एक प्रतिक्रिया ही थी) निर्विकार भाव से सब कुछ देखती रहतीं। दक्षिण अफ्रीका में अपने पहले आश्रम से ही बापू निरामिष भोजन को लेकर प्रयोग करते आ रहे थे ताकि ऐसा व्यंजन तैयार हो जो भूख भी मिटाए और ब्रह्मचर्य पालन में भी सहायक हो। ये दो तो उनके मकसद थे ही, कोशिश यह होती कि खाना इतना सस्ता हो कि आम जनता के लिए भी सुलभ हो और पकाने में कम से कम समय लगे। बापू अपने हर काम को नैतिक, सामाजिक और व्यावहारिक पहलुओं की कसौटी पर कसते थे। यह उनकी खासियत थी। दक्षिण अफ्रीका में महीनों तक ऐसा होता कि नमक और मसाले के बिना खाना बनाया जाता। कभी ऐसा दौर चलता कि खाने में चीनी, बादाम और मुनक्का वगैरह डालने से परहेज किया जाता, जो खाने में मिठास के लिए इस्तेमाल किए जाते हैं। फिर कभी ऐसा कच्चा खाना तैयार किया जाता जिसे तेल में नहीं पकाया जाता था। कुछ समय तक खाने में कच्चा प्याज परोसा जाता था, जिसे रक्त शोधक माना जाता है। लेकिन जब गांधीजी को पता चला कि मसालों और दूध की तरह प्याज भी मनोवेगों के नियन्त्रण के लिए मुफीद नहीं है तो उसका प्रयोग बन्द कर दिया गया। बीमार लोगों के उपचार की प्राकृतिक चिकित्सा वगैरह के अलावा मानव शरीर पर विभिन्न खाद्य पदार्थों के प्रभाव गांधीजी के प्रिय विषय थे और इन पर चर्चा में उन्हें शायद सबसे ज्यादा आनन्द आता था। मीरा मुझसे मजाक में कहतीं, "हम लोग खाने के बारे में उतनी ही बातें करते हैं जितनी पेटू लोग करते होंगे, फर्क इतना ही कि बापू बेस्वाद

भोजन के पेटू हैं।'' मीरा के लहजे से लगता कि वे ऐसी बातें गांधीजी के करीब होने के लिए ही करती थीं। और वे भोजन संबंधी प्रयोगों की अपनी जिम्मेदारी इस उत्साह से निभातीं कि मुझे काफी परेशानी होती।

मुझे याद है कि कभी-कभी यह तय किया जाता कि रोटी की जगह अंकुरित गेहूँ, दूध की जगह नारियल का प्रयोग किया जाएगा और सब्जी कच्ची खाई जाएगी। इन सबमें खासा समय और श्रम लगता। मेरा काम होता कि रसोईघर के पीछे भंडार में चटाई बिछा कर उस पर भीगे कपड़े फैलाऊँ और उनके बीच गेहूँ फैलाऊँ ताकि वे चौबीस घंटे के भीतर अंकुरित हो जाएँ। इसके अलावा मुझे नारियल को कद्दूकस पर कसना होता और सब्जियाँ काटनी होतीं। बापू के कई दाँत टूट चुके थे इसलिए उन्हें भरपेट अंकुरित गेहूँ चबाने में काफी परेशानी होती। सो, मुझे उनके लिए अंकुरित गेहूँ को पीसने का काम भी सौंप दिया गया। यह काम बा के कमरे के बाहर रखी चक्की में करना पड़ता। मेरा काम इस गेहूँ की मोटी पिसाई करना था। इसके बाद मीरा बापू के लिए और महीन पिसाई करती थीं। चक्की में सूखे अनाज की पिसाई ही अपने आपमें कठिन काम है लेकिन अंकुरित अनाज को पीसना और भी बड़ी चुनौती है क्योंकि उसका लेप चक्की से इधर-उधर बहता रहता है। में इसमें महारत नहीं हासिल कर सका क्योंकि मुझे विश्वास था कि चक्की के पत्थरों के घिसने की आवाज़ से बा परेशान होती होंगी। मीरा ने भी यही सोचा होगा, तभी उन्होंने एक दिन मुझसे चक्की को रसोई में लाने के लिए कहा। उन्होंने मेरी हिचक देखी तो कहा, ''कोई बात नहीं। मैंने बापू से बात कर ली है। बा को चक्की का क्या काम? बापू कहते हैं कि बा को जरूरत पड़ेगी तो रसोई में जाकर चक्की से काम कर लेंगी।'' मैंने मीरा के निर्देश का पालन किया, बेशक मुझे अपशकुन का अन्देशा था।

अगली सुबह चक्की रसोई से गायब थी। मैंने उसे बा के कमरे के बाहर पुरानी जगह पर पाया और वहीं सुबह के भोजन के लिए अंकुरित गेहूँ की पिसाई करने लगा। तभी बापू कमरे से बाहर आए। उन्होंने मुझे देख कर भौंहें चढ़ा लीं।

उन्होंने कहा, ''मैं सोच रहा था कि तुम चक्की को रसोई में ले गए थे।''

मैंने कहा, ''बा को जब भी कुछ पीसना होता तो आँगन पार करके रसोई में जाने में दिक्कत होती। इसलिए यह यहीं ठीक है।''

''तो क्यों न हम दूसरी खरीद लें?'' उन्होंने लेखन सामग्री के अपव्ययपूर्ण की मेरी आदत पर कटाक्ष करते हुए कहा, ''इसे रसोई में ले जाओ। इसे बा के पास क्यों रहना चाहिए? मेरी ही गलती है, मैं कल उसे बताना भूल गया। इसे ले जाओ। मैं अभी बा से कह देता हूँ।''

जब मैं चक्की के पत्थरों को उठाए आँगन पार कर रहा था, मुझे बा के कमरे से कहा-सुनी की आवाज़ सुनाई पड़ी और बापू का स्वर ऊँचा होता सुना गया। वे बा को डाँट रहे थे। मैंने जल्द ही यह गौर किया कि सार्वजनिक तौर पर बापू काफी शान्त और सौम्य नज़र आते थे, सबसे चुनौतीपूर्ण स्थितियों में भी एकदम शान्त दिखते थे लेकिन अपने सबसे करीबी व्यक्तियों से वे बुरी तरह खफ़ा हो सकते थे।

इस घटना के बाद कुछ दिनों तक मेरे प्रति बा का व्यवहार ठंडा रहा। मैं जानता था कि गलती मेरी नहीं थी और बा अपने न्यायपूर्ण विवेक से जल्द ही महसूस करेंगी कि उनका गुस्सा ठीक नहीं है। वे मुख्य रसोई की निगरानी करती रहीं और भोजन कक्ष में सबके साथ बैठकर खाती रहीं। भुने हुए गुजराती फरसाण के प्रति अपने लगाव के कारण वे भोजन के मामले में बापू के प्रयोगों से अलग ही रहती थीं।

सौभाग्य से, प्रायोगिक भोजन अपचनीय साबित हुआ। सबसे पहले मुझे पेचिश हुई, उसके बाद सुरेन्द्र भाई और बापू को। मीरा पर उलटा असर हुआ। उन्हें जबरदस्त कब्जियत हो गई। बापू ने प्रयोग तुरन्त बन्द कर दिया और हम फिर पका भोजन खाने लगे।

जहाँ तक आश्रम जीवन की बात थी, मीरा अब बापू की आँख-कान ही नहीं, नाक भी बन गई थीं। गरुड़ की चोंच की तरह टेढ़ी उनकी नाक उनके चौड़े चेहरे पर बेडौल-सी लगती थी मगर घ्राण-शक्ति उसकी प्रबल थी। मैं कल्पना करता था कि उसकी सुरंग में ऐसी नसें होंगी जो फीकी से फीकी गन्ध को भी पकड़कर मस्तिष्क को उसकी सही पहचान करा देती थीं। बापू गन्ध के मामले में कोरे माने जाते थे। उनकी नाक केवल साँस लेने और चश्मे को टिकाने में काम आती थी। घ्राण अनुभूति के मामले में वे मीरा पर निर्भर थे। कानपुर कांग्रेस अधिवेशन में आने वाले हजारों प्रतिनिधियों और कार्यकर्ताओं के लिए बापू ने सुझाव दिया था कि शिविर में गड्ढे वाले शौचालय बनाए जाएँ। अधिवेशन से एक दिन पहले बापू से व्यवस्था की जाँच करने को कहा गया तो उन्होंने गन्ध वगैरह के मामले की जाँच के लिए मीरा को साथ ले लिया था। इस कवायद में मीरा के सहायक के रूप में मुझे एक खास तरह की हरकत करनी पड़ती। मुझे अपनी ऊँची जाति वाली परवरिश से मिली कठोर वर्जनाओं को तोड़ते हुए अपने साये को लाँघना पड़ता। हर बार मुझे अपने स्वभाव से विद्रोह करना पड़ता। मैं खुद को यह नहीं समझा पाता कि मल वगैरह की प्रतिक्रिया में उबकाई वगैरह आना ठीक नहीं है, कि मेरे अवचेतन में जो यह बसा था कि शरीर कचरा बनाने वाली मशीन है वह बचपन में मन में बिठाई गई बातों का नतीजा है और उसे उस समय की कई गलत धारणाओं के साथ त्याग देना है।

मेरा पहला अनुभव ही बेहद खराब रहा। मुझे पता नहीं था कि उस सुबह मीरा

जब रसोई में आईं तो मेरे लिए क्या बदा था। वे कुछ हड़बड़ी में थीं और तुरन्त नहा कर निकली दिख रही थीं, अपने खुले बालों पर साड़ी का पल्लू ठीक ही कर रही थीं। मैं आलुओं की छिलाई खत्म करके सामने पड़े बैंगनों के ढेर को काटने के लिए चाकू उठाने के लिए मुड़ा ही था, खिड़की से आ रही सूरज की किरणों में बैंगन के रेशमी छिलके चमक रहे थे। नदी के किनारे से आ रही गरम-सी हवा संकेत दे रही थी कि दिन काफी गरम रहने वाला है।

मीरा ने कहा, "बापू से पहले हम लोगों को वहाँ पहुँच जाना चाहिए। आप जानते हैं, वे वक्त के कितने पाबन्द हैं।"

मैंने उठते हुए पूछा, "हम कहाँ जा रहे हैं?"

मीरा बोलीं, "बस मेरे साथ चलिए।" और वे दरवाजे की चौखट से बचने के लिए अपने तने हुए लम्बे शरीर को झुकाते हुए बाहर निकल गईं।

आश्रम के पीछे बगीचे में पुरुषों के शौचालय के सामने श्याम इन्तज़ार करता हुआ खड़ा था। वह एक अस्पृश्य युवक था। बापू ने दस साल की अस्पृश्य बच्ची लक्ष्मी को अपनी बेटी के रूप में गोद लिया था, उसके बाद श्याम आश्रम में अस्पृश्य जाति का दूसरा सदस्य था। वह पच्चीस साल का था मगर अपनी उम्र से बड़ा दिखता था। उसका काला चेहरा चेचक के दाग़ से भरा था। वह बापू के लिए एक विशेष सदस्य था, इसलिए नहीं कि वह अस्पृश्य जाति का था बल्कि इसलिए कि उसे अकसर रहस्यमय बीमारियाँ होती रहती थीं। ये बीमारियाँ बापू को अपनी पसन्दीदा भूमिका निभाने का अवसर प्रदान करती थीं। वे एक ऐसे डॉक्टर की भूमिका में आ जाते थे जो उपचार की प्रचलित विधियों से हट कर अपने प्रयोग करता था। मुझे बापू की एक चिट्ठी की याद आती है, जो शायद उन्होंने हक़ीम अमज़द अली को लिखी थी। उन्होंने लिखा था कि उन्हें ये प्रयोग स्वतन्त्रता संघर्ष जितने ही प्रिय हैं और इनमें उन्हें वही आनन्द मिलता है जो स्वतन्त्रता संघर्ष में मिलता है। किसी बीमार आश्रमवासी की जाँच करने और उसका उपचार बताने में बापू को ज़ितनी खुशी मिलती थी उतनी शायद ही किसी और काम में मिलती होगी।

बापू सुबह का अपना पत्राचार का काम खत्म करके जल्दी ही हमारे पास आ गए। श्याम के चेहरे पर गर्व, शर्म और परेशानी का मिला-जुला भाव उभर आया था। आखिर वह और उसका उत्पाद बड़े लोगों के ध्यान का केन्द्र बन गया था। बापू के आने के बाद उसके मल की जाँच शुरू हुई। उसका मल जमीन पर मलमल के एक कपड़े पर रखा था।

इस जाँच में, जिसमें श्याम सहायक भूमिका निभा रहा था, बापू का उत्साह देखने लायक था। वे कह रहे थे, "जरा सोचो मीरा, हमारे कितने गरीब देशवासी श्याम की

तरह अपच और पेचिश के शिकार होते हैं। साफ-सफाई और स्वास्थ्य सम्बन्धी शिक्षण ही इसका एक समाधान है। दूसरा समाधान है सस्ती और आसानी से उपलब्ध साग-सब्जी का आहार, जिसे गरीब लोग खरीद सकते हैं और पचा सकते हैं।'' करीब दो हफ्ते से श्याम के लिए आहार निश्चित करने का उनका प्रयोग चल रहा था और मीरा उनकी अपरिहार्य सहायक थीं।

अपने गोलाकार, कमानी वाले चश्मे से, जो उनकी नाक की नोंक तक फिसल आया था, बापू एक टहनी से उस पीले मल को खोद-खोद कर जाँच कर रहे थे। उन्होंने विचारपूर्ण मुद्रा में राय दी, ''इसकी और सफाई करने की जरूरत है।'' उन्होंने चश्मा उतारकर उसके शीशों को अपनी धोती के छोर से साफ किया। मीरा ने मेरी ओर देखकर सिर हिलाया और शौचालय के दरवाज़े पर रखे पानी के घड़े की ओर इशारा किया। घड़े के किनारे से लम्बी मूठ लगा टिन का एक डिब्बा लटक रहा था। जब मैंने उस कपड़े पर पानी गिराना शुरू किया तो मीरा ने एक चम्मच से मल को कुरेदना और धीरे-धीरे धोना शुरू किया। पीला पानी मलमल के कपड़े से नीचे बहने लगा और कपड़े पर ठोस अघुलनशील तत्त्व रह गए। मैं समझ गया कि यह सब इसलिए किया जा रहा था ताकि पता चले कि कौन-से खाद्य तत्त्व पच नहीं पाए और इसलिए उन्हें भोजन से काटा जाना चाहिए। जब भी कोई सन्देह उभरता, आँखों से निरीक्षण कर रहे बापू मीरा की घ्राण विशेषज्ञता का सहारा लेते।

सूरज चमक रहा था, पक्षी कलरव कर रहे थे, श्याम का मल बदबू फैला रहा था, धूप की गरमी के साथ वह बदबू और तेज हो रही थी। मैं बदबू के बावजूद उबकाई रोकने की कोशिश कर रहा था, जिससे मेरी आँखों में पानी भर आया था। लेकिन बाकी लोग बेखबर थे, खासकर श्याम क्योंकि वह बदबू उसकी अपनी थी। उसके लिए तो वह स्वामित्व का मामला था। कपड़े के ऊपर सूखते उसके अपने मल की उपस्थिति उस बदबू पर हावी हो रही थी, भले ही यह सब दूसरों के लिए असह्य रहा हो।

मीरा की घ्राण विशेषज्ञता केवल नैसर्गिक देन नहीं थी बल्कि यह उनके दादा की गाँव वाली जायदाद पर बीते उनके पूरे बचपन के दौरान सान पर चढ़ी थी। वहाँ एक बेकार पड़ा कुआँ था जिसे एक सड़ते हुए लकड़ी के तख्ते से ढँक दिया गया था। उसके साथ जंग खाता पम्प, बाल्टी और चरखी भी थी। मेडलिन की वह पसन्दीदा जगह थी, जो जलकुम्भी, फफूँद और काले शैवाल की मिली-जुली गन्ध से उनका स्वागत करती थी। फिर खलिहान था, जो पुआल और भूसे और सूखी फसल की गन्ध से भरा होता था। मेडलिन की नाक घोड़ों की रगड़ाई करने, सुअरों और मुर्गियों को चारा देने, जर्सी गायों को दुहने—जिनके दूध की धार को बाल्टी में एक

खास आवाज़ के साथ बाल्टी में गिरते देखना उन्हें बहुत अच्छा लगता था—की कवायदों में तरह-तरह की पशु गन्धों की आदी हो चुकी थी। वे अस्तबलों, मुर्गियों के दड़बों, सुअरों के बाड़ों, गायों के बथानों की सफाई में भी हाथ बँटाती थीं और इन सबमें दिन के समय और मौसम के साथ-साथ गन्ध भी अलग-अलग तरह की आती थी। जाड़े के दिनों में अलबत्ता ये गन्ध लगभग नहीं आती थी। ढलानों में टहलते हुए वे अकसर झाड़ियों और पौधों के आगे रुक जाती थीं और उगते फूलों की खुशबू लिया करती थीं। मिल्टन हीथ के लोहे के फाटक के बाहर लगा रोडोडेंड्रन फूलों का पेड़ और गली में करीब 100 गज दूर सूखता शाहबलूत का पेड़ उनका पसन्दीदा था। टहलकर लौटते हुए वे कभी-कभी इस पेड़ के तने से लिपट जातीं और अपनी नाक उसकी छाल में घुसाकर पेड़ की सड़न की गन्ध लिया करतीं। यह अलग तरह की हल्की, विषादपूर्ण-सी गन्ध थी—पौधे के रस के सूख जाने के बाद उसके अन्तिम अवशेषों की शुष्क-सी गन्ध। वे कई गन्धों के मिश्रण में से किसी खास गन्ध को तो पहचान सकती ही थीं, अपने ध्यान की खास अवस्था में एक साथ कई गन्धों को सूँघ भी सकती थीं। हर गन्ध अपने ऊपर विशेष ध्यान देने की माँग करती है, वे एक-दूसरे को फीका करने की होड़ करती हैं। इसका नतीजा यह होता है कि वे किसी गन्ध को लेकर सजग नहीं हो पातीं। ऐसे अनुभव के दौरान उन्हें अपने भीतर गन्ध को लेकर काफी सटीक एहसास होते थे, जो सूँघने की सक्रिय कोशिशों में नहीं महसूस होते थे। वे कहतीं, ''यह संगीत के क्षैतिज और ऊर्ध्व श्रवण में अन्तर जैसी चीज है।'' मैं कभी नहीं समझ पाया कि उनके इस कथन का अर्थ क्या था लेकिन यह मान लेता था कि ऐसे मौकों पर वे गन्ध की उच्चतम अनुभूति में रमे योगी जैसी बन जाती थीं।

दुर्भाग्य से यह वैसा मौका नहीं था, शायद इसलिए कि उनका ध्यान स्थिर नहीं था या इसलिए कि तेज बदबू खाद्य पदार्थों के टुकड़ों की गन्ध पर हावी थी।

बापू ने निर्देश दिया, ''इसे कुछ देर धूप में सूखने दो ताकि मल की गन्ध उड़ जाए। मीरा की नाक अलग-अलग खाद्य पदार्थों की गन्ध पहचान सकती है।''

उन्होंने श्याम के कन्धे को थपथपाया और मुस्कुराते हुए बोले, ''यहीं बैठना और देखना कि कौवे न आएँ।''

उस दृश्य की अन्तिम छवि मेरे मन में मायूस श्याम की है, जो सामने कपड़े पर सूख रहे मल की रखवाली जमीन पर बैठ कर, दाहिने हाथ में छड़ी उठाए कर रहा था। उसकी आँखें अपनी कुटिया की तरफ जाते बापू का भक्ति भाव के साथ पीछा कर रही थीं। बापू मीरा से विचार-विमर्श में मशगूल थे और मीरा को उनसे कदम मिलाकर चलने में कोई परेशानी नहीं हो रही थी।

उसी गरमी के दिनों में एक शाम प्रार्थना सभा की समाप्ति पर मीरा ने सभा में शिकायत की कि कुछ भाई-बहन स्नानघर में 'पैशाब' किया करते हैं। जब उन्होंने अंग्रेज मेम (हालाँकि अब हम उन्हें मेम नहीं मानते थे) की तरह 'पेशाब' की जगह 'पैशाब' का उच्चारण किया तो उनका हिन्दी शिक्षक होने के नाते मैंने आँखें तरेरीं। लेकिन बापू काफी नाराज हुए, "कितनी गन्दी आदत है यह! नहाने की जगह पर पेशाब करना राक्षसी वृत्ति है या घृणित कर्म। गलती करने वाले अगर यह सोचते हैं कि पानी से पेशाब की गन्ध बह जाएगी तो वे गलत हैं। मीराबेन की नाक को धोखा नहीं दिया जा सकता।"

लेकिन बापू ने जिसे राक्षसी वृत्ति कहा था वह गायब नहीं हुई। मीरा अकसर साझा स्नानघर में सूँघ लेतीं और शिकायत करतीं कि स्त्री-पुरुष दोनों नहाने के दौरान पेशाब करते हैं।

ग्यारह

उस साल जनवरी और जुलाई के बीच गांधीजी केवल एक सप्ताह के लिए मई में आश्रम से बाहर निकले, जब बम्बई के गवर्नर ने लॉर्ड लिनलिथगो की अध्यक्षता में भारत सरकार के द्वारा गठित कृषि आयोग के सदस्यों से उनकी मुलाक़ात के लिए उन्हें आमन्त्रित किया। यह बैठक पहाड़ी पर्यटन स्थल महाबलेश्वर में एक दिन के लिए हुई। गांधीजी ने इस मौके का इस्तेमाल कुछ बीमार रिश्तेदारों और मित्रों से भी मिलने में किया। उनके पुत्र देवदास बम्बई में एपेंडिसाइटिस का ऑपरेशन करवाने के बाद स्वास्थ्य लाभ कर रहे थे, मथुरादास देवलाली में बीमार थे, काका कालेलकर पूना में, और मीरा के मेजबान बहराम खंबाटा बम्बई में थे।

पूरे देश में जो लोग चाहते थे कि गांधीजी राजनैतिक और अराजनैतिक कार्यक्रमों में आएँ और भाषण दें, वे हैरान थे कि गांधीजी हर निमन्त्रण को, यहाँ तक कि अपने प्रिय मुद्दों से जुड़े कार्यक्रमों के निमन्त्रण को भी इनकार कर रहे थे। उन्हें आश्रम में बाँधे रखने वाले कारणों को लेकर कई अटकलें लगाई जा रही थीं। यहाँ तक अंग्रेज अधिकारी भी अटकलें लगा रहे थे (यह आज़ादी के बाद सरकारी दस्तावेजों के उपलब्ध होने के बाद पता चला)। क्या यह इसलिए था कि भारत का स्वाधीनता आन्दोलन स्थगित अवस्था में था? या उन्होंने फैसला कर लिया था कि पहले कांग्रेस में दो गुटों के बीच दरार को पाटना जरूरी है? कांग्रेस में एक गुट सरकार से असहयोग जारी रखने के पक्ष में था, दूसरा गुट अंग्रेजी राज को भीतर से चुनौती देने के लिए चुनाव के जरिए राज्यों की विधायिकाओं में प्रवेश करना चाहता था। इस उलझनपूर्ण और निष्क्रिय स्थिति के कारण कुछ लोग यह सोचने लगे थे कि गांधीजी सार्वजनिक जीवन से संन्यास तो नहीं लेना चाहते हैं।

इन महीनों में गांधीजी आश्रम के विद्यालय में पढ़ाते रहे, प्रार्थना सभाओं में गीता पर प्रवचन देते रहे, आश्रम का कामकाज देखते रहे और पत्राचार का अपना भारी कामकाज करते रहे। सबके ऊपर, वे गुजराती में आत्मकथा लिखने में डूबे रहे। अध्याय दर अध्याय इसके अंश 'नवजीवन' में धारावाहिक छपते रहे। महादेव भाई को इसका अंग्रेजी अनुवाद करने का जिम्मा सौंपा गया ताकि उसे 'यंग इंडिया' में

धारावाहिक प्रकाशित किया जाए। अनुवाद में उन्हें मीरा का अमूल्य सहयोग प्राप्त हुआ। यह आत्मकथा भारतीय आत्मकथा लेखन के इतिहास में अद्वितीय थी क्योंकि गांधीजी ने इसमें अपने आन्तरिक द्वन्द्वों और प्रेरणाओं को, जो उन्हें ज्यादा से ज्यादा उलझाए रखती थीं, खोल कर सामने रखते हुए ईमानदार आत्म-विश्लेषण किया है। इसने उन्हें थोड़ा तुनकमिजाज़ बना दिया था।

फिर आगंतुकों की अन्तहीन कतार लगी रहती थी। मीरा को मना कर दिया गया था कि वे किसी को गांधीजी के कमरे में जाने से नहीं रोकेंगी लेकिन उन्हें यह छूट दी हुई थी कि अगर उन्हें लगे कि किसी के साथ बातचीत काफी लम्बी खिंच रही है और बापू को मुक्त कराने की जरूरत है तो वे बातचीत को रोक सकती हैं। बेशक ऐसे भी आगंतुक थे, जिनमें उनके करीबी राजनैतिक सहयोगी शामिल थे, जिनकी बैठकों को इस तरह नियन्त्रित नहीं किया जा सकता था। ऐसे मामलों में मीरा कमरे के बाहर बरामदे पर इस तरह बैठती थीं कि अन्दर बैठे आगंतुक को दिख सकें। इस तरह उनकी उपस्थिति मूक पहरेदार जैसी होती थी। एक बार जब महादेव भाई बीमार थे तब मीरा को बापू के प्रमुख राजनैतिक योद्धाओं के साथ बैठक के मौके पर उनके सचिव का काम करने को कहा गया। कांग्रेस की राजनीति, अंग्रेजों के खिलाफ पार्टी की नीति में परिवर्तन के पक्षधरों और विरोधियों की अन्तहीन बहस, गांधीजी के रचनात्मक कार्यक्रमों को अपनाने या फौरी तथा प्रत्यक्ष राजनैतिक कार्रवाई शुरू करने के सवालों पर विचार-विमर्श से ऊबीं मीरा का ध्यान थोड़ा भटक गया। तब उन चार महानुभावों की बातें टुकड़ों में ही सुनाई देने लगीं। बस उनके चेहरे, खासकर उनकी नाकों की छवियाँ एक-दूसरे से होड़ लेती दिखीं। सरदार पटेल की नाक चौड़ी थी, नथुने फैले हुए थे और छिद्र बड़े थे। नेहरू की नाक पतली और थोड़ी घुमावदार थी और वे जब आवेश में आते तो नाक की नोंक गुलाबी हो जाती। सबसे प्रभावशाली नाक अफ़ग़ानिस्तान की सीमा पर पश्चिमोत्तर सीमा प्रान्त के पठानों के नेता अब्दुल गफ्फार खान की थी। 'सीमान्त गांधी' के नाम से मशहूर खान की नाक चेहरे से जुड़ी हुकनुमा चीज लगती थी और यह चेहरे जितनी ही लम्बोतरी थी।

शाम में जब केवल खामोश बा उनके साथ होतीं तब बातचीत में बापू कभी-कभी दिन में आए आगंतुकों के बारे में बातें करते। उनकी टिप्पणियाँ उदार मगर चतुराई भरी होतीं। वे लोगों की कमजोरियाँ भाँप लेते थे मगर फिर भी उन्हें चाहते थे। लेकिन यह उदारता वे अपने प्रति कभी नहीं बरतते थे। वे मीरा से कहते, "हम किसी को उसकी खूबियों के लिए प्यार नहीं करते। वह तो आसक्ति होगी। प्यार तो वह है जो उसकी कमजोरियों के बावजूद होता है। प्यार में आदर्शीकरण की गुंजाइश नहीं होती।" एक बार नेहरू एक दिन के लिए आश्रम में ठहरे। वे बापू की कुटिया में

अतिथि कक्ष में ठहरे थे। मीरा ने देखा कि जब खूबसूरत अम्तुस्सलाम बापू के कमरे की ओर जाते हुए नेहरू के सामने से गुजरीं तो नेहरू का चेहरा चमक उठा। मीरा ने शाम में इसकी चर्चा गांधीजी से की। बापू हँस दिए और कहा, ''देखो, नेहरू को दो चीजें बहुत पसन्द हैं—राजनीति और औरतें।''

लेकिन मीरा को आकर्षक नेहरू खासतौर से बहुत पसन्द नहीं थे। वे उनके चर्चित आकर्षण से खुद को अछूती मानती थीं। बापू नेहरू का जिस तरह पक्ष लेते थे उसे मीरा नापसन्द करती थीं। बापू ने यहाँ तक किया कि अपना कमोड जवान नेहरू के कमरे में रखवा दिया ताकि उन्हें आम शौचालय में जाने की असुविधा न उठानी पड़े। वे समझ नहीं पाती थीं कि बापू नेहरू के प्रति इतने आकर्षित क्यों थे। उन्हें लगता, कहीं यह इसलिए तो नहीं है कि नेहरू उनसे जिस उत्साह से असहमति व्यक्त करते थे वह उन्हें अच्छा लगता था। मीरा ने गौर किया था कि जो लोग बापू का प्रतिरोध या उनकी आलोचना करते थे उनके प्रति वे उन लोगों से ज्यादा आकर्षित होते थे, जो उनसे तुरन्त सहमत हो जाते थे। वे प्रशंसा से ज्यादा आलोचना से अनुग्रहीत होते थे। आलोचना से वे गुप्त प्रसन्नता अनुभव करते थे और यह उन्हें वैसी ही स्फूर्ति से भर देती थी जैसी ठंडे पानी से स्नान करने पर मिलती है।

गवर्नर के निमन्त्रण पर बैठक में भाग लेने के लिए गांधीजी जब बम्बई की ट्रेन पकड़ने गए तो मीरा भी महादेव भाई, मगनलाल भाई और सुरेन्द्र भाई के साथ उन्हें विदा करने स्टेशन गईं। मीरा प्लेटफॉर्म पर खड़ी देख रही थीं, डिब्बे की खिड़की की छड़ों के पीछे से गांधीजी का गम्भीर चेहरा झाँक रहा था। उनकी रवानगी की खबर सुन कर वहाँ भीड़ इकट्ठी हो गई थी और गांधीजी हाथ जोड़ कर भीड़ का अभिवादन कर रहे थे। तभी अचानक मीरा आश्चर्य में पड़ गईं कि उनकी आँखों से आँसू बहने लगे और वे रुकने का नाम नहीं ले रहे थे। ये आँसू उनके हृदय के किसी कोने से फूट रहे थे, वे आँसू उनके अपने नहीं थे। वे मानो अजनबियों की तरह उनकी आँखों और अश्रु वाहिकाओं पर हावी हो गए थे।

गार्ड ने जब सीटी बजाई और हरी झंडी लहरा कर गुजरात मेल की रवानगी का इशारा किया तो आँसुओं में छिपी उदासी, हृदय के अब तक अनजाने विचित्र भारीपन ने इस कदर हमला किया कि वे अपने उदर की गहराई में ऐंठन महसूस करने लगीं। उनकी आँखें आँसुओं के कारण धुँधली हो गईं, दर्द की एक हूक गले से निकल पड़ने को बेताब थी, जिसे दबाने की कोशिश में वे यह न देख पाईं कि गांधीजी उनकी ओर चिन्तातुर नज़रों से देख रहे थे, जबकि रेलगाड़ी स्टेशन से सरकने लगी थी।

अहमदाबाद के एक कपड़ा मिल मालिक द्वारा उपहार में दी गई टी मॉडल की काली फोर्ड कार में आश्रम लौटते हुए मीरा संयत हो चुकी थीं। लेकिन यह प्रकट संयम एक तरह की निस्पन्दता की कीमत पर आया था। उनसे अलग गुजराती में बातें कर रहे पुरुषों ने जान-बूझकर उनके चेहरे पर उभरी पीड़ा की अनदेखी कर रखी थी। उनकी बड़ी-बड़ी आँखें छोटी और बेजान हो गई थीं, उनकी त्वचा गले के नीचे तक लाल चित्तीदार हो गई थी।

अपनी कुटिया में पहुँचते ही मीरा ने सीधे अपनी किताबों की सन्दूक खोली और किताबों के ढेर में से रोमाँ रोलाँ की लिखी बीदोवेन की जीवनी निकाली, जिसे उन्होंने यहाँ आने के बाद खोला नहीं था। जैसे ही उन्होंने उसे खोला, एक सूखी चित्तीदार पत्ती लहराती हुई गिर पड़ी। मीरा ने सावधानी से उठा कर उसे उन्हीं पन्नों के बीच रख दिया जहाँ से वह गिरी थी। चटाई पर, जो उनका बिस्तर भी थी, बैठते हुए वे किरासन की एक लालटेन की पीली रोशनी में रोलाँ के जीवन्त गद्य में डूब गईं। उनके सुरीले वाक्य उनके हृदय में मानो ढोल की थापों और 'पीड़ा से आनन्द की ओर चलो' के समवेत गान के साथ प्रवेश कर रहे थे। यह गान बीदोवेन के अपने जीवन का भी मन्त्र था। आज रात वे विएना के दक्षिण में स्थित जंगलों की ठंडी छाया में विचरण करेंगी। उनका आत्मबल उनका मार्गदर्शन करेगा।

गांधीजी अहमदाबाद से दस दिन बाहर रहे और मीरा हर दिन उन्हें पत्र लिखती रहीं। ये पत्र आश्रम के जीवन का जीवन्त ब्यौरा प्रस्तुत करते हैं। वे गांधीजी को बताते हैं कि एक आश्रमवासी को एपेंडिसाइटिस के शक में अस्पताल में दाखिल कराया गया, कि मीरा ने एक बछड़े को जन्म लेते देखा, कि उन्होंने कितना सूत काता, कि उन्होंने कौन-कौन-सी किताब पढ़ी और उन पर उनकी राय क्या है। पहला पत्र उन्होंने हिन्दी में लिखा ताकि बापू गर्व कर सकें कि उन्होंने हिन्दी सीखने में कितनी प्रगति की है। इसमें अन्त में उन्होंने अंग्रेजी में लिखा–'आइ मिस यू' (आपकी कमी खल रही है)। लेकिन इसके अलावा किसी पत्र में उन्होंने विदाई और उसके कारण उन्हें हो रही पीड़ा का कोई जिक्र नहीं किया। लेकिन जिस आवृति के साथ पत्र लिखे गए वह दर्द का बयान करती है। गांधीजी ने भी प्रायः हर दिन पत्र लिखा, भले ही उनके कुछ पत्र एक पोस्टकार्ड पर जल्दबाजी में लिखे चन्द वाक्यों वाले पत्र थे। 10 मई को देवलाली से लिखे अपने पहले पत्र को छोड़ दूसरे किसी पत्र में गांधीजी ने विदाई और उसके कारण मीरा के भीतर या खुद अपने भीतर उठी भावनाओं का जिक्र नहीं किया।

चिरंजीव मीरा,

तुमने बहुत बढ़िया हिन्दी में पत्र लिखा है। अस्पताल 'से छोड़ेगा' नहीं, 'छूटेगा'

होना चाहिए। 'छोड़ेगा' सकर्मक क्रिया है इसलिए इसके साथ कारक 'से' लगाने की जरूरत नहीं है बल्कि उसे अकर्मक क्रिया 'छूटेगा' के साथ लगाना चाहिए।

मुझे पता था तुम्हें अलग रहना खल रहा होगा। तुम इससे उबर जाओगी क्योंकि इससे उबरना ही होता है। कुछ दिनों का वियोग मृत्यु के कारण होने वाले लम्बे वियोग के लिए तैयार करता है। वास्तव में, वियोग एक सतही चीज है। मृत्यु हमें करीब लाती है। यह शरीर अगर एक परिचय है तो क्या यह एक बाधा भी नहीं है?

प्यार के साथ

तुम्हारा बापू

बापू की वापसी के कुछ हफ्ते बाद उनके सम्बन्धों में एक सूक्ष्म परिवर्तन होता लगा। मैं इसे 'सूक्ष्म' कहता हूँ क्योंकि आश्रम में अधिकतर लोग इससे अनभिज्ञ रहे। लेकिन बा अनभिज्ञ नहीं थीं बल्कि उन्होंने ही अनजाने में मुझे इसके बारे में सचेत किया। या शायद उन्होंने अनजाने में यह नहीं किया क्योंकि सीधी-सादी पारम्परिक गुजराती गृहिणी नज़र आनेवाली बा भी चतुर दिमाग वाली थीं। उन्होंने हिन्दी पढ़ने में मीरा की दिलचस्पी में कमी और आम सुस्ती की एक वजह बताई, हालाँकि मैं इसे अगस्त महीने की उमस भरी गरमी का नतीजा मान रहा था।

बा आमतौर पर ईर्ष्यालु नहीं थीं। विवाह के शुरुआती दिनों में बापू एकाधिकार जताने के मामले में जितने उग्र थे, बा उनसे निश्चित ही कहीं ज्यादा उदार थीं। जब बापू ने दक्षिण अफ्रीका में 20 साल पहले अपना पहला आश्रम फीनिक्स फार्म बनाया तब से बा बापू के जीवन में औरतों की कतार की आदी हो गई थीं। महिलाएँ उत्कट भावनाओं के साथ आती थीं। कोई श्वान जैसे मूक समर्पण के साथ आती, तो कोई भड़कीले और महत्त्वाकांक्षी सम्मोहन के साथ। बा को जब लगता कि बापू किसी औरत की मूर्खता को ज्यादा ही तरजीह दे रहे हैं या किसी के प्रति असामान्य दिलचस्पी दिखा रहे हैं तब वैसी अवस्था में अपनी खीझ जताना बहुत अच्छी तरह जानती थीं। वे कहती भी थीं कि "परिवार में एक ही सन्त काफी है।" वे आमतौर पर उन औरतों से विनम्र दूरी बनाए रखती थीं, जो बापू के करीब आना चाहती थीं। उन्हें इससे कोई फर्क नहीं पड़ता था कि कोई औरत बापू को छोड़ बाकी सबकी उपस्थिति की अनदेखी करते हुए उनकी उपेक्षा करती थी या वह बा की चापलूसी करके बापू के करीब आना चाहती थी।

मीरा के मामले में बात अलग थी, और यह बा को उनके आगमन के पहले दिन से पता चल गया था। यह केवल मीरा के प्रति बापू के विशेष पक्षपात का मामला नहीं था, जो सबके सामने स्पष्ट था बल्कि इस अंग्रेज महिला ने उस जगह पर

अतिक्रमण कर लिया था जहाँ उससे पहले किसी औरत ने नहीं किया था। बा बापू का खाना तैयार करती थीं और परोसती थीं, उनके पैरों की मालिश करती थीं, उनके सिर पर घी मलती थीं। ये सारी क्रियाएँ इस दम्पति के शारीरिक और मानसिक जगत के साझेपन की बाह्य अभिव्यक्तियाँ थीं। बा के लिए ये सब पति सेवा की पारम्परिक क्रियाएँ भर नहीं थीं बल्कि दोनों के बीच आवश्यक संवाद का माध्यम थीं, एक-दूसरे तक पहुँचने के अनन्त सूक्ष्म संकेतों का खेल थीं। मीरा ने इस मजबूत तार को काट दिया था।

मीरा ने बापू की निजी आवश्यकताओं को पूरा करने के कई उपक्रम अपने हाथ में ले लिये थे और बा ने चुपचाप इसे स्वीकार कर लिया था। उन्होंने गौर किया था कि हर शाम जब मीरा और बापू बातें करते थे तो बापू की भंगिमाएँ असामान्य हो जाती थीं। बा ने महसूस किया कि जब भी वे मीरा के साथ होते थे उनमें एक स्फूर्ति भर जाती, जो बा को उनकी उपस्थिति से बहिष्कृत कर देती, बा के लिए उनके दिमाग को बन्द कर देती, भले ही बा का हाथ उनके सिर पर घी मल रहा होता। लेकिन इधर व्यवस्था में हालाँकि परिवर्तन नहीं हुआ था और मीरा अभी भी बापू के कपड़ों और खाने का इन्तज़ाम देखतीं और उनके कमरे की सफाई के अलावा शाम का समय उनके साथ बितातीं फिर भी बा ने महसूस किया कि बापू के साथ उनका जो बुनियादी जुड़ाव है वह फिर से जीवन्त हो रहा है।

उस रोज मैं रसोईघर में सब्जी काटने का अपना काम खत्म करके बाहर निकला ही था कि बरामदे में मूँग दाल की पिसाई कर रहीं बा ने पूछा, ''मीरा कहाँ है नवीन? मैंने उसे परसों से देखा नहीं।''

मैंने जवाब दिया, ''उनकी तबीयत ठीक नहीं है। उन्होंने हिन्दी की पढ़ाई भी नहीं की। वे कह रही थीं कि उन्हें थकान महसूस हो रही है।''

''उससे कहना कि कुछ दिन आराम करे,'' बा की बातों में सहानुभूति का पुट न्यूनतम था, ''उसे बापू के बारे में चिन्ता करने की जरूरत नहीं है। उनकी अच्छी देखभाल हो रही है। उससे कहना कि दो दिन से बापू का रक्तचाप नीचा है।''

अगले चार वर्षों में मीरा के जीवन और बापू के साथ उनके सम्बन्धों में काफी बदलाव आने वाला था। जुलाई 1926 में मैंने आश्रम छोड़ दिया। लेकिन मैं एक उपन्यासकार की कलम से उस अवधि में हुई घटनाओं का विवरण प्रस्तुत करने की छूट लूँगा।

मीरा के प्रति गांधीजी का व्यवहार अजीबोगरीब होता जा रहा था। इससे परेशान होकर मीरा ने फिर रोलाँ की शरण ली। 30 अगस्त 1926 को उन्होंने उन्हें पत्र में

लिखा–"...मेरे प्रिय मित्र, मैं अच्छी तरह हूँ, लेकिन करीब एक साल पहले मैं जिस ऊर्जा के साथ भारत में आई थी उससे कम ऊर्जा अनुभव कर रही हूँ। शायद यह मौसम के कारण हो। करीब एक पखवाड़े से, जब से बारिश रुकी है, पृथ्वी सूरज की गरमी से उबल रही है। इस क्षेत्र में अगस्त की धूप बहुत तेज होती है और पृथ्वी की नमी जब सूखती है तब गरमी और उमस बेतरह बढ़ जाती है। मैं जब आपको पत्र लिख रही हूँ, दिन का यह सबसे ठंडा समय है। मैं लालटेन की रोशनी में लिख रही हूँ और बाहर सुबह उतर रही है अपनी पीली आभा के साथ और मेरी कुटिया की खिड़की के चौखट की छाया उभरने लगी है।

"लेकिन मेरे शरीर की सुस्ती से ज्यादा मेरी आत्मा दुख दे रही है। आप अनुमान लगा सकते हैं, इसका ताल्लुक बापू से है। वे मेरे साथ हमेशा गम्भीर रहे हैं। दूसरों के साथ वे खूब हँसते हैं, खुले दिल से हँसते हैं। लेकिन मेरे साथ वे कभी नहीं हँसते। अब तो वे अकसर चिड़चिड़े हो उठते हैं और छोटी-सी बात पर भी डाँट देते हैं। कल मैंने देखा कि उनकी एक चप्पल टूटी हुई है। मैं उसे लेकर आश्रम के फाटक के बाहर बैठने वाले मोची के पास ले गई। जब मैं लौटी तो वे चप्पल को ढूँढ़ रहे थे। उन्होंने मुझसे पूछा कि मैंने उसे देखा है। मैंने उन्हें बताया कि वह मोची के पास है। उन्होंने मुझसे व्यंग्य से पूछा कि क्या मैंने मोची के पैसे तय किए हैं या यह उम्मीद कर रही हूँ कि महात्मा के नाम पर वह मुफ्त में काम कर देगा। मैंने बताया कि वह आठ आने लेगा। वे गुस्सा हो गए, 'न तो तुम और न मैं एक पैसा कमाता हूँ। फिर यह खर्च कौन उठाएगा? चप्पल वापस ले आओ।' मैं भाग कर मोची के पास गई, उसे सारी बात समझाई और चप्पल वापस माँगी। जब उसे पता चला कि चप्पल बापू की है तो वह बहुत खुश हुआ और बिना पैसे लिये चप्पल बनाने को तैयार हो गया। वह टूटी हुई चप्पल वापस करने को राजी नहीं था क्योंकि उसे महात्मा की सेवा करने का मौका मिला था। मुझे उस मोची को बापू के पास लेकर आना पड़ा। बापू कुछ अंग्रेज आगंतुकों के साथ बैठे थे। मैंने उन्हें सारी बात बताई। बापू का मूड बदल गया था। उन्होंने मेरी अनदेखी करते हुए मोची से हँस कर कहा, 'अगर तुम सचमुच मेरी सेवा करना चाहते हो तो क्यों नहीं मेरे शिक्षक बन जाते और मुझे जूते-चप्पल सीने का काम सिखा देते?' मोची तो बेहद खुश हुआ। बापू ने उसे अपनी जगह पर बैठाया और वहीं उसी समय चप्पल की मरम्मत करना सीखने लगे और मेहमानों से बातें भी करते रहे। वे लगातार मेरी अनदेखी करते रहे।

"शाम को उनके साथ बैठने का जो अवसर पाने के लिए मैं दिन भर इन्तज़ार किया करती थी वह अब उतना खुशनुमा नहीं रहा जितना पहले होता था। दरअसल, बम्बई से उनकी वापसी के बाद मैं देख रही हूँ कि वे मुझसे कुछ सिमटे रहते हैं और

यह सिमटाव बढ़ता गया है। जब मैं बात करती हूँ तो वे सुनते जरूर हैं लेकिन उनके चेहरे पर खुलापन अब कम रहता है, उनकी आँखें अपारदर्शी रहती हैं। मौन की उनकी जरूरत बढ़ रही है और हमारे बीच बातचीत कम से कम होती जा रही है। अब वे सप्ताह में एक की जगह दो दिन मौन रखने लगे हैं। अगर वे ऐसा ही चाहते हैं तो मैं उनके पास मौन होकर भी बैठने में खुश रहूँगी, जैसा कि बा उनके सिर पर नारियल तेल मलते हुए रहती हैं। हर शाम का वह एक घंटा, जब हम अपने आपमें बैठते थे, हमारे लिए बहुत मायने रखता था। मैं उस घंटे के लिए दिन भर इन्तजार करती थी, सुबह में जागने के बाद से ही। यह ऐसी ही अनुभूति होती थी जैसे वे मेरी तपती भौंहों पर अपनी ठंडी हथेली रख कर मेरा सारा तनाव दूर कर देते थे, मुझे आत्मवल की उस ऊँचाई पर पहुँचा देते थे जिस पर वे खुद रहते थे। लेकिन उनके मौन की धार अब इसमें जुड़ गई है। मुझे लगता है कि इसमें सन्देश हैं जिन्हें मैं समझ नहीं सकती लेकिन ये मुझे गहरी परेशानी में डालते हैं।

"एक बार मैंने अपने हिन्दी शिक्षक से 'सायलेंस' का हिन्दी अनुवाद पूछा था। (वैसे वे जहाँ घूमने गए हैं वहाँ से अब तक नहीं लौटे हैं) उन्होंने मुझे बताया कि एक शब्द है 'सन्नाटा', जिसमें भय, सदमे और व्याकुलता के तत्त्व समाहित हैं। दूसरा शब्द है 'मौन' जिसमें आन्तरिक शान्ति, सन्तों की विशेषता मानी जाने वाली सर्वव्यापी आत्म शान्ति का भाव जुड़ा है। बापू की शान्ति हमेशा 'मौन' वाली रही है लेकिन अब ऐसा नहीं लगता। अब जब मैं शाम को उनके साथ होती हूँ तो मुझे यह सन्नाटे वाली शान्ति लगती है, वह शान्ति जो जंगल में शेर के गुजरते समय फैल जाती है।

"बापू ने एक बार मुझे कहा था कि उन्हें अपनी गहनतम मान्यताओं का बोध पौ फटने से पहले अँधेरे में तब होता है जब वे अपने बिस्तर पर लेटे रात के आसमान को देख रहे होते हैं, जब चारों ओर सबसे गहरी नीरवता छाई होती है। बीदोवेन के संगीत की तरह बापू का मौन भी प्रार्थना का उदात्ततम रूप है। मुझे डर है कि अब इसमें काफी व्यवधान आ रहा है। मुझे पता नहीं कि ऐसा क्यों हो रहा है। शायद यह उनके बढ़ते रक्तचाप के कारण है। महादेव ने मुझे बताया है कि इसमें काफी उतार-चढ़ाव आता रहा है। कल यह 180/110 था। वे आयुर्वेदिक दवा सर्पगन्धा लेने लगे हैं और मुझे उम्मीद है रक्तचाप जल्द्र ही स्थिर हो जाएगा।

"लेकिन, मेरे सबसे प्रिय मित्र, आपको या मुझे उनके बारे में चिन्ता करने की जरूरत नहीं है। वे मेरे जीवन के जहाज के ध्रुवतारे हैं। हमारे यूरोपियाई महात्मा बीदोवेन से भी ज्यादा, बापू मेरे लिए चेतन और चिरन्तन जीवन के बीच के सबसे मजबूत सेतु हैं। आपने मुझे उन तक पहुँचाया, इसके लिए मैं आपकी शुक्रगुजार हूँ।

अभी एक दिन वे आपको याद कर रहे थे। मैं सोचती हूँ, क्या आप दोनों कभी मिलेंगे।''

अगले दिन एक और पत्र भेजा मीरा ने–

''...आज सुबह मुझे यह जान कर सदमा पहुँचा कि मैंने अपने पिछले पत्र के साथ बापू की आत्मकथा का पहला अध्याय नहीं भेजा, जो 'यंग इंडिया' में अंग्रेजी में धारावाहिक छप रही है। वास्तव में 30 अगस्त को पत्र मैंने इसीलिए लिखा था लेकिन मैं अपनी छोटी-छोटी चिन्ताओं में उलझकर बस भूल ही गई। मुझे मेरी स्वार्थपरता के लिए माफ करें।

'' मुझे पक्का विश्वास है कि अब तक उनके प्रारम्भिक जीवन के बारे में जो कुछ छपा है उस पर लोगों की प्रतिक्रिया के बारे में आप जानना चाहेंगे। आश्रम के बाहर अधिकतर लोग उनकी साफगोई के साहस की प्रशंसा कर रहे हैं। लेकिन वे सत्य के प्रति उनके समर्पण की गहराई से अवगत नहीं हैं। महादेव ने मुझे बताया कि बापू ने अपने जवानी के दिनों में यौन आकर्षणों और अपनी कमजोरियों के बारे में इतने विस्तार से जो लिखा है उस पर सवाल उठाने वाले कुछ पत्र आए हैं। लेकिन वे लोग यह नहीं समझते कि आध्यात्मिक पथ के राही के लिए काम-वासनाओं को बापू सबसे बड़ा रोड़ा मानते हैं। वे लोग उनकी इस मान्यता की गहराई का अन्दाज नहीं लगा पाते कि वासनाएँ सच्चे अन्तर्मन के लिए जहर हैं, कि कामुकता हमारी गहरी लक्ष्य साधना को चोट पहुँचाती है। इस लिहाज से बापू सन्त ऑगस्टाइन जैसे हैं, जिनकी पुस्तक 'कनफेशन्स' से बापू की आत्मकथा की तुलना की जा सकती है। मैं इस बात को जानती हूँ क्योंकि मूल गुजराती से अंग्रेजी में महादेव के अनुवाद का अन्तिम संशोधन मैं कर रही हूँ। बापू ने गुजराती में अपने 'पापों' को जिस तरह उभार कर लिखा है उस तरह अंग्रेजी में उभार कर न लिखने का जो भी सुझाव मैं देती हूँ, उसे वे तुरन्त खारिज कर देते हैं।

'' वे कहते हैं, 'नहीं मीरा, विवाह के प्रारम्भिक वर्षों में मैं सेक्स के प्रति बुरी तरह आसक्त था। मैं कुछ और सोच ही नहीं पाता था। मैं स्कूल से आने के बाद बा को एक पल के लिए भी नहीं छोड़ता था। अगर वे अकसर अपने मायके नहीं जाया करतीं तो मैं शरीर और भावना से नष्ट-भ्रष्ट हो चुका होता। आसक्त और नष्ट-भ्रष्ट ही सही शब्द हैं।'

'' मैं जरूर कबूल करूँगी कि मुझे यह जान कर आश्चर्य होता है कि आज इतनी गम्भीर और गरिमामय बुजुर्ग महिला दिखने वाली बा उनमें इतनी लालसा जगा पाती होंगी, इतनी स्वच्छन्द वासना की वस्तु होंगी। लेकिन मुझे बताया गया है कि छोटे कद की बा काफी आकर्षक लड़की थीं। युवावस्था में उनके बाल काले चमकदार थे,

गोल चेहरे पर आँखें बड़ी-बड़ी और काली थीं, मुँह का आकार सुन्दर था, चिबुक काफी संकल्पवान व्यक्तित्व का परिचय देता था और यह आज भी वैसा ही है।

"दिलचस्प बात यह है कि जो अंश मुझे उनकी कहानी का सबसे मर्मस्पर्शी लगा, उस पर कोई प्रतिक्रिया नहीं हुई। यह वह अंश है जिसमें बापू बताते हैं कि जब उनके पिता एक कमरे में मरणासन्न थे तब वे खुद ऊपर की मंजिल पर अपने कमरे में कस्तूरबा के साथ सहवास कर रहे थे। मेरा खयाल है, लोगों ने बापू की पीड़ा और उनके इस आजीवन पश्चात्ताप का सम्मान किया है कि उनका 'मस्तिष्क उस गम्भीर क्षण में वासना मुक्त नहीं था।' इस अध्याय में उन्होंने लिखा है कि वे आज तक जिस 'कलंक' को नहीं धो पाए उसके प्रति लोग आलोचना का नहीं बल्कि सहानुभूति का भाव रखते हैं।

"महादेव ने मुझे एक पत्र के बारे में बताया, जिसमें किसी ने बापू से पूछा था कि अपने पिता को इसलिए 'अति कामुक' कहना क्या उनके प्रति अनादर नहीं है कि उन्होंने 40 साल की उम्र में तीसरी शादी 22 वर्षीया एक लड़की से की? महादेव ने बताया कि बापू 'इस पत्र से कतई परेशान नहीं हुए। उन्होंने जवाब लिखवाया कि उन्होंने अपने पिता के बारे में लम्बे विचार और पूरे पितृवत सम्मान के साथ लिखा है। लेकिन वे यह नहीं मानते कि प्रिय लोगों की गलतियों को सबके सामने रखना प्यार या सम्मान की कमी दर्शाता है।'

"मेरे परम मित्र, मैं नहीं जानती कि आप उनकी स्वीकारोक्तियों का क्या अर्थ लगाएँगे और उन्हें आप सेंट ऑगस्टाइन की स्वीकारोक्तियों के बरक्स कितना महत्त्व देंगे। मैं जानती हूँ कि सेंट की स्वीकारोक्तियों का आप बहुत सम्मान करते हैं। मनोबल से प्रेरित जीवन जीने की कोशिश में दोनों ने अपनी आवश्यकताओं और वासनाओं की जकड़ के विरुद्ध कड़ा संघर्ष किया। फिर भी मुझे लगता है कि सीधे-सादे सन्त हमारे जीवन्त महात्मा से भिन्न व्यक्ति थे। मैं सन्त ऑगस्टाइन में बापू वाली विनोदप्रियता की शायद ही कल्पना कर सकती हूँ। संगीत सुनते हुए बापू जितने प्रसन्न हो जाते हैं और वे जितनी तेजी से चलते हैं उन सबकी उम्मीद सन्त से नहीं कर सकती। अफसोस कि वे खूबियाँ आजकल गायब हो गई हैं। बापू पता नहीं किस बात को लेकर परेशान रहते हैं। उनका रक्तचाप बढ़ा रहता है और इधर वे तुनुकमिज़ाज़ हो गए हैं, जो कि अस्वाभाविक लगता है। मेरा मन है कि यूरोप आऊँ और आपसे मिलूँ। मुझे पता है कि वे आपको कितना चाहते हैं और आपका कितना आदर करते हैं।"

रोलाँ ने इन दोनों पत्रों का जवाब नहीं दिया। इस अवधि में उन्होंने अपनी डायरी में जो कुछ लिखा है उससे गांधीजी को लेकर गहरी चिन्ता झलकती है, और मीरा

की मानसिक स्थिति को लेकर भी थोड़ी–

"भारत से मेरी पूर्व 'पुत्री' और अब मित्र मेडलिन के दो पत्र आए हैं। पहले पत्र के साथ उसने गांधी की आत्मकथा के पहले अध्याय की प्रति भेजी है। मैंने पहले जो कहा था कि विनम्रता के मामले में वे ईसा से भी आगे हैं, उसे ये पन्ने साबित करते हैं। मुझे डर है कि महात्मा व्यक्तिगत संकट में घिरने वाले हैं। उनकी आत्मकथा पढ़ते हुए मुझे 'कनफेशन्स' में सेंट ऑगस्टाइन के ये शब्द याद आ गए–'मैं खुद अपने लिए ही एक पहेली बन गया हूँ और अपनी आत्मा से पूछता हूँ कि यह मुझे इतना अशान्त क्यों करती है।' भारत और विश्व की खातिर मैं प्रार्थना करता हूँ कि गांधी अपनी आत्मा की अशान्ति से पहले के मुकाबले और ज्यादा शक्तिशाली होकर उबर आएँ।

" जहाँ तक मीरा की बात है, वह शायद एक ऐसी झील में उतर रही है जिसकी गहराई का उसे अन्दाजा नहीं है। कुछ यूरोपवासियों को भारत में जाकर ईश्वर की पुकार ज्यादा स्पष्ट सुनाई देती है और वे सभी सीमाएँ तोड़ने को तैयार हो सकते हैं। तब वे हिन्दू देवता या गुरु की शरण में आँख मूँद कर दौड़ पड़ते हैं। मुझे डर है कि मीरा का मोहभंग हो सकता है। लेकिन मैं उसे चेताऊँगा नहीं। इस विशेष आह्वान को सुनना विद्वान बन कर आँखें बन्द करने से बेहतर है।"

बारह

बा, महादेव भाई, मगनलाल भाई, और अलबत्ता मीरा गांधीजी के करीबी लोगों में थे और वे उनसे अपनी भावनाएँ छिपाते नहीं थे हालाँकि वे अपने गुस्से पर नियन्त्रण रखते थे। जिसे मीरा उनकी तुनुकमिज़ाज़ी कहती थीं, बापू की 'तुनुकमिज़ाज़ी' अपने करीबी सहायकों पर ही जाहिर होती है। आश्रम के बाकी लोगों के लिए वे शान्त, धैर्यवान और हमेशा हँसमुख थे। लेकिन सूक्ष्मदर्शी प्रेक्षक को बदलाव नज़र आ रहा होगा—चेहरे पर त्यौरी की नई रेखा, स्वागत में खिली मुस्कुराहट जो आँखों में नहीं उतरती थी, हँसी जो पहले की तरह खुले दिल वाली नहीं रह गई थी और उनके दुबले शरीर को हिला देती थी तथा आँखों को अधमुँदी कर देती थी। जब वे गुस्सा होते—और यह अब अकसर होता—तो ललाट पर एक खास रेखा नियन्त्रण से बाहर होते हिंसक आवेग के तनाव से फड़कने लगती। यह खुद उन्हें उतना ही परेशान करता जितना मीरा को, जब वे संयोग से उस गुस्से का चश्मदीद गवाह बन जातीं।

ऐसी एक घटना हेलेन हॉजदिंग के साथ घटी। छोटे कद की दुबली-पतली, मध्यवय की जर्मन महिला हेलेन आश्चर्यजनक रूप से चौड़े कन्धे की स्वामिनी थीं। वे कुछ महीने से आश्रम में मेहमान थीं। वे थका देनेवाली महिला थीं और हमेशा गांधीजी के करीब रहना चाहती थीं। वे हमेशा यही बखान करती रहतीं कि मांस और मदिरा के प्रति बापू की आपत्ति के कारण उन्होंने दोनों का किस तरह त्याग कर दिया था और किस तरह अपने पति को भी, जो इस्पात कारखाने के सेवानिवृत्त कर्मचारी थे, अपने नक्शे कदम पर चलने को राजी कर लिया था। अपने यूरोपीय अनुयायियों को नया नाम देने में मजा लेने वाले बापू ने इस महिला का नाम गौरैया रखा था।

उस शाम प्रार्थनासभा की समाप्ति के बाद मीरा बापू की आत्मकथा की ताजा सम्पादित किस्तें लेकर उनके पास गई थीं। हेलेन बापू की कुटिया में थीं, शायद वे प्रार्थना के बाद बापू के पीछे-पीछे आ गई थीं। बापू अपनी डेस्क के पीछे बैठे पत्रों को पढ़ रहे थे। हेलेन उनके पीछे खड़ी थीं और उनके चेहरे पर आनन्द का भाव था हालाँकि धूप से जली उनकी नाक काफी दर्द कर रही होगी। वे ताड़ के पंखे से बापू

को हवा कर रही थीं। बापू तनाव में दिख रहे थे लेकिन उन्होंने मीरा को संशोधित अध्याय को डेस्क पर रखने का इशारा करते हुए स्वागत का औपचारिक संकेत किया तभी वह घटना घट गई। हेलेन उन कागजात को देखने के लिए बापू पर झुक गईं। या तो उनका पंखा या उनका भरा-पूरा ब्लाउज बापू के कन्धे से छू गया होगा। उन्होंने घूम कर उस जर्मन महिला को थप्पड़ जड़ दिया। एक क्षण के लिए तीनों सदमे से स्तब्ध, अवाक् रह गए। हेलेन का मुँह लटक गया और गोरी चमड़ी लाल हो गई। पंखे को जमीन पर फेंक कर वे कमरे से हाँफते हुए बाहर भागीं। बापू अपना सिर दोनों हाथों से थाम कर मेज पर झुक गए, उनके कन्धे मानो एक अदृश्य कवच में बन्द हो गए। मीरा के मन में उन्हें सांत्वना देने का भाव भले उठा होगा मगर उनकी इस मुद्रा ने उन्हें हतोत्साहित कर दिया।

अगले दिन मीरा को एक भूरे लिफाफे से काटे गए कागज के टुकड़े पर बापू का सन्देश मिला कि वे उस शाम उनसे नहीं मिलेंगे। उसमें लिखा था—"एक दिन और मौन रखूँगा, पश्चात्ताप के कारण नहीं बल्कि इन दिनों मैं अकसर अपने भीतर जो विक्षोभपूर्ण क्रोध पाता हूँ उसके शमन के लिए। मौन का एक और लाभ यह है कि यह क्रोध को शांत करता है।"

उस साल के उत्तरार्ध में मीरा ने अनुभव किया कि बापू अपनी भूलों को बढ़ा कर देखने लगे थे क्योंकि उन्हें लगता था कि लोग सोचेंगे कि पवित्रता के उनके आदर्श हासिल नहीं किए जा सकते। सो, बापू दूसरों की चूकों के प्रति कठोर होते जा रहे थे। ऐसा लगता था कि आत्मकथा लेखन की प्रक्रिया में उनकी स्मृतियाँ फिर जीवित होकर उनके विचारों को प्रभावित कर रही थीं और उनके नैतिक विवेक पर हावी हो रही थीं। एक के बाद एक-दो घटनाओं ने मीरा की इस धारणा को पुष्ट कर दिया।

पहली घटना 11 वर्षीया अछूत लड़की लक्ष्मी से जुड़ी थी, जिसे गांधीजी ने अपनी बेटी के रूप में अपनाया था। आश्रम में हर किसी के लिए सूत कताई की न्यूनतम मात्रा तय थी और प्रत्येक शाम की प्रार्थना सभा में दिन भर काते हुए सूत की मात्रा की घोषणा की जाती थी और तब उसे रजिस्टर में दर्ज किया जाता था। पता चला कि लक्ष्मी दूसरे के सूत चुराकर अपने काते गए सूत में मिला देती थी। इस मामले पर बापू के कमरे में जो बैठक हुई उसमें आश्रम के प्रबन्धक मगनलाल भाई, महादेव भाई और देवदास (जो आश्रम में कुछ दिन के लिए ठहरे थे) के अलावा मीरा भी उपस्थित थीं। बापू नाराज से ज्यादा उदास दिख रहे थे, हालाँकि वे काफी संयत थे।

उन्होंने गम्भीर आवाज़ में कहना शुरू किया, ''इस लड़की के लिए हर चीज का त्याग कर सकता हूँ। स्वराज का खेल गेंद के खेल जैसा है। कभी एक टीम जीतती है तो कभी दूसरी। किसी की जीत-हार से कोई खुशी या दुख नहीं होता, लेकिन मेरी सन्तान कोई गलत काम करती है तो मेरा खून सूख जाता है। लक्ष्मी मेरी पहली बेटी है। मैंने उसे अछूतों के प्रति हिन्दुओं के पापों का प्रायश्चित करने के लिए गोद लिया है। इसलिए मैं उससे इतना प्यार करता हूँ। लेकिन वह मुझे निराश करती रही है। मैं सोच नहीं सकता था कि वह इतना नीचे गिर सकती है।''

मगनलाल भाई ने बापू को सांत्वना देने की कोशिश की, ''बापू, वह एक बच्ची है!''

''इसीलिए बात और बुरी है। बड़े लोग अगर बुरा आचरण करें तो मुझे उतना बुरा नहीं लगेगा। लेकिन बच्चे तो मासूम होते हैं। वे मेरा विश्वास तोड़ते हैं तो मुझे पीड़ा होती है। लक्ष्मी! इतनी छोटी उम्र में पाप!''

कोई कुछ नहीं बोला। सभी बापू की आँखों में उभरी पीड़ा से आँख बचाने के लिए फर्श पर नज़रें गड़ाए थे।

बापू आगे बोलते रहे और अपनी आत्मा में उभर रही हिंसा का स्वीकार कर रहे थे, ''पहले तो मुझे उसे छड़ी से पीटने का खयाल आया। फिर मैंने सोचा कि उपवास पर चला जाऊँ। लेकिन और विचार करने पर मैंने तय किया कि अगर मैं उपवास पर गया तो आश्रम में माहौल और बिगड़ेगा। उस लड़की के खिलाफ गुस्सा और अछूतों के प्रति व्यवहार और भी खराब होगा। नहीं, मैं उपवास पर जाने की घोषणा नहीं कर सकता।''

फिर वे देवदास की ओर उन्मुख हुए, ''तुम्हारी बात वह मानती है। उसे यहाँ ले आओ।'' देवदास के जाने के बाद कमरे में खामोशी छाई रही, वातावरण इतना बोझिल था कि कोई कुछ नहीं बोल पा रहा था। लगा कि बापू किसी फैसले पर पहुँच गए थे। उन्होंने कहा, ''मैं खुद उससे निबटूँगा। जब तक वह मेरी बात सुनती है और झूठ नहीं बोलती तब तक उम्मीद बाकी है। मुझे विश्वास है कि मैं बुरे से बुरे बच्चे को भी अपने जैसा बना सकता हूँ। अगर लक्ष्मी अच्छी नहीं बनती तो मैं कैसे बन पाऊँगा? मुझे उसके तार से अपने तार जोड़ने ही होंगे। अगर वह बुरी बनी रहती है तो मैं भी अपने हृदय की बुराई से पार नहीं पा सकूँगा। स्तर का फर्क रहेगा लेकिन हम दोनों एक तरह से अछूत बने रहेंगे।''

बाद में मीरा को पता चला कि देवदास को उस लड़की की बाँह पकड़कर जबरदस्ती बापू की कुटिया में लाना पड़ा। जब उसे उनके कमरे में धकेला गया तब वह बुरी तरह डर गई थी।

वह रोते हुए बापू के पैरों पर गिर पड़ी, ''मुझे मारो मत। मैं फिर कभी ऐसा नहीं करूँगी।''

बापू ने ठंडी आवाज़ में कहा, ''इधर आओ। सीधी खड़ी हो जाओ।''

''क्या आप मुझे फिर दूधाभाई के पास भेजेंगे?''

''नहीं, मैं तुम्हें तुम्हारे पिता के पास नहीं भेजूँगा,'' बापू ने कहा। उनका चेहरा नरम पड़ रहा था, ''लेकिन तुम्हें कसम खानी होगी कि फिर कभी झूठ नहीं बोलोगी और चोरी नहीं करोगी। तुम्हें चुराए गए सूत लौटाने होंगे। हर दिन ढाई हजार।''

मीरा को यक़ीन नहीं था कि लड़की अपना वादा पूरा कर पाएगी। उन्हें लगा कि लक्ष्मी बापू के लिए हमेशा परेशानी का सबब रहेगी। बापू को भी यह मालूम था।

दूसरी घटना और भी परेशान करने वाली थी। अक्तूबर के शुरू के चार दिन मीरा शाम के समय अपने कमरे में अकेली बैठी कुछ पढ़तीं या करीब पचास गज दूर बापू की कुटिया की ओर देखती रहतीं और सोचती रहतीं कि काश वे उनके साथ बैठकर बातें कर पातीं। वे उनसे दिन में उनके कमरे की सफाई करते समय या सुबह में उनका रक्तचाप नापते हुए उनसे मिल लेती थीं। लेकिन तब वे अकेले नहीं होते थे। तब आमतौर पर महादेव भाई मौजूद रहते और बापू बोल कर उन्हें कुछ लिखवाते रहते। पाँचवें दिन जब वे लोग प्रातःकालीन प्रार्थना सभा के बाद लौट रहे थे, मीरा हिम्मत करके बापू के पास यह पूछने गईं कि क्या वे उनके साथ शाम की बातचीत फिर शुरू कर सकते हैं, क्या वे सोने के पहले उन्हें जो एक घंटे का समय देते थे वह फिर देना शुरू कर सकते हैं। बापू ने हिचकते हुए हामी भरी लेकिन मीरा ने उनकी हिचक की अनदेखी करना ही तय कर लिया।

उस शाम जब वे बापू की कुटिया तक पहुँचीं और सब्जियों के छोटे-से बगीचे के पीछे बाँस के फाटक को खोला तब उन्हें वही उत्सुकता भरी अनुभूति हुई जो बचपन में अपनी माँ के साथ रविवार की सुबह टहलने के लिए निकलने के समय होती थी। लेकिन उनके प्रफुल्लित कदम बा के कमरे से बापू की तेज आवाज़ें सुन कर ठिठक गए। वे गुजराती में क्या कह रहे थे यह तो वे नहीं समझ पाईं लेकिन आवाज़ में तल्खी साफ थी। यह कोई बहस का हिस्सा नहीं था बल्कि आरोप और निन्दा के साथ किया गया निर्मम प्रहार था, जो किसी प्रतिवाद को मान्य नहीं करने वाला था और मन्द नहीं पड़ने वाला दिख रहा था। मीरा के कदम आगे नहीं बढ़ सके। वे लौट गईं।

अगले दिन प्रार्थना सभा के बाद बापू ने प्रश्न नहीं आमन्त्रित किए बल्कि खुद ही बोलने लगे—''आप सब मेरी आत्मकथा पढ़ रहे होंगे। आप सबने पढ़ा होगा कि मैंने कस्तूरबा बाई की कितनी भारी प्रशंसा की है। मेरे जीवन में आए बदलावों के

बीच वे मेरे साथ रहीं। मुझे अपने आदर्शों की ओर बढ़ने में वे कभी बाधा नहीं बनीं। मैंने स्वेच्छा से ब्रह्मचर्य का व्रत लिया और वे मेरे लिए शक्ति का स्रोत बनी रही हैं। यह सच है कि उनका त्याग जीवन के बुनियादी तत्त्वों की समझदारी का फल नहीं रहा है बल्कि उसके पीछे एक पत्नी की अन्ध पतिभक्ति रही है।''

मीरा ने बा पर एक नज़र डाली, जो महिलाओं की जमात में अगली पंक्ति में जमीन पर दो सीट आगे बैठी थीं। उनका चेहरा भावविहीन था और आँखें बापू के चेहरे पर गड़ी थीं।

बापू कह रहे थे, ''...लेकिन बा के गुणों की सफेद चादर बेदाग नहीं है। पतिभक्ति की मजबूरी में उन्होंने भौतिक चीजों का परित्याग तो कर दिया है मगर उनके लिए इच्छा खत्म नहीं हुई है। नतीजतन, उसने अलग-अलग मौकों पर विभिन्न लोगों से भेंट में मिली रकम में से एक साल पहले 200 रुपये अपने लिए अलग रख लिये। आश्रम का नियम है कि व्यक्तिगत उपहार भी निजी उपयोग के लिए नहीं रखे जा सकते। इसलिए बा का यह काम चोरी के बराबर है। इसका पता चलने पर उसने जो पश्चात्ताप किया वह सच्चा लगा। लेकिन घटनाओं ने साबित कर दिया है कि उसका पश्चात्ताप अस्थायी था। जाहिर है, सम्पत्ति की उसकी इच्छा खत्म नहीं हुई है।''

बा बिलकुल स्थिर बैठी थीं। उनका चेहरा भावशून्य था और आँखें मंच पर बैठी पति की आकृति पर टिकी थीं। बाकी हर कोई बा की ओर देखने से कतरा रहा था।

बापू बोल रहे थे, ''हाल में कुछ अज्ञात आगंतुकों ने उन्हें चार रुपये भेंट किए। बा ने यह रकम प्रबन्धक को न देकर अपने पास रख ली। आश्रम के एक विश्वस्त और तपे हुए सदस्य उस दान के समय उपस्थित थे। उनका कर्तव्य था कि वे बा को चेताते लेकिन शिष्टाचार की गलत भावना के कारण वे एक गलत काम के असहाय गवाह बन कर रह गए। अब जाकर, कल ही उन्होंने इस घटना की सूचना मगनलाल भाई को दी। मगनलाल भाई ने साहस जुटा कर डर से काँपते हुए बा से वह पैसा माँगा। बा को शर्मिन्दगी महसूस हुई और उन्होंने चार रुपये तुरन्त लौटा दिए। उसने ऐसी गलती फिर न करने का वचन दिया। मैंने कल शाम उससे बात की और मुझे लगता है कि उनका पश्चात्ताप सच्चा है। उन्होंने कहा कि आगे ऐसी गलती हुई तो वे आश्रम छोड़ देंगी।

''आश्रम में भ्रष्टाचार को मैं अपने भीतर की गलतियों का प्रतिबिम्ब मानता हूँ। मैंने कभी दावा नहीं किया कि मैं सर्वगुणसम्पन्न हूँ। कौन जाने मेरे विचार की किसी गलती का प्रभाव मेरे इर्द-गिर्द के वातावरण पर पड़ा है। 'महात्मा' की उपाधि मुझे हमेशा खिझाती रही है और अब यह मुझे गाली जैसी ही लगती है।

"आश्रम के बारे में अपना विचार मैं एक बार फिर रखना चाहूँगा। यह हमेशा दोषपूर्ण रहा है, यहाँ भ्रष्टाचार पाया गया है फिर भी यह संस्थान मेरी सर्वश्रेष्ठ रचना है। मैं इसके माध्यम से ईश्वर के दर्शन करना चाहता हूँ। ज्ञान के बोध मुझे सावधान करते हैं। वे मुझे आत्म विश्लेषण के लिए प्रेरित करते हैं, मुझे विनम्र बनाते हैं लेकिन वे इसमें मेरे भरोसे को नहीं डिगाते।"

बापू ने जब बोलना बन्द किया तब तक कई लोग खुल कर रो रहे थे। मीरा ने अपनी सूखी आँखों से बा को देखा, वे अपनी साड़ी के छोर से अपनी आँखें पोंछ रही थीं।

लक्ष्मी और बा से जुड़ी इन घटनाओं के बावजूद बापू मीरा के आदर्श बने रहे। उन्होंने उनकी छवि को भक्ति के जिस आवरण में लपेट रखा था उसमें कोई छिद्र नहीं हुआ। गांधीजी को वे एक पवित्रात्मा के रूप में, मनश्चेतना के उच्चतम रूप में पूजती रहीं। बल्कि अब वे उन ऊँचाइयों पर पहुँचने के उनके प्रयास को लेकर चकित थीं। आखिर वे बापू की अपनी आन्तरिक हिंसा से उनके संघर्ष, आग्रही नैतिकतावादी अन्तरात्मा के बावजूद सहनशील बने रहने और वासना के दलदल से निकलने के लिए ब्रह्मचर्य पालन करने के उनके प्रयासों की गवाह रहीं। क्या कीचड़ में खिलने के बावजूद कमल खूबसूरत नहीं होता?

गांधीजी से निकटता की मीरा की इच्छा अब एक गहरी जरूरत, और इसे दबाए जाने पर लगभग एक असह्य लालसा में बदल गई थी। बापू के साथ अकेले समय न बिता पाने की असमर्थता के कारण शाम के समय बिस्तर पर लेटी हुईं वे वियोग की पीड़ा अनुभव करती रहतीं। हिन्दी सुलेख को सुधारने के लिए एक बार मैंने उन्हें मीराबाई का एक भजन लिख कर दिया था। मैंने सोचा था कि यह उन्हें उस सन्त के बारे में परिचित कराएगा जिनका नाम बापू ने उन्हें दे दिया था। मीरा ने उस भजन को कई-कई बार लिखकर उसे याद कर लिया था। उस राजपूत राजकुमारी की भावनाएँ व्यक्त करता वह भजन ही एकमात्र हिन्दी कविता थी जिसे वे अपने अंग्रेजों वाले उच्चारण के साथ सुना सकती थीं।

ए री मैं तो प्रेम दीवानी, मेरा दर्द न जाने कोय
घायल की गति घायल जाने, और न जाने कोय...

लैमंड के मामले में वे जिस आग में जली थीं उसकी लपटों ने एक-दूसरे में गुँथे शरीरों की भ्रान्तिपूर्ण छवियाँ उनके मन में उभार दी थीं और वे काफी शर्मसार हो गई थीं।

यहाँ तक कि उनमें अपराध-बोध के कारण निराशा भी पैदा हो गई थी। लेकिन इस बार मीरा ने पाया कि पीड़ा दूसरी तरह की है। बापू के साथ वैसी कोई भ्रान्ति नहीं थी, शरीरों के वैसे किसी अतिक्रमण का प्रश्न ही नहीं था। फिर भी मीरा समझ नहीं पा रही थीं कि अपराध-बोध न होने के बावजूद पीड़ा वैसी ही क्यों है, जिसमें वैसी ही मिठास-सी भी है जिसने उसे असह्य बना दिया था। यह अपने आपमें एक विरोधाभास भी था।

तेरह

दिल्ली-मुम्बई रेलमार्ग पर बसे रेवाड़ी शहर के बाहरी इलाके में स्थित भगवद्‌भक्ति आश्रम। देश के निर्धनतम इलाकों में से एक यह शहर दक्षिण-पश्चिम में स्थित राजस्थान के रेगिस्तान से ज्यादा दूर नहीं है। यहाँ की ज़मीन बंजर है और शहर में आबादी घनी नहीं है। दिन में तापमान जाड़े के दिनों में भी ऊँचा ही रहता है। रेगिस्तान की ओर से आने वाली हवा में बारीक रेत भरी होती है और वह घरों में दरवाज़ों-खिड़कियों की दरारों से आकर फर्श पर भर जाती है जिसे कुछ-कुछ घंटों पर बुहारना पड़ता है। मीरा यहाँ के इस आश्रम में जनवरी के महीने में आईं, तब रातों को कड़ाके की ठंड पड़ती है लेकिन वे बर्फ जमा देनेवाली ठंडक से बेखबर रहीं।

एक महीने से ज्यादा तक उनकी आँखें अपने परिवेश से लगभग बेखबर रहीं और उनके अंग लगभग निश्चेष्ट रहे। वे बस किसी तरह कक्षा में जा पातीं और हर दिन एक घंटे ही चरखा कात पा रही थीं। बाकी समय वे अपने बिस्तर पर पड़ी, खुले दरवाज़े से बाहर तार से घिरे छोटे-से मैदान को देखती रहतीं, जो पत्थर से बने आश्रम के भवन के साथ फैला था। यह जैतूनी हरे रंग की धूल भरी झाड़ियों से भरा था। ऐसी झाड़ियाँ इस इलाके की रेतीली ज़मीन पर जगह-जगह उगी हुई दिख जाती थीं। मैदान की घास गहरे हरे रंग की रूखी-सी थी, जो काफी पुरानी थी हालाँकि उसमें नए अंकुर भी फूटे नज़र आते थे। इन सबकी वजह से इसे चाहे तो लॉन कह सकते हैं। धूल भरी गलियों, सँकरी घाटियों और नारंगी रंग की ज़मीन पर डायनासोर की पीठ पर उभरी आकृतियों की तरह जगह-जगह उभरे खुरदरे पत्थरों वाला यह पूरा परिदृश्य एक अंग्रेज महिला की नज़रों में अनाकर्षक ही था।

फरवरी के अन्त में मीरा ने रोमाँ रोलाँ को पत्र लिखा—"...मैं यहाँ जनवरी के मध्य से हूँ। यह निष्कासन जैसा है, कम से कम मुझे ऐसा ही महसूस होता है। जब मैं अहमदाबाद छोड़ रही थी तब बापू मुझसे कहते रहे कि मैं यह मानूँ कि मैं एक पवित्र कार्य की तैयारी के लिए अलग रहने जा रही हूँ, कि व्यक्ति के रूप में वे महत्त्वपूर्ण नहीं हैं बल्कि उनके आदर्शों को साकार करना महत्त्वपूर्ण है। इसलिए मुझे उनका काम आगे बढ़ाना है, उनके साथ के बिना। मेरा मस्तिष्क तो इसे समझ रहा

है लेकिन मेरा हृदय विद्रोह कर रहा है। वह कहता—मीरा, तुम्हें निष्कासित कर दिया गया, तुम योग्य नहीं पाई गईं।

"यहाँ आने के एक महीने से ज्यादा दिनों तक मुझे अपने कमरे से निकलना भी मुश्किल लगता था। मैं फर्श पर बिस्तर पर पड़ी निश्चेष्ट जागती रहती। मैं यह भी नहीं कह सकती थी कि मैं उदास़ हूँ...मैं बस शून्य हो गई थी। मेरे सबसे प्रिय मित्र, आपको पत्र लिखने का खयाल भी आया लेकिन कोई उत्साह नहीं जगा, सारी ऊर्जा खत्म हो गई थी। अब मुझे समझ में आ रहा है कि आत्महत्या करने वाले अधिकतर लोग उसके पहले कुछ लिख कर क्यों नहीं छोड़ते। और जो लिखकर जाते भी हैं वे इतनी निर्णायक घड़ी पर इतने बड़े फैसले के बारे में प्रायः इतनी छोटी टिप्पणी क्यों लिखते हैं जबकि उसे तो किसी साहित्यिक रचना के समान होना चाहिए।

"अब मैं कुछ बेहतर महसूस कर रही हूँ, कुछ हँसी-मजाक भी कर सकती हूँ। बापू ने मुझे इस आश्रम में हिन्दी की और बेहतर पढ़ाई के लिए भेजा है। उनकी उम्मीद और मेरा लक्ष्य है कि एक दिन मैं यहाँ के लोगों जैसी हिन्दी बोलने लगूँ और गाँव वालों की ज़बान भी समझने लगूँ। मेरे गुरु और आश्रम के प्रमुख महाराज जी मध्यवय के व्यक्ति हैं जो स्कूल इंस्पेक्टर की सरकारी नौकरी छोड़ कर स्वाधीनता संघर्ष में बापू के अनुयायी बन गए हैं। वे बहुत उत्साही व्यक्ति हैं, जिनका मैत्रीपूर्ण व्यवहार कभी-कभी भारी महसूस होने लगता है। वे मुझे भारतीय सभ्यता की श्रेष्ठता के बारे में कायल करने की कोशिश करते रहते हैं, उन्हें इससे कोई फर्क नहीं पड़ता कि मैं उन्हें बताती रहती हूँ कि मैं उनसे सहमत हूँ और यह सब मुझे समझाने की जरूरत नहीं है।

"मैं यहाँ तीन महीने रहूँगी और उत्तरी तथा पूर्वी भारत के कुछ आश्रमों में जाकर बापू की योजना के मुताबिक उनके कामकाज और उन जगहों से परिचित होऊँगी। उसके बाद तय करूँगी कि मुझे आगे क्या करना है। मैं अहमदाबाद में जितनी अपने में सिमटी रहती थी उससे ज्यादा यहाँ सिमटी रहती हूँ। सिर्फ इसलिए नहीं कि मैं हमेशा स्वभाव से एकाकी रही हूँ बल्कि इसलिए भी कि मुझे लगता रहता है कि पता नहीं यहाँ लोगों की तमाम तरह की वर्जनाओं में से किसी को तोड़ न बैठूँ। यहाँ तक कि बापू के साथ भी मुझे कभी-कभी लगता कि कोई अदृश्य बाड़ मेरे आगे खड़ी हो गई हो। वैसे, ऐसा विरले ही होता था। अधिकतर समय मुझे यही महसूस होता कि मैं दूसरे के मुकाबले बापू से ज्यादा खुल कर पेश आ सकती हूँ।

"मेरे प्रिय मित्र, भारतीय लोग सबसे अच्छे, सीधे-सादे लोग हैं मगर वे हमेशा इस भय के साथ जीवन जीते रहते हैं कि वे किसी वर्जना का उल्लंघन न कर बैठें। क्या आप जानते हैं कि गुजरात में अच्छी-खासी तादाद और रसूख वाले और अहिंसा में सबसे ज्यादा आस्था रखने वाले जैन लोग यह मानते हैं कि किसी के गले मिलने

से भी कई करोड़ जीवों की हत्या हो जाती है? ब्रह्मचर्य अपने आप में आश्चर्यजनक और महत्त्वपूर्ण ही नहीं है बल्कि अहिंसा का मूल तत्त्व है! इसलिए अचरज नहीं कि जब मैं ब्रह्मचर्य पर बापू की धारणाओं के बारे में उनसे बातें करती हूँ तो हमारे मतभेद सामने आ जाते हैं।

" वे इन दिनों दिल्ली में हैं। अगले सप्ताह वे यहाँ आएँगे और आश्रम में एक दिन रह कर दक्षिण भारत की यात्रा पर निकल जाएँगे। आप अन्दाजा लगा सकते हैं कि मैं कितने उत्साह से उनका इन्तज़ार कर रही हूँ। फिर उनसे अलग हो जाने की सोच कर मैं कितनी उद्विग्न हूँ।

" पुनश्च ! यहाँ मेरे शिक्षक ने मुझसे पूछा कि मैं हिन्दी की कक्षा के लिए क्या कोई खास पुस्तक पढ़ना चाहूँगी तो मैंने तुरन्त मीरा के भजनों की पुस्तक का नाम लिया। मेरी हमनाम ने सदियों और संस्कृतियों का अन्तर मिटा कर मेरे हृदय में अपना एक कोना बना लिया है। उनके शब्दों में मुझे वह प्रतिध्वनि और माधुर्य मिलता है जो अब तक केवल बीदोवेन के संगीत में मिलता था। एक खराब अनुवादक की विनम्रता के साथ मैं कृष्णभक्ति के उनके भजन का अनुवाद भेज रही हूँ, जो मुझे इन दिनों उद्वेलित करता रहता है। यह मेरे दिमाग में किसी गाने की तरह घुमड़ता ही रहता है--

My eyes have fashioned
An altar of pearl tears,
And here is my sacrifice:
The body and mind
Of Mira,
The servant who clings to your feet,
Through life after life,
*A virginal harvest for you to reap.**

" मैं नहीं जानती कि आपको यह कैसा लगा, इसने आपको छुआ या नहीं, थोड़ा ही सही।"

---

* यह सम्भवतः मीरा के इस गीत के एक अंश का अनुवाद है :

थांने काईं कह समझाऊँ म्हाँरा बाला गिरधारी।
पूर्व जनम की प्रीत हमारी अब नहिं जात निवारी ॥
सुन्दर बदन जोवते सजनी प्रीत भई छ भारी।
म्हारे घरे पधारो गिरधर मंगल गावै नारी ॥
मोती चौक पुराऊँ बाल्हा तन मन तो पर वारी।
म्हाँरो सगपण तो सूँ साँवलिया जुंग सूँ नहीं विचारी ॥
मीरा कहे गोपिन के बाल्हो हमसूँ भयो ब्रह्मचारी।
चरण सरण है दासी तुम्हारी पलक न कीजे न्यारी ॥

गांधीजी एक दिन के लिए मीरा के साथ रहने को दिल्ली से रेवाड़ी आए तो उनके साथ उनका पूरा अमला नहीं था। केवल महादेव भाई और देवदास साथ थे।

शुरुआत अच्छी होती दिखी। मीरा ने गौर किया कि उन्हें देखकर और उनका साथ पाकर बापू काफी खुश थे। लेकिन दोनों की यह खुशी उनके आगमन की सुबह तक ही कायम रही। आश्रम के दूसरे लोग उनसे मिलना चाहते थे और बापू उन्हें जितना समय दे रहे थे उससे मीरा खीझ रही थीं। इससे बापू नाराज हो गए। गांधीजी के आने की खबर सुन कर आसपास के गाँवों के लोग उनके दर्शन के लिए दोपहर में आश्रम के फाटक पर जमा हो गए। गांधीजी ने उन्हें चरखा कातने और गाँवों में शौचालय बनाने के महत्त्व के बारे में बताया। शाम ढलने के समय मीरा को गांधीजी के साथ अकेले टहलने का मौका मिल गया। वे दोनों आश्रम भवन के चारों ओर घास पर किसी मठ के भिक्षुओं की तरह टहलते रहे। गांधीजी ने मीरा से भगवत्‌भक्ति आश्रम में उनके जीवन के बारे में पूछा और मीरा ने अपना दिल खोल कर रख दिया। सब कुछ स्वतः बाहर आ गया, मीरा अपने को रोक न सकीं। उन्होंने बताया कि उन्हें उनके बिना वहाँ रहना कितना बुरा लग रहा है, कि वे यहाँ के लोगों से तालमेल नहीं बिठा पा रहीं, कि यहाँ के लोगों के साथ उनका सम्बन्ध सिर्फ बापू के कारण है।

गांधीजी ने उन्हें समझाया, ''ऐसा मत कहो। तुम उन लोगों के साथ अपनी साझा मानवीयता के कारण जुड़ी हो।'' मीरा ने उनकी आवाज़ में नाराजगी की झलक देखी।

इसी तरह की कुछ और बातें गांधीजी ने कीं लेकिन मीरा कुछ सुन नहीं रही थीं, कम से कम उतने ध्यान से तो नहीं ही जितने ध्यान से वे उनकी हर बात सुना करती हैं।

मीरा ने साहस जुटाते हुए कहा, ''बापू, मैं आपकी तरह बुद्धिमान नहीं हूँ। मैं मानवता या उच्च आदर्शों से एक व्यक्ति के माध्यम से ही जुड़ पाती हूँ। मेरा भगवान एक जीवित, साकार व्यक्ति ही हो सकता है। उसे मेरे हृदय, मस्तिष्क और शरीर में पैठना होगा। उसे मीरा के कृष्ण की तरह मेरे इर्द-गिर्द के अस्तित्व के हर इंच पर छा जाना होगा। अगर ऐसा होता है तो मैं ऐसा कोई त्याग नहीं है जो नहीं कर सकती; कितनी भी उफनती नदी क्यों न हो, उसे पार नहीं कर सकती; कितना भी मुश्किल काम हो उसे नहीं कर सकती।''

मीरा को पूरा एहसास था कि उन्होंने बापू को सीधे-सीधे अपना 'भगवान' नहीं बताया, लेकिन गांधीजी समझ गए कि वे क्या कहना चाहती थीं। मीरा ने गौर किया कि उनकी बातों पर बापू कितने परेशान, उद्विग्न हो उठे थे हालाँकि यह क्षणिक ही था और अपने इस्पाती आत्म नियन्त्रण के बूते वे तुरन्त संयत हो गए थे। जबरन

मुस्कुराते हुए उन्होंने कहा, ''मीराबाई के लिए कृष्ण सर्वव्यापी थे परन्तु शरीर या देह में नहीं। तुम जितना जानती हो उससे सही निष्कर्ष निकालने के लिए तुम्हें अभी और सीखना होगा।''

उस रात मीरा ठीक से सो न सकीं। उन्हें बगल के कमरे में उनकी उपस्थिति और अगली सुबह उनकी रवानगी का एहसास था। रेलवे स्टेशन की ओर उनकी रवानगी से पहले वे उन्हें नमस्कार करने के लिए उनके कमरे में गईं तो रो ही पड़ीं। बापू ने जिस तरह प्यार और करुणा भरी दृष्टि से उन्हें देखते हुए उन्हें फर्श पर अपने बगल में बैठने को कहा, शायद इसी के चलते मीरा का बाँध टूट पड़ा। बुरी तरह बिलखते हुए मीरा ने उनका हाथ अपने हाथों में थाम लिया। एक क्षण के लिए मीरा को उनके हाथ में एक अलग जीवन धड़कता महसूस हुआ और जब उन्होंने अपना हाथ तुरन्त खींच लिया तो क्षण भर के लिए वह उन्हें जीवन्त होता महसूस हुआ। बापू का चेहरा सख्त था, आँखें निस्पृह थीं, और ललाट पर खीझ की रेखा फड़कने लगी थी।

उन्होंने कहा, ''मीरा, खुद को काबू में रखो। तुम खुद को तमाशा बना रही हो।'' मीरा रोती ही रहीं, उनके चेहरे पर मोटे आँसुओं की धारा रुक नहीं रही थी, बापू के शब्दों के दंश के कारण नहीं बल्कि दुख और आह्लाद के मिले-जुले अजीब और आश्चर्यजनक भाव के कारण। बापू वहाँ बैठे रहे, निश्चेष्ट मगर भावुक होकर। मीरा को महसूस हुआ कि बापू उनके कन्धे पर हाथ रखने से खुद को रोकने के लिए अपने आपसे संघर्ष कर रहे हैं। जब वे स्टेशन के लिए रवाना हो गए तो मीरा को एक विचार आया। मीरा को लगा कि बापू उनसे कहीं इस बात को लेकर ईर्ष्या तो नहीं कर रहे थे कि वे तो बापू के सामने एकदम निर्द्वन्द्व हो गईं लेकिन खुद उन्हें आत्मनियन्त्रण करना पड़ा, जबकि जिस स्थिति में वे दोनों पड़ गए थे उसे सँभालना उनकी (बापू की) ही जिम्मेदारी थी। क्या कृष्ण मीराबाई से ईर्ष्या कर सकते थे?

बापू ने रेलगाड़ी में पत्र लिखा। उनकी लहरदार लिखावट रेलगाड़ी के हिचकोलों के कारण और बिगड़ गई थी। यह पत्र तार से एक दिन पहले मिला—

रेलगाड़ी पर
भरतपुर के बाद
22-3-27

चि. मीरा,

तुमसे बिछुड़ना आज दुखद रहा क्योंकि मैंने पाया कि मैंने तुम्हें दुख पहुँचाया। लेकिन यह तो होना ही था...तुम्हें मुझसे इस शरीर के नाते नहीं जुड़ना चाहिए। शरीर के इतर मेरी आत्मा तुम्हारे साथ है। और यह शरीर में कैद और उसमें निहित कमजोर

मनोबल की तमाम सीमाओं से कहीं उच्चतर है। शरीर से इतर आत्मा सर्वश्रेष्ठ है, और हमें इसी की जरूरत है। इसे तभी अनुभव किया जा सकता है जब हम अनासक्ति का अभ्यास करेंगे। तुम्हें अब इसे हासिल करने की कोशिश करनी चाहिए।

मैं तुम्हारी जगह होता तो इसी तरह अपना विकास करता। लेकिन तुम्हें अपनी तरह अपना विकास करना चाहिए। इसलिए, मैंने जो कुछ कहा है उसमें जो भी तुम्हारे मस्तिष्क या हृदय को न भाये उसे खारिज कर देना। तुम्हें अपनी व्यक्तिगत विशेषता को हर कीमत पर बचाए रखना चाहिए। जब भी तुम्हें जरूरत महसूस हो, मेरा विरोध करो। तुम्हारे प्रति प्यार के बावजूद मैं तुम्हारे बारे में गलत फैसला कर सकता हूँ। मैं नहीं चाहता कि तुम यह मान लो कि मैं गलत हो नहीं सकता।

तुम्हारा

बापू

इस पत्र के पाँच दिन बाद महादेव भाई ने मीरा को तार भेज कर बताया कि गांधीजी को दिल का भारी दौरा पड़ने वाला था लेकिन वे बच गए। उनका रक्तचाप अभी भी बहुत ऊँचा है। डॉक्टरों ने इसे काम की थकान और घबराहट का नतीजा बताया है तथा पूर्ण विश्राम करने की सलाह दी है। गांधीजी की दक्षिण यात्रा रद्द कर दी गई है।

यह खबर मिलते ही मीरा एकदम चिन्तित हो गईं। उनकी तुरन्त इच्छा हुई कि ट्रेन पकड़ के उनके पास पहुँच जाएँ। लेकिन वे इस इच्छा पर अमल करतीं, इससे पहले ही एक पत्र आ गया जिसमें उन्हें स्पष्ट हिदायत दी गई कि वे वहीं रहें।

बापू ने लिखा था, "तुम बिलकुल परेशान मत होना। यह तो एक दिन होना ही था। तुम मेरे शरीर को भूल जाओ, यह हमेशा नहीं रहने वाला। तुम्हारे सामने जो काम है उसे करो। तुम डॉक्टर या मेरे आसपास के लोगों को नाराज करने के लिए ज्यादा मत लिखना। मैं आराम कर रहा हूँ क्योंकि मेरे खयाल से मुझे इसकी जरूरत है। लेकिन मैं शरीर को ज्यादा लाड़-प्यार नहीं दे सकता। तुम वादा करो कि चिन्ता नहीं करोगी। अपने काम में डूब जाओ।"

मीरा में अपराध-बोध पैदा हो गया कि गांधीजी की बीमारी की वजह वे ही हैं और उन्होंने रोलाँ से उन्हें इस दुविधा से उबारने की सहायता की अपील की कि "उनके साथ रहने की अपनी हताशापूर्ण जरूरत से मुझे कभी-कभी महसूस होता है कि उनकी गैर-मौजूदगी में मैं बिखर जाऊँगी, धीमी मौत मर जाऊँगी लेकिन मुझे यह डर भी सताता है कि मेरी दुराग्रहपूर्ण उपस्थिति न केवल उन्हें परेशान करती है बल्कि उन्हें बीमार भी कर सकती है।"

रोलाँ ने उन्हें चिन्तित न होने की सलाह दी। गांधीजी का बीमार पड़ना समझ

में आता है। इसमें आश्चर्य की कोई बात नहीं है कि यह ऐसे व्यक्ति के साथ हुआ, क्योंकि उनके भीतर आत्मा का इतना ताप है कि उसे शरीर नहीं सहन कर पाया। रोलाँ ने लिखा कि वे गांधी के लिए प्रार्थना करेंगे। आगे जो महान कार्य है और जो मानवता के लिए भविष्य के लिए महत्त्वपूर्ण है, उसके लिए उनकी जरूरत है। मानवता जिस क़ातिलाना हिंसा के दुश्चक्र में फँसी है और जिसके कारण मनुष्य अपनी दैवी क्षमता का उपयोग नहीं कर पा रहा उससे निकलने का रास्ता गांधीजी ही दिखा सकते हैं।

अपनी डायरी में रोलाँ ने और स्पष्टता बरती। उन्होंने लिखा, "मीरा का पत्र चिन्ता में डालने वाला है, चिन्ता जितनी उसको लेकर है उससे कम गांधी के लिए नहीं है। मुझे डर है कि घटनाओं के चिन्ताजनक मोड़ में वह अपनी भूमिका को जरूरत से ज्यादा आँक रही है। उनकी बीमारी में उसकी भूमिका गौण है। मैं स्वीकार करूँगा कि उसकी टिप्पणियों से जो मनोवैज्ञानिक समझ झलकती है उससे मैं चकित हूँ। मुझे इसमें सन्देह नहीं था कि उसमें यह प्रतिभा है। आध्यात्मिक रुझान वाले अधिकतर लोगों की तरह, मेरे खयाल से, वह अपना जीवन या तो सतही रूप में जी रही है या उस गहराई में जी रही है जहाँ तक चन्द लोग ही पहुँच पाते हैं। मनोवैज्ञानिक भावबोध के 'मध्यवर्ती स्वर्ग' के दरवाज़े उसके लिए बन्द हैं। वैसे, मुझे चकित नहीं होना चाहिए क्योंकि हमारी शारीरिक, मनोवैज्ञानिक और आध्यात्मिक, सभी ज्ञानेन्द्रियाँ जिस आध्यात्मिक प्रेम की स्थिति में मीरा है उसमें प्रखर हो जाती हैं। रहस्यवादियों का जीवन ऐसे परिवर्तनों का जीवन्त उदाहरण है। मुझे उसे स्नेह और प्रेरणा से भरा पत्र लिखना होगा कि वह अपनी नियति, हिन्दुओं के मुताबिक अपने कर्मफल में हस्तक्षेप न करे।"

अप्रैल और मई में गांधीजी मैसूर की नन्दी पहाड़ियों में स्वास्थ्य लाभ और आराम करते रहे और मीरा उद्विग्न अवस्था में रहीं। वे उनके साथ रहने को बेताब थीं मगर इसलिए रुक गई थीं क्योंकि वे चाहते थे कि वे (मीरा) वहीं रहें जहाँ हैं। पिंजड़े में बन्द कोई बिल्ली जिस तरह मुक्ति के लिए सींखचों से उलझती रहती है उसी तरह मीरा बापू के सख्त परन्तु प्यार भरे निषेधात्मक निर्देश से जूझती रहतीं, जो लगभग रोज आने वाले पत्र में दोहराया जाता। 25 अप्रैल को गांधीजी ने लिखा–

"...मुझे तुम्हारे तीन पत्र एक साथ कल मिले। एक पत्र ने मुझे तुम्हें नन्दी आने के लिए तार भेजने को प्रेरित तक कर दिया। लेकिन मैंने खुद को रोक लिया। बाकी दो पत्र उतने उदासी भरे नहीं थे। फिर भी अगर अलग रहना असह्य हो रहा हो तो

तुम कोई जवाब या मेरे निर्देश का इन्तज़ार किए बिना चले आना। वहाँ तुम्हारे ईर्द-गिर्द के लोगों के प्यार से तुम्हें ताकत मिलनी चाहिए, और वह प्यार तुम्हें वहाँ रोके। वहाँ के लोगों के स्नेह के बारे में तुमने जो लिखा है वह मर्मस्पर्शी है और अगर तुम वहाँ सहज होकर नहीं रह पाईं तो यह दुखद होगा। लेकिन कोई भी व्यक्ति अपना स्वभाव अचानक नहीं बदल सकता। सो, वहाँ सहज होकर रहने की तुम्हारी कोशिश अगर सफल नहीं होती तो तुम वहाँ अपने साथियों से यह बात साफ-साफ कह के यहाँ बेहिचक आ सकती हो। वहाँ तुम्हें किसी भी कीमत पर बीमार नहीं पड़ना चाहिए। तुम्हें अपने ऊपर इतना दबाव नहीं डालना चाहिए कि तुम टूटने के कगार पर पहुँच जाओ।''

''तुम्हें अपने भीतर फौलादी इच्छाशक्ति पैदा करनी चाहिए। हमारा जो काम है उसके लिए यह जरूरी है।''

दो दिन बाद बापू ने मीरा के उस पत्र का जवाब दिया जिसमें मीरा संयत नज़र आ रही थीं और बापू के साथ चिरस्थायी आध्यात्मिक जुड़ाव के बोध के साथ शारीरिक दूरी को स्वीकार करती दिख रही थीं। बापू ने जवाब दिया, ''...मुझे तुम्हारा उत्साह भरा पत्र मिला। तुमने जो कुछ लिखा है उसके एक-एक शब्द को अगर तुम समझ रही हो तो तुम्हारी सारी परेशानियाँ और मेरी चिन्ता दूर हो गई समझो। अगर हम अपने शरीर को एक अस्थायी उपकरण न मान कर खुद को उससे जोड़ लेते हैं तो इस नश्वर शरीर के साथ खुद को भी नश्वर बना लेते हैं।

''जितना ही मैं अध्ययन और मनन करता हूँ, मेरी यह धारणा मजबूत होती जाती है कि अलगाव और मृत्यु के लिए दुखी होना सबसे बड़ा भ्रम है। इसे भ्रम मानना खुद को मुक्त करना है। फिर भी इसकी त्रासदी यह है कि हम जिस तत्त्व के लिए अपने साथियों को प्यार करते हैं उस तत्त्व पर पड़े अस्थायी, महत्त्वहीन आवरण के नष्ट होने पर दुखी होते हैं। वास्तविक मित्रता का उपयोग खंड-खंड से सम्पूर्णता प्राप्त करने में करना चाहिए। लगता है तुम्हें सत्य की प्राप्ति हो गई है। इसे चिरस्थायी बनने दो।''

लेकिन मीरा का दार्शनिक संयम ज्यादा दिन तक नहीं कायम रहा। अपनी भावनाओं की उफनती नदी को काबू में करने के लिए उन्होंने जो कमजोर बाँध खड़ा किया था वह फिर टूट गया। गांधीजी ने सहानुभूतिपूर्वक उनका हौसला बढ़ाने की कोशिश की लेकिन मीरा के संघर्ष में उनकी भागीदारी ने उसे और विकट बना दिया। उनके साथ रहने और साथ ही उससे बचने की इच्छा, दोनों काफी बलवती होने लगीं।

2 मई, 1927 को पत्र में गांधीजी ने उन्हें लिखा कि वे अब उनके ऊपर छोड़ देंगे कि उन्हें जो अच्छा लगे वही करें। नन्दी आने का फैसला वे उनके स्वास्थ्य को

ध्यान में रखकर न करें क्योंकि वह वैसा ही है जैसा उनकी पिछली मुलाकात में था। वे अपने भीतर टटोल कर फैसला करें कि उन्हें क्या करना है, उनकी इच्छा की चिन्ता न करें। गांधीजी ने लिखा, ''मैं चाहूँगा कि तुम वही करो, जो तुम्हारी अन्तरात्मा कहती हो।''

8 मई को लिखे पत्र में गांधीजी ने और स्पष्ट होकर लिखा, ''मुझे तुम्हारा एक और पत्र मिला है। मुझे लगता है, तुम्हें संयत होने में अभी और समय लगेगा। जब तक तुम लचीलापन बनाए रखती हो, मुझे उतार-चढ़ाव से फर्क नहीं पड़ता। मेरा अपना विचार है कि तुम जब भी अपना काम पूरा कर लो, मेरे पास आ सकती हो, चाहे मैं कहीं भी रहूँ। एक सामान्य व्यक्ति अपने लिए जो काम चुनता है उसे नहीं छोड़ना चाहेगा। लेकिन तुम अगर बेहद भावुक हो जाती हो और तनावग्रस्त रहती हो तो अपना पाठ पूरा किए बिना भी आ सकती हो।

'' स्वाभाविक है कि मैं चाहूँगा तुम अपना पाठ पूरा कर लो। मैं यह नहीं सोचना चाहता कि यह तुम्हारे लिए सम्भव नहीं था। लेकिन तुम्हारा स्वास्थ्य मेरे लिए तुम्हारी पढ़ाई और बाकी तैयारियों से ज्यादा मूल्यवान है।

'' तुम मेरे स्वास्थ्य की खातिर मेरे पास आने की मत सोचो। यह ठीक है और तुम्हारे आने से भी मेरी देखभाल बेहतर नहीं हो पाएगी। अगर मुझे तुम्हारी सेवा की जरूरत होगी तो मैं तुम्हें तार भेज दूँगा। लेकिन इसकी जरूरत नहीं पड़ेगी क्योंकि मुझे किसी से भी सेवा कराने और अपनी जरूरत के लिए नए सेवक प्रशिक्षित करने की आदत पड़ गई है। यहाँ मेरे सेवकों की संख्या जरूरत से ज्यादा है। सो, अगर तुम कोई निजी सेवा करने की सोच कर आओगी तो यहाँ आकर ऊबने लगोगी।

'' जहाँ तक निजी सम्पर्क की बात है, मेरा विचार है कि यह प्रारम्भिक चरणों में जरूरी होता है। यह सम्पर्क साथ काम करते हुए बनता है। तुम मेरा काम अपना समझकर करती हो तो तुम रोज मेरे सम्पर्क में आती हो। यह मेरे शारीरिक अस्तित्व से भी ज्यादा देर तक बना रहेगा। तब तुम मेरे सम्पर्क में रहोगी, चाहे मैं जीवित हूँ या मृत। मैं तुमसे यही चाहता हूँ। तुम मेरे पास मेरे लिए नहीं, मेरे आदर्शों के लिए आई हो, वह भी इसलिए कि मैं उन्हें कितना जीता हूँ। तुम्हें अब पता चल गया है कि मैंने जो आदर्श चुने हैं उन्हें कितना जीता हूँ। यह अब तुम्हारे ऊपर है कि तुम उन आदर्शों का सम्पूर्णता से पालन करो, जिनका मुझे पालन करना है। जो भी ऐसा करता है वह मेरा पहला उत्तराधिकारी और प्रतिनिधि होगा। मैं चाहता हूँ कि तुम उनमें से अग्रणी बनो क्योंकि तुमने दूर रह कर मेरा अध्ययन किया है और अपना फैसला किया है। काम के बीच में अगर ईश्वर हमें करीब लाता है तो ठीक है और साझा उद्देश्य के पालन में अगर वह हमें दूर रखता है तब भी ठीक है।

" लेकिन यह सम्पूर्णता हासिल करने की सलाह है। इसे सुन और समझ कर तुम अपना फैसला करने को स्वतन्त्र हो। अगर तुम खुद को नहीं रोक सकतीं तो जरूर आ जाओ और यह मत सोचो कि मैं नाखुश होऊँगा। मुझे नाखुशी तब होगी जब तुम अपने खिलाफ हिंसा करोगी और हार जाओगी।"

बापू के पास जाने के आवेग और उसके उतने ही प्रबल निषेध के आवेग के बीच फँसी मीरा ने खुद को अपनी डायरी में उड़ेला–

"मीराबाई से मुझे ईर्ष्या होती है। वे कितनी मुक्त थीं। अपने अभिभावकों और रिश्तेदारों के साथ सम्बन्धों को तोड़ देने, राजमहल की घुटन भरी विलासिता का त्याग करने, रीति-रिवाजों से टकराते हुए कृष्ण की भक्ति में घूम-घूम कर नाचने-गाने का कितना साहस उनमें था। 'मेरो तो गिरधर गोपाल, दूसरो न कोई' वे गाती रहतीं।

स्याम ! मने चाकर राखो जी,
गिरधरिलाल ! चाकर राखो जी ॥

उनकी तरह मैंने भी

अंसुवन जल सींच सींच प्रेम बेल बोई।
अब तो बेल फैल गई, आनन्द फल होई ॥

" इस बंजर, शुष्क धरती पर, जो हर दिन गरमी के सूरज से तपती रहती है, मेरे हृदय में बसा यह हरा पौधा मुझे सन्तुलित रखता है, मेरे जीवन को ठंडक पहुँचाता है। लेकिन मेरे भगवान मुझे पैरों में घुँघरू बाँध कर नाचने और हाथों में इकतारा लेकर गाने से मना करते हैं। वे अगर नहीं चाहते थे कि मुझमें मीरा की भावनाएँ जगें तो उन्होंने मुझे उनका नाम क्यों दिया? मेरा मस्तिष्क उनकी बातों को एक तरह से समझता है। अगर मैं सब कुछ छोड़ कर उनके पास चली जाऊँ तो वे नाराज हो जाएँगे। लेकिन मेरा हृदय उनकी बातों के दूसरे अर्थ लगाता है। अगर तुम आना ही चाहती हो तो चली आओ, अपने हृदय की बात सुनो, मैं नाराज नहीं होऊँगा।

" क्यों, क्यों, निर्णय करने का दबाव मैं क्यों झेलूँ ?

" इस बीच, मैं पीड़ा सहूँ। अपना वजन खोऊँ, अपनी नींद गँवाऊँ। मुझे लोगों में कोई दिलचस्पी नहीं है। मैं हमेशा काम में लगी हूँ। अधिकांश समय मुझे लगता है कि मैं तन्द्रा में हूँ, उनकी उपस्थिति की कामना में या वे जब उपस्थित हों तो उनकी उपस्थिति को बनाए रखने की हताश कोशिश में। तब मैं प्रसन्न होती हूँ और हँस सकती हूँ। शायद मैं जोर से हँस पड़ती हूँ और लोग घूर कर देखने लगते हैं। लेकिन उनकी उपस्थिति जब अचानक ठोस रूप ले लेती है, वे सामने दिखने लगते हैं, छोटे-छोटे कानों वाले मेरे देवता, तो मैं अपनी खुशी रोक नहीं पाती।"

चौदह

बापू के पास जाने में असमर्थता लेकिन रेवाड़ी में रहने पर बेचैनी के कारण मीरा ने वर्धा आश्रम में एक महीने रहने का फैसला किया। कानपुर में कांग्रेस अधिवेशन के लिए जाते समय वे बापू के साथ वहाँ एक सप्ताह के लिए ठहरी थीं। अहमदाबाद की जगह वर्धा जाने के उनके फैसले के पीछे शायद अभी हाल में बीते दिनों की खुशियों को याद करना था, तब हालात इतने बुरे नहीं थे। एक वजह शायद यह भी थी कि वे साबरमती आश्रम में नहीं रहना चाहती थीं क्योंकि वह बापू के बिना सूना लगता।

उन्हें बापू की कमी बेहद खल रही थी लेकिन इसे उन्होंने अपने पत्रों में जाहिर करने से परहेज किया। हर दिन घंटों तक प्रार्थना में डूबे रहने ने उन्हें संकट से उबरने में मदद की। वे हर दिन उन्हें पत्र लिखतीं और बतातीं कि वे उनकी राह पर कितना आगे बढ़ रही हैं। उन्हें रोज जवाब भी मिलते। लेकिन मीरा के पत्रों से उनके मस्तिष्क और हृदय के बीच चल रहे संघर्ष का कोई संकेत नहीं मिलता है। अकसर वे गांधीजी के अनुयायियों की कमियों पर अधीर होती नज़र आती हैं। उन लोगों के दिमाग पर अन्धविश्वासों और बेकार की रीति-रिवाज़ों की जकड़न, सादगी के जीवन के प्रति उनकी उत्साहहीनता, आश्रम के नियमों (मसलन नियमित प्रार्थना) को मन से नहीं बल्कि लकीर के फकीर की तरह पालन करने के उनके रवैये से मीरा को कोफ्त होती। उन्होंने वर्धा आश्रम में सुधारवादियों और रूढ़िवादियों के बीच संघर्ष का जिक्र किया है। महिलाओं को उनके मासिक धर्म की अवधि में अलग-थलग रखने के रिवाज़ के प्रति रूढ़िवादियों के आग्रह से वे नाराज दिखती हैं।

ऐसे पत्रों के जवाब में गांधीजी के पत्र निजी और गर्मजोशी से भरे हैं। वे मीरा की प्रगति से खुश और सन्तुष्ट दिखते हैं कि उनका भावनात्मक तूफान शान्त हो रहा है। वे उनके स्वास्थ्य के बारे में पूछते हैं और आहार के बारे में सलाह देते हैं और समझाते हैं कि महिलाओं के मासिक धर्म के दौरान उनके प्रति लोगों के रूढ़िवादी व्यवहार को बर्दाश्त करें, भले ही वे उनसे सहमत न हों। गांधीजी मीरा को उनके आदर्शों का पालन करने के लिए प्रोत्साहित भी करते हैं।

" चि. मीरा,

तुम्हारा पत्र मिला। इसमें तुमने प्रार्थना के बारे में लिखा है। यह पत्र बहुत सुन्दर है। तुमने अपने प्रति जो सावधानी बरती है वह मुझे बहुत अच्छा लगा। प्रेम का अर्थ असीम धैर्य है। हम अपनी कमजोरियों के प्रति जितने अधीर हो जाते हैं उतना ही धैर्य चाहिए प्रेम के लिए। हमें अपने पड़ोसियों की कमजोरियों के प्रति धैर्य रखना होगा। हमें उनकी कमजोरियाँ आसानी से दिख जाती हैं लेकिन हमें इस बात का एकदम पता नहीं होता कि वे उनसे किस तरह लड़ रहे होते हैं। एक चीज की कतई अनदेखी नहीं की जानी चाहिए, यह कि आश्रम की प्रार्थना सभाएँ जैसी ताजगी और सचाई भरी होनी चाहिए वैसी नहीं होतीं, वह भी मेरी कमियों के कारण जिनके बारे में न तो तुम्हें और न किसी और को कोई एहसास है।

"प्रार्थना के महत्त्व का एहसास मुझे अपने जीवन में काफी देर से हुआ। और चूँकि मुझमें स्वानुशासन लागू करने की अच्छी क्षमता है, कुछ वर्षों से मैं धैर्य और कष्टप्रद प्रयास के साथ प्रार्थना के बाह्य रूप का पालन करता रहा हूँ। लेकिन क्या मैं प्रार्थना की भावना का पालन करता हूँ? मेरा जवाब है—नहीं। जबकि यह सच है कि प्रार्थना के बिना जीवन मेरे लिए नीरस होता है, लेकिन प्रार्थना के दौरान मैं प्रार्थना के सन्देश में डूबा हुआ नहीं होता हूँ। बहुत रोकने के बावजूद मस्तिष्क इधर-उधर भटकता रहता है। अगर मैं महान अली की तरह प्रार्थना में अपने आपको निस्सार कर देता तो तुम्हें वह शिकायत करने का मौका न मिला होता जो तुमने अपने पत्र में की है। इसलिए अब तुम्हें इस पर आश्चर्य नहीं होगा कि प्रार्थना के बाह्य रूप के पालन में जो लोग सुस्ती बरतते हैं उनके प्रति मैं क्यों धीरज बनाए रखता हूँ। इसलिए मैं लोगों पर कोई सख्ती करने से डरता हूँ। अपनी कमजोरियों को जानते हुए मैं उनकी कमजोरियों के लिए उनसे सहानुभूति रखता हूँ और यह उम्मीद करता हूँ कि मैं अगर विकास करता हूँ तो वे भी मेरे साथ विकास करेंगे। इसलिए अब तुम्हें मेरी यह बात पहले से ज्यादा समझ में आएगी, जो मैं कई लोगों से अकसर कहता रहा हूँ कि मैं व्यक्तिगत रूप में जो दिखता हूँ उसके आधार पर मेरा आकलन न करें बल्कि इस आधार पर करें कि आश्रम के लोगों के जीवन में मैं कितना झलकता हूँ। केवल आश्रम, खासकर जब मैं वहाँ नहीं होता हूँ, ही मेरे बारे में जानने का अचूक साधन है।"

किसी अतिमानवीय प्रयास से मीरा ने अपना संयम सितम्बर के मध्य तक बनाए रखा। उनमें एक बेचैनी भरी थी, जो उन्हें ज्यादा दिनों तक एक स्थान पर नहीं रहने

देती थी। वे वर्धा से बम्बई और फिर पूना गईं। तूफान अन्ततः पूना में फट ही पड़ा। बापू दक्षिण की यात्रा पर थे और मीरा भौगोलिक तौर पर उनसे यथासम्भव करीब पहुँच चुकी थीं। उन्हें सूचित किए बिना उन्होंने बंगलूर की ट्रेन पकड़ ली और बंगलूर में बस पकड़कर शहर के बाहरी इलाके में पहुँच गईं, जहाँ बापू ठहरे हुए थे।

यह मुलाकात क़यामत साबित हुई। पहले तो बापू उन्हें देख कर सचमुच खुश लगे। उनके चेहरे पर स्वागत में चौड़ी मुस्कान फैल गई। लेकिन कुछ घंटों के भीतर ही बादल उमड़ने-घुमड़ने लगे। वे असामान्य रूप से परेशान दिखने लगे। अन्तरंगता की जगह दूरी, स्नेह की जगह उदासीनता, और क्रोध भी उभरने लगा। वे मीरा को अपने पर काबू न रख पाने के लिए डाँटने लगे। मीरा सिर झुकाए चुपचाप बैठी रहीं, उनका चेहरा आँसुओं से भीगता रहा। रात भर वे सो न पाईं और अगली सुबह जब वे उनके कमरे में गईं तो वे संयत नज़र आए हालाँकि उनका चेहरा उतरा हुआ लगा। उन्होंने मीरा को एक पर्ची थमा दी जिस पर लिखा था कि आज उनका मौन रखने का दिन है। इसके बाद उन्होंने दूसरी पर्ची थमाई जिस पर लिखा था कि वे तुरन्त साबरमती आश्रम चली जाएँ। मीरा के चेहरे पर उभरे सदमे को देख उन्होंने उनके हाथ से पर्ची ले ली और लिखा—"तुम्हारे अन्दर साहस बहुत है मगर तुम कमजोर हो। साहस के साथ शान्ति न हो तो कमजोरी होती है। मैं यह तुम्हारी भलाई के लिए कर रहा हूँ।"

मीरा के लिए अवमान की अति तब हो गई जब उन्हें विदा करने रेलवे स्टेशन गए महादेव भाई ने उनसे विनम्र मगर साफ शब्दों में कहा कि उन्हें बापू से खुद को अलग रखना होगा। उनके आने के बाद बापू का रक्तचाप खतरनाक रूप से बढ़ गया था।

साबरमती आश्रम लौट कर मीरा ने फिर रोमाँ रोलाँ को पत्र लिखा—

आश्रम
साबरमती, अहमदाबाद
24 सितम्बर, 1927

परम मित्र,

यह मेरी शर्म का पत्र है। मैं अपने को काबू में न रख सकी और उनके स्वास्थ्य के लिए चिन्ता में पागल होकर उनसे मिलने दक्षिण चली गई। वे बेहद नाराज हो गए और मुझे वापस भेज दिया। दुत्कारी गई कुतिया जैसे दुम दबाए भागती है वैसे ही मैं शरमा कर भाग आई। साथ लगने वाले को लोग किस तरह दुत्कारते हैं! मैं उनमें से एक हूँ। मैं साफ देख रही थी कि मैं उनके लिए असहनीय हो रही थी फिर भी खुद को न रोक सकी। मुझे जहाज के ढाँचे से जुड़े बार्नेकल जैसा बनने से घृणा

थी, जो हमेशा जहाज से अलग न होने की जद्दोजहद में जुटा रहता है। यहाँ से मैंने उन्हें जो पत्र लिखे उनमें अपने आपको कोसा, मैंने वादा किया कि मैं अपने आप पर ज्यादा संयम रखने की कोशिश करूँगी, अपने कार्यों पर भावनाओं को हावी न होने दूँगी।

मैं भारत में अपने भावी कार्यक्रम में नई ऊर्जा से जुट गई हूँ। यह कार्यक्रम है गाँवों में दुग्ध उत्पादन में सुधार के जरिए गरीब लोगों की सेवा। जब मैं बच्ची थी तभी अपने दादाजी के फार्म में दूध दुहना सीखा था। मवेशियों से मैंने हमेशा सहजता महसूस की है। यहाँ भी आश्रम की दुग्धशाला में काम करना मेरे लिए अपनी तकलीफों से उबरने में सहायक रहा है। इस बार मैंने संकल्प कर लिया है कि मैं उन्हें अपनी योग्यता सिद्ध कर दूँगी।

लेकिन प्रिय मित्र, आप यह कतई मत सोचें कि उनके लिए मेरा प्रेम केवल शुद्ध भावनाओं, रिसते जख्मों और पीड़ा का मामला है। यह उदासी और वंचना के भय के काँपते खम्भों पर भले ही टिका हो लेकिन मेरी पीड़ा और कुछ भी हो, खालीपन नहीं है। उनके लिए मेरा प्यार, जिसे अकसर खारिज और कभी-कभी अपमानित किया जाता था, मुझे खाली नहीं करता बल्कि लबालब भर देता है। यह खुशी और दर्द, दोनों का स्रोत है। इसके बदतर क्षणों और सबसे दर्दनाक स्थितियों में भी उनके लिए मेरी श्रद्धा जीवन का, दैवी जीवन का स्रोत है। अपने आँसुओं में भी मैं महसूस करती हूँ कि मेरा प्यार मेरे अपने स्व और अपने आसपास की दुनिया के मेरे बोध को और गहरा करता है मानो दोनों को मैंने नए सिरे से पहचाना है। यह सच है कि अपने अपमान और आत्मघृणा के आहत क्षणों में मैं स्वयं को नहीं पहचान पाती। फिर भी, इन्हीं क्षणों में मुझे रहस्यमय मुठभेड़, स्वयं को बहुत ज्यादा पहचानने का सदमा लगता है। अपनी आत्मा की गहराइयों में, शायद उन गहराइयों में जहाँ आत्मा के पवित्र रहस्य छिपे होते हैं, मैं एक पतित प्राणी हूँ जो असम्भव प्रेम में स्वयं को अपमानित कर रहा है।

दुआ कीजिए कि मुझमें वह साहस पैदा हो कि सहनशक्ति की परीक्षा लेने वाली तमाम विपत्तियों में भी अपने प्रेम को बचाए रखूँ, कि उसके निर्देशों के बावजूद अलग तरह से काम कर सकूँ।

आपकी

मीरा

रोमाँ रोलाँ को पत्र भेजने के पाँच दिनों बाद मीरा को गांधीजी का एक संक्षिप्त पत्र मिला जिसने उनका हौसला बढ़ा दिया। उनकी भावनाओं में फिर उतार-चढ़ाव होने लगा। बापू के साथ पहले वर्ष में मिले आनन्द ने उनकी भावनाओं को जिस ऊँचाई

पर पहुँचा दिया था उसके विपरीत इधर कुछ समय से वे निराशा के गर्त में पहुँच गई थीं। बापू के संक्षिप्त पत्र में लिखा था–"यहाँ पहुँचने के बाद मैं तुम्हें प्रेम सन्देश भेजने से अपने को न रोक सका। तुम्हें जाने के लिए कह कर मैं काफी उदास हो गया। मैं तुम्हारे प्रति काफी क्रूर रहा हूँ। लेकिन मैं कुछ कर नहीं सकता था। मुझे एक शल्यक्रिया करनी थी और उसके लिए मैंने खुद को तैयार किया। अब उम्मीद करें कि सब कुछ ठीकठाक रहेगा और सारी कमजोरी दूर हो जाएगी।"

दो दिन बाद 29 सितम्बर का लिखा पोस्टकार्ड आया–"यह कार्ड सिर्फ यह बताने के लिए है कि मैं तुम्हें अपने दिमाग से निकाल नहीं सकता। हर सर्जन बड़े ऑपरेशन के बाद मलहम का इस्तेमाल करता है। यह मेरा मलहम है।" दूसरा कार्ड उनके जन्मदिन 2 अक्तूबर को आया–"तुम्हारा हाल जानने को मैं इतना चिन्तित पहले कभी नहीं रहा, क्योंकि मैंने एक गम्भीर ऑपरेशन के बाद तुम्हें तुरन्त रवाना कर दिया था। तुम्हें वापस भेजना इस ऑपरेशन का एक हिस्सा था...कल रात तुम्हारी चिन्ता नींद में भी हुई--जिन लोगों के पास तुम्हें भेजा उन मित्रों से पता चला कि तुम परेशान हो मगर खतरे की कोई बात नहीं है। उन लोगों ने मुझे बताया कि 'आपको चिन्तित होने की जरूरत नहीं है। हम वह सब कर रहे हैं जो मानवीय रूप से सम्भव है।' इसके साथ ही मेरी नींद टूट गई और मैं परेशान हो गया। प्रार्थना करने लगा कि तुम्हें कोई नुक़सान न पहुँचे। तुम्हारे पत्र से बहुत खुशी हुई।"

मीरा ने अपनी डायरी में 12 अक्तूबर, 1927 को लिखा–"शायद मैं खुद को दो हिस्सों में बाँट सकती हूँ। उनके सामने और उनको लिखे पत्रों में मैं सत्याग्रह आश्रम की मीरा बहन हूँगी–मजबूत, समझदार, उनके आदर्शों और उनके सपने में आस्थावान। और अपनी डायरी में मैं मीराबाई हूँगी–उनके व्यक्तित्व के प्रति समर्पित, आकांक्षा और लालसा से भरी।"

साबरमती आश्रम में लौट आने के बाद गांधीजी ने जब मीरा से कहा कि समय आ गया है कि वे अपना रास्ता खुद चुनें तो मीरा ने कोई विरोध नहीं किया। आश्रम की मीरा बहन और लालसापूर्ण मीराबाई बने रहने का उनका संकल्प अभी ताजा ही था। वे अपने अहं के हर अवशेष को; निरन्तर इच्छाएँ रखने और दुनिया जब उसे पूरी न करे तो रुष्ट हो जाने वाली अपनी निजता के हर आग्रह को मिटा देने को संकल्पबद्ध थीं। वे आत्मसमर्पण की, अपने हाथों से चीजों को निकल जाने देने की कला सीखने को दृढ़ इरादा कर चुकी थीं। हमेशा नई ऊँचाइयाँ हासिल करने को तत्पर अहं के विपरीत समर्पण भाव नई गहराइयों की अनुभूति कराएगा। उनके लिए

बापू की जो इच्छाएँ हैं उनके अलावा वे कोई इच्छा नहीं करेंगी, और दोनों से भी ऊँचा जो लक्ष्य है उसी के लिए वे काम करेंगी। कई वर्षों बाद वे पीछे मुड़ कर देखेंगी तो इस अवधि को सख्त आध्यात्मिक संयम, तपस्या की अवधि के रूप में याद करेंगी। उन्हें यह विडम्बनापूर्ण लगेगा कि सन्त लोग तो दैवी शक्ति से एकाकार होने के लिए तपस्या करते हैं मगर उनकी अपनी तपस्या अपने 'देवता' से दूरी रखने के लिए थी।

मीरा ने अब गांधीजी से यथासम्भव अधिकतम शारीरिक दूरी रखने का फैसला कर लिया। साबरमती आश्रम से वे उत्तर बिहार के मधुबनी जिले के दूरदराज के छतवन गाँव चली गईं। अहमदाबाद से रेलगाड़ी, बस और बैलगाड़ी की सवारी करके वे पाँच दिन में वहाँ पहुँचीं। यहाँ उन्होंने उस काम में जुट जाने का फैसला किया जो गांधीजी को सबसे प्रिय था--गाँव की औरतों को कताई-बुनाई के बेहतर तरीके सिखाना। गाँव के गिने-चुने पक्के मकानों में से एक में मीरा ने अपना ठिकाना बनाया। इस मकान में एक छोटा-सा हॉल था जिसका मेहराबों वाला दरवाज़ा गाँव की सड़क की ओर खुलता था, एक छोटा-सा कमरा था जिसमें वे अपना चन्द सामान रखती थीं, जिनमें मुख्यतः किताबें थीं जो लोहे के एक बक्से में रखी थीं। मकान के पीछे बाँस और फूस की झोंपड़ी थी जो रसोईघर थी। पहले हफ्ते वे दिन भर हॉल में बैठकर रूई की धुनाई करती रहीं ताकि आते-जाते लोग देख सकें। औरतें रुक कर उन्हें देखतीं। उन्हें उत्सुकता होती कि एक अंग्रेज मेम नीची जाति की औरतों के काम को इतना महत्त्व दे रही है। जो औरतें रुक कर उन्हें देखतीं उन्हें मीरा धुनी हुई रूई की पूनी बनाकर देतीं और अपनी कामचलाऊ हिन्दी में उनसे कहतीं कि वे "पूनी घर ले जाकर सूत कताई करो। अगर सूत अच्छा लगे तो मेरे पास आकर इस तरह की कमानी का इस्तेमाल करना सीख लो।" औरतें शुरू में थोड़ी झिझकीं। उन्होंने पूनी को ध्यान से देखा और खुशी जाहिर की लेकिन मीरा ने उन्हें कमानी देनी चाही तो वे पीछे हट गईं। लेकिन जल्द ही कुछ औरतों ने नए तरीके को आजमाना चाहा। वे धुनाई-बुनाई के नए तरीके सीखना चाहती थीं।

अधिकतर शामों में मीरा अँधेरे हॉल में किरासन की लालटेन की रोशनी में बैठी गांधीजी को पत्र लिखकर अपने अनुभवों का बयान करती रहतीं। बाहर कुत्तों के भूँकने या बच्चों के रोने की आवाज़ आती रहती। मीरा को बापू की कमी बहुत खलती लेकिन वे अपनी निजी भावनाओं को पत्र में प्रतिबिम्बित नहीं होने देतीं। पत्र लिख कर उसे दो-तीन बार पढ़तीं और ऐसी कोई बात अनजाने में लिखी गई हो तो उसे काट देतीं। प्रेम की अभिव्यक्तियों पर स्वआरोपित निषेध के कारण मीरा अपना सारा प्रेम पत्र लिखने की क्रिया में उड़ेल देतीं। उन्हें एहसास रहता कि सरकंडे की

कलम को दवात में डुबाने के बाद कागज पर भावना रहित शब्द लिखते हुए वे अपनी आत्मा की उस इच्छा को अभिव्यक्त कर रही हैं, जो गोपनीय रहेगी और बापू से छिपी रहेगी। कभी-कभी यह इच्छा उपयुक्त अभिव्यक्ति चाहती और यह असह्य हो जाता, खासकर तब जब वे रात में बिस्तर पर अकेली लेटी होतीं या सुबह होने से काफी पहले जाग जातीं और फिर नींद न आती। तब वे लेटे-लेटे आसमान को देखती रहतीं और सोचतीं कि वे भी आश्रम में अपनी कुटिया के बरामदे पर बिस्तर में लेटे इस आसमान को देख रहे होंगे।

पोस्टकार्ड पर टिप्पणियाँ भेजने के अलावा बापू उनके पत्रों के फौरन उत्तर भी देते। दिन भर की यात्रा, बैठकों, भाषणों आदि के बाद रात में सोने से पहले अकसर वे मीरा को पत्र लिखते। कताई में आने वाली तकनीकी दिक्कतों के समाधान सुझाने के अलावा खान-पान पर उन्हें खुल कर सलाह लिखते। मीरा का स्वास्थ्य हमेशा चिन्ता का कारण रहता और वे हमेशा उन्हें अपना ध्यान रखने की सलाह देते ताकि वे बीमार न पड़ जाएँ। चूँकि वे दूर थीं, वे अपना स्नेह आसानी से व्यक्त कर पाते थे और यह भी बताते थे कि उनकी कमी वे कितना महसूस करते हैं।

इस दौरान मीरा ने रोलाँ को एक पत्र लिखा, जो उनकी भावनात्मक स्थिति का अन्दाजा देता है। ऐसा लगता है कि वे संवाद की सुविधा से जान-बूझकर वंचित रहना चाहती थीं; नहीं चाहती थीं कि उन्हें समझा जाए, मानो उनकी तपस्या की माँग केवल यही नहीं थी कि वे अपनी पीड़ा को चुपचाप सहें बल्कि यह भी कि वे ऐसी स्थिति में पहुँच जाएँ कि उन्हें खुद उसे समझने की या उसके बारे में दूसरों को समझाने की जरूरत न रह जाए।

गांधीजी और मीरा के इस अवधि के पत्रों को पढ़ते हुए मीरा और मीराबाई में समानता और स्पष्ट होने लगती है। कृष्ण बाँसुरीवादक और नर्तक थे, मीराबाई ने भी वही किया। वे अपने आराध्य के लिए नाचती-गाती घूमती रहीं। गांधीजी का नृत्य-संगीत दूसरी तरह का था और मीरा बहन ने भी अपने आराध्य का अनुकरण किया। शौचालय के लिए गड्ढे खोदना क्या एक तरह का संगीत नहीं था? कताई के नए तरीके सिखाना क्या एक नृत्य नहीं था?

पन्द्रह

मीरा का निर्वासन 1929 की गर्मियों में समाप्त हुआ, जब गांधीजी ने उत्तर भारत की अपनी भाषण यात्रा में उन्हें साथ चलने के लिए कहा।

गांधीजी के काफिले में मीरा और अपरिहार्य महादेव भाई के, जो उनके सचिव थे, अलावा आश्रम के चार लोग थे और जिस सूबे में वे होते वहाँ के कुछ कांग्रेस कार्यकर्त्ता होते। ये कार्यकर्त्ता उनके काफिले की यात्रा, ठहरने की जगह और जनसभा का प्रबन्ध करते थे। लम्बी दूरी की यात्रा रेलगाड़ी के तीसरे दर्जे में की जाती थी। उनका डिब्बा सामान, फ़ाइलों और ठहराव के स्टेशनों पर उमड़े लोगों द्वारा भेंट किए फलों, नमकीन और मिठाई वगैरह की टोकरियों से भरा होता। डिब्बे में पीछे की ओर चटाई बिछा दी जाती जिस पर गांधीजी लेट कर आराम कर सकते थे। छोटी दूरी की यात्रा कार से की जाती थी, जब गांधीजी गाँवों का दौरा करते थे।

दो महीने वे लोग निरन्तर दौरे पर ही रहे। गांधीजी एक दिन में चार-पाँच जनसभाओं को सम्बोधित करते थे। दिन में दो बार थोड़ा लम्बा विश्राम किया जाता। पहला, भोजन और कपड़े वगैरह धोने के लिए और दूसरा, शाम में भोजन और रात्रि विश्राम के लिए। आगे बढ़ते रहने और भीड़ से घिरे रहने का माहौल बराबर बना रहता। लोग स्टेशनों के प्लेटफॉर्म पर भर जाते, रास्ते रोक देते और जहाँ गांधीजी का काफिला ठहरता वहाँ मँडराते रहते। सब महात्मा का दर्शन करने को उत्सुक रहते।

बा कम ही यात्रा करतीं और गांधीजी की अनुपस्थिति में साबरमती आश्रम की देखभाल करतीं। बा की अनुपस्थिति में मीरा का काम होता यह देखना कि बापू की दिनचर्या ठीक से गुजरे और उनका हर काम समय पर हो। वे और कुछ करने के बारे में सोच ही नहीं सकती थीं। जब बापू दिन के पहले मुख्य पड़ाव पर जनसभा को सम्बोधित कर रहे होते तब वे उस कमरे का जायजा लेतीं जहाँ बापू को चन्द घंटों के लिए ठहरना होता। वे कमरे से सारा फर्नीचर निकलवातीं, कमरे में दरवाजे के पास चटाई और खादी की चादर बिछवा देतीं और गुसलखाने को एकदम साफ करवा देतीं। उनके खाने के लिए बकरी के दूध और ताजा सब्जियों का इन्तजाम

करतीं। आहार पर अपने निरन्तर जारी प्रयोग के तहत गांधीजी उस समय 'पंच वस्तु' प्रयोग कर रहे थे। इसमें वे दिन में पाँच अलग-अलग चीजें खा रहे थे। हर सब्जी और फल को एक-एक वस्तु माना जाता था और एक वस्तु दिन में दोबारा नहीं खाई जाती थी। दूध ताजा हो इसके लिए मीरा खुद ही दूध दुहती थीं। बचपन में दादा के घर में गाय दुहने की कला जो सीखी थी वह काम आ रही थी।

जब गांधीजी जनसभा को सम्बोधित करके कमरे की ओर लौटते तो भीड़ भी पीछे-पीछे 'महात्मा गांधी की जय' नारे लगाती आती। भीड़ को मकान के फाटक पर रोक दिया जाता। गांधीजी पसीने, धूल से सने होते और थके होते। मीरा उन्हें गुसलखाना दिखातीं, जहाँ बाल्टी में पानी, लोटा और साफ तौलिया रखा होता। वे नहा कर निकलते और मीरा उनका खाना तैयार करके रखतीं। वे खाने के बाद कुछ देर सोते। इस बीच मीरा उनके और अपने कपड़े धोतीं और नहा लेतीं। कपड़े दोपहर के पड़ाव तक नहीं सूख पाते तो गीले कपड़े ही बाकी सामान के साथ बाँध लिये जाते और काफिला आगे बढ़ जाता। यह रोज का सिलसिला रहता।

कभी-कभी मीरा को बापू की किसी सभा में शामिल होने का समय मिल जाता। तब उन्हें सभा खत्म होने के बाद जनता से चन्दा इकट्ठा करना होता था। कपड़े के झोले के साथ वे काफिले के दूसरे लोगों को लेकर भीड़ में घुस जातीं। मैदान में लोग खचाखच भरे होते। गांधीजी के काम के लिए गरीब किसान ताँबे और निकल के सिक्के बड़े उत्साह से दान करते। एक बार बापू ने औरतों से अछूतोद्धार के काम के लिए गहने दान देने की भावुकतापूर्ण अपील की। गरीब औरतों ने जिस तरह अपनी अँगूठी, कान की बालियाँ, कंगन वगैरह उतार-उतारकर देना शुरू किया और शायद अपना एकमात्र गहना जिस तरह झोले में डालने के लिए आपस में होड़ करने लगीं उसे देखकर मीरा की आँखें भर आईं। एक युवा औरत ने उनका हाथ पकड़ लिया और अपने एकमात्र गहने, चाँदी की भारी हँसुली की ओर इशारा किया, जो उसकी काली चमड़ी पर चमक रही थी। वह इतनी भारी थी कि उसे निकालने के लिए दूसरे की मदद की जरूरत थी। मीरा ने उसे एक तरफ से खींचा, औरत ने दूसरी तरफ से। मीरा को हँसुली सौंपते हुए उसका चेहरा गर्व से चमक रहा था। उसने बड़ी सरलता से कहा, "महात्मा जी के लिए।" मीरा ने गौर किया कि अमीर लोग दान देने में कंजूसी बरतते थे। वे अपने मोटे पर्स में कोई बड़ा नोट देने के बदले सिक्का ढूँढ़ा करते थे। शाम में झोले को खाली करके हजारों सिक्कों को गिना जाता था। हरेक गहने की सूची बनाई जाती थी और दिन भर में मिले दान का ब्यौरा बापू को सौंपा जाता था। पैसे और गहनों की बोरियाँ काफिले के साथ गाँव-गाँव घूमती थीं और कोई बड़ा शहर आता था तो बैंक में जमा की जाती थीं।

पुरानी कार में कच्ची सड़क पर पसीने और धूल से लथपथ हिचकोले खाते हुए यात्रा करके मीरा बेहद खुश थीं। उन्हें पता नहीं था कि हिन्द महासागर में भूमध्य रेखा के दक्षिण जिस तरह हवा का दबाव बनने से मानसून आता है उसी तरह उनके जीवन पर तूफानी बादल फिर से उमड़ने वाले थे। बापू के प्रति इतने दिनों से दबी उनकी भावनाएँ उनकी तमाम अच्छी मंशाओं के बावजूद उस बाँध को तोड़ कर बहने वाली थीं जिसे उन्होंने अठारह महीनों में बड़ी मेहनत से तैयार किया था।

अहमदाबाद लौट कर मीरा ने अपनी खाली पड़ी कुटिया में फिर डेरा जमाया। बापू ने इसे किसी को नहीं दिया था। पहला दिन उन्होंने कुटिया की सफाई, अपनी किताबें सजाने, अपनी चिट्ठियाँ पढ़ने, अपनी माँ की दो और रोहना की एक चिट्ठी का जवाब लिखने में बिताया। शाम की प्रार्थना से पहले जब मीरा बा का अभिवादन करने गईं तो उन्हें आश्चर्यजनक रूप से काफी गर्मजोशी भरा पाया, पहले से एकदम विपरीत। बा ने मीरा को अपनी हिन्दी में और सुधार करने के लिए बधाई दी, स्वास्थ्य के बारे में पूछा और मलेरिया के लिए बदनाम बिहार में उनके प्रवास के बारे में पूछा। उन्होंने बापू के साथ उनके दौरे के बारे में कुछ नहीं पूछा।

भोजन के बाद मीरा गांधीजी की कुटिया में पहुँचीं। वे बरामदे में अपनी चारपाई पर लेटे थे। बा उनके बगल में गरम घी का कटोरा लेकर जमीन पर बैठी थीं। उनके पैर की मालिश की तैयारी थी। मीरा पास पहुँचीं तो दोनों ने ऊपर देखा, फिर एक-दूसरे को। गांधीजी उठ कर बैठ गए और बा को उठने में मदद की। बा एक शब्द बोले बिना उन दोनों को अकेला छोड़कर अपने कमरे में चली गईं। मीरा को महसूस हुआ कि उनका शरीर काँपने लगा है। उन्हें पता था कि क्या होने वाला है। बापू नहीं चाहते थे कि वे दोनों इस तरह फिर साथ बैठें। मीरा उनके शब्द ठीक-ठीक सुन नहीं पाईं, न ही उन्हें यह होश था कि वे खुद क्या कह या कर रही थीं। बाद में वे यह भी याद नहीं कर पाईं कि वे अपनी कुटिया में कैसे पहुँचीं। उन्हें बस यही याद रहा कि वे अपनी चारपाई पर आकर गिर गईं, उनका शरीर उनकी सुबकियों से इस तरह हिल रहा था मानो मुक्ति चाहता हो, जो केवल मृत्यु से ही सम्भव थी।

अगली सुबह वे प्रार्थना सभा में नहीं जा पाईं। उसके बाद महादेव भाई गम्भीर मुद्रा में बापू का सन्देश लिखा मुड़ा हुआ कागज लिए आए। बापू ने लिखा था—

चि. मीरा,

24-6-29

यह अच्छी बात है कि तुम उस घटना पर मुझसे कुछ सुनना नहीं चाहतीं। लेकिन मैं कहना चाहता था। उस प्रदर्शन के बाद मैं अपने विचारों को लिखना चाहता था। अब वही कर रहा हूँ।

वह प्रदर्शन मेरे बयान की सचाई का प्रमाण है। मेरी साधारण-सी टिप्पणी पर दूसरा कोई आत्महत्या करने के बारे में नहीं सोचता। यह सच है कि तुम मेरे दौरों में मेरे साथ रहना चाहती हो। तुम हर चार महीने पर अपना काम छोड़ कर आश्रम आना चाहती हो। तुम मानती हो कि ये इच्छाएँ कमजोरियाँ हैं। मैं इसकी छूट दे सकता हूँ। लेकिन जब मैं यह कहता हूँ कि ये अपने आपमें रोग नहीं, उस गहरी बीमारी के लक्षण हैं जिसे समझने की कोशिश नहीं की गई है। अगर तुम वह नहीं हो जैसा मैंने तुम्हें बताया है तो तुम उस बीमारी की ओर ध्यान दिलाने पर खुश होतीं और उससे छुटकारा पाने का साहस करतीं। लेकिन तुम तो ढह गईं, जिससे मुझे दुख और चिन्ता हुई।

यह बीमारी है बुतपरस्ती। अगर ऐसा नहीं है तो मेरा साथ पाने की भूख क्यों? उस पैर को चूमना क्या, जो एक दिन ठंडा पड़ जानेवाला है? शरीर में कुछ भी नहीं है। मैं जिस सत्य का प्रतिनिधित्व करता हूँ वह तुम्हारे सामने है। अनुभव और प्रयास से यह सत्य तुम्हारे सामने प्रकट हो जाएगा, जिस तरह का मेरा साथ तुम चाहती हो उससे यह नहीं होगा। कामकाज के बीच जब यह तुम्हारे सामने प्रकट होगा तो तुम दूसरों की तरह इससे ज्यादा से ज्यादा लाभ पाओगी, खासकर अपने श्रद्धा भाव के कारण। मुझ पर इतनी निर्भरता क्यों? मुझे खुश करने की तमाम कोशिशें क्यों? मुझसे स्वतन्त्र होकर और मेरे बिना क्यों नहीं? मैंने तुम्हारी स्वाधीनता पर कोई बन्दिश नहीं लगाई है, सिवा उनके जिनका तुमने स्वागत किया। अगर तोड़ सकती हो तो मूर्ति के टुकड़े-टुकड़े कर दो। अगर तुम ऐसा नहीं कर सकतीं तो मैं तुम्हारे साथ दुख सहने को तैयार हूँ। लेकिन मुझे चेतावनी देने की छूट देनी होगी।

मैं जो सोचता हूँ वह गलत हो सकता है। ऐसा है तो अच्छी बात है। हताश मत होओ, मेरे साथ खुशी-खुशी संघर्ष करो। तुम्हें छोड़कर हर कोई मेरी फटकार को बिना घबराए सह लेता है।

तुम्हारी अब तक की कोशिशें अगर विफल रही हैं तो क्या हुआ? रोग से तुमने अब तक यान्त्रिक रूप से लड़ाई लड़ी है। उसमें तुम्हें खासी सफलता मिली है। अगर मैं कहता हूँ कि तुम बीमारी की जड़ तक नहीं पहुँची हो तो इसमें रोने की क्या बात है? मुझे तुम्हारी विफलताओं से कोई शिकायत नहीं है। वे सफलता की सीढ़ियाँ हैं। तुम्हें इस निष्क्रियता से उबरना होगा और इसकी चपेट में फिर आने से बचना होगा।

मैं बस यहीं खत्म करता हूँ। ईश्वर तुम्हारी सहायता करे।

प्यार के साथ

बापू

मुझे पता नहीं कि मीरा के कागजात में मुझे जो निम्नलिखित पत्र मिला वह बापू के

पत्र के जवाब में लिखा गया था या इसे लिखकर उन्होंने भेजा नहीं। मेरा खयाल है उन्होंने इस पत्र को भेजा नहीं—

प्रिय बापू,

25 जून, 1929

हाँ, मैं आपके पैर बार-बार चूमती रही। हाँ, मैं उन्हें अपने गरम आँसुओं से धोती रही। मैं आपके साथ होने की खुशी और इस दुख से रोती थी कि आप मुझे फिर वापस भेज देंगे। हाँ, मैं आपके पैरों को अपनी छातियों में दबाकर अपना चेहरा उनमें सटा लेती थी। मैं अब भी महसूस कर सकती हूँ कि आपके पैरों की मांसपेशियाँ सख्त हो जाती थीं। मुझे आपके चमड़े की फटन अपने गालों पर महसूस होती और भावनाओं की उमड़न में मैं खुद को दोष देती कि मैं आपके शरीर की देखभाल नहीं कर रही, पहले जिस तरह आपके पैरों पर घी की मालिश करती थी वैसा नहीं कर पाती। हाँ, मैंने यह सब किया और मुझे कोई शर्म नहीं महसूस हुई।

बापू, मैं किसी मूर्ति की नहीं बल्कि जीवित देवता की पूजा करती हूँ। आप शाश्वत हैं। अनादि, शाश्वत की पूजा करना बुतपरस्ती नहीं है। दरअसल, कभी-कभी मैं सोचती हूँ कि आप पत्थर की मूर्ति होते। तब मैं आपको हर सुबह नहाती, चन्दन का लेप करती, और आपके पैरों पर पुष्प-धूप चढ़ाती। आप अपने पैरों को हटा नहीं पाते और मुझे पूजा करने देते। आप मेरे प्रेम, भक्ति को स्वीकार क्यों नहीं कर सकते? क्या आप ऐसे भगवान हैं जो अपने परम भक्त से दूर होना चाहता है? या आपकी प्रतिक्रिया मेरे लिए एक परीक्षा है, जैसा कि हिन्दू देवी-देवता अपने भक्तों और सन्तों की लिया करते हैं। क्या आप यह जाँचना चाहते हैं कि मैं कितना तिरस्कार सह सकती हूँ और फिर भी प्रेम करना नहीं छोड़ती?

ओह मेरे प्रिय, आपको आश्चर्य होगा कि मैं कितना कुछ सह सकती हूँ यद्यपि मुझमें कमजोरी भी उभरती है। हाँ, कल शाम ऐसा ही हुआ जब आपने मुझे वे कड़ी बातें कहीं। उन बातों से ज्यादा उन्हें जिस बेरुखी से कहा गया उसने मुझमें यह चाहत पैदा की कि मैं उसी समय, वहीं सब कुछ समाप्त कर दूँ। आपकी आवाज़ बर्फ की बर्छी की तरह मेरे हृदय में धीरे-धीरे धँसती चली गई। मैंने मर जाना चाहा। आपके लिए मेरा प्रेम मुझे एक फूल की तरह खिला देता है लेकिन यह एक जख्म की तरह भी खुल सकता है—लाल, कच्चे, दर्द भरे जख्म की तरह। मेरा प्रेम मुझे दुखी करता है और अधिकतर समय मैं इस दुख का स्वागत करती हूँ। दरअसल, मैंने खुद इसे चुना है। और किसी कमजोर क्षण में मैं अगर इस दर्द का स्वागत न करूँ, मेरा दर्द मेरे लिए खुशी का कारण न बने तो यह प्रेम करने की मेरी क्षमता की कमजोरी होगी, जिसके लिए मुझे प्रायश्चित करना होगा। इस कमजोरी पर मुझे विजय पाना ही

होगा। आप अकसर कहते हैं—'मुझे खुद को शून्य बनाना होगा ताकि ईश्वर मेरे माध्यम से काम करे, जहाँ चाहे उधर ले जाए।' अपने ईश्वर के लिए मुझे भी खुद को शून्य बनाना होगा। और ओह मेरे प्रिय चिकित्सक, मेरे रोग की आपने कितनी गलत पहचान की है। आपसे वियोग ही मेरा रोग है। आपकी अनुपस्थिति ही मेरी व्यथा है। मेरे रोग का एक ही उपचार है—आपकी उपस्थिति, आपकी वापसी। मेरा डॉक्टर ही मेरे रोग का कारण है, वही मेरा इलाज है और एकमात्र चिकित्सक।

आपकी
मीरा

पुनश्च : इस पत्र को दोबारा पढ़ने के बाद मैं शर्मिन्दा हो गई। शून्य तक की राह कठिन और लम्बी है। आपने मेरे लिए जो सुझाया है उसका मुझे पालन करना चाहिए। मुझे वह नहीं बनना चाहिए जो आप सोचते हैं कि मैं हूँ, मुझे वह बनना चाहिए जो आप मुझे देखना चाहते हैं। मैं दूसरा संकल्प ले रही हूँ। आज से मैं अपने हृदय के प्रतिरोधों को दबाऊँगी, उन गहरी हूकों को उठते ही दबा दिया करूँगी। मेरी यह नियति मेरे लिए अब मेरी खुशी होगी। तभी मैं खुद को अपना कह सकूँगी।

आपकी
मीरा

गांधीजी जल्द ही संयुक्त प्रान्त के दूसरे दौरे पर चले गए और जब वे आश्रम से दूर थे तभी उस शाम हुई घटना का उन्होंने जिक्र किया अपने इस पत्र में—

चि. मीरा,

ट्रेन दो घंटे लेट थी और सारा कार्यक्रम गड़बड़ा गया। मैंने दोपहर का अपना आराम छोड़ा और नहाना रात के पड़ाव के लिए स्थगित किया तब जाकर सब ठीकठाक हो पाया। मैंने साढ़े नौ बजे कताई बन्द कर दी। अब रात के दस बज रहे हैं और मैं पत्र लिखने के बाद ही सो पाऊँगा।

यह भूमिका इसलिए कि मैं यह बताना चाहता हूँ कि मैं दिन भर तुम्हारे बारे में सोचता रहा। अब तुमसे दूर होने के कारण, तुम्हें दुख पहुँचाने पर मेरा दुख और बढ़ गया है। ऐसा कोई अत्याचारी नहीं होगा जिसे अपने अत्याचार की सज़ा न भुगतनी पड़ी हो। कोई भी प्रेमी दुख देने के बाद खुद ज्यादा दुख पाने से न बच पाया होगा। मेरी हालत वैसी ही है। मैंने जो किया वह होना ही था। मैं बस यही सोचता हूँ कि मैंने क्रोध न किया होता। लेकिन जिन्हें मैं सबसे ज्यादा प्यार करता हूँ उनके प्रति मैं इतना ही क्रूर हो जाता हूँ। लेकिन अब चूँकि तुम मुझसे दूर हो, मुझे तुम्हारी

असाधारण भक्ति की ही याद आती है। ईश्वर तुम्हें तुम्हारे मोह से मुक्त करें या वे मेरी समझदारी की आँखें खोल दें ताकि मैं अपनी गलती देख सकूँ।

तुम्हें सकुशल रहना है।

प्यार,

बापू

मीरा से दूर रहने पर उनके लिए अपना प्यार और विशेष स्नेह गांधीजी आसानी से व्यक्त कर पाते थे। वे यह भी स्वीकार करते थे कि उन दोनों के बीच सम्बन्ध तूफानी किस्म का है। भारतीय गीतों का खासतौर से उनके लिए अंग्रेजी अनुवाद भेजते हुए गांधीजी ने लिखा, ''तुम्हारे लिए इन गीतों का अनुवाद करके मुझे काफी खुशी हो रही है। क्या मैंने अपना प्रेम स्नेह की वर्षा की जगह प्रचंड तूफान के रूप में व्यक्त नहीं किया है? उन तूफानों की याद तुम्हारे लिए किए गए इस अनुवाद का आनन्द और बढ़ा देता है।''

इसके तुरन्त बाद दूसरे पत्र में उन्होंने लिखा कि वे मीरा के समर्पण को क्यों स्वीकार नहीं कर सके–

''तुम मेरे दिमाग में हो। मैं तुम्हें ढूँढ़ता हूँ और तुम्हारी कमी महसूस होती है।...तुम अपना घर, अपने लोगों और वह सब छोड़कर आई हो, जो लोगों को सबसे प्रिय होते हैं, मेरी सेवा करने के लिए नहीं बल्कि उस लक्ष्य के लिए जिसके लिए मैं काम कर रहा हूँ। सारा समय तुम मुझ पर अपना प्यार लुटाती रहीं और मुझे कुछ चुरा लेने का अपराध-बोध होता रहा। सो, मैं मामूली बात पर भी फट पड़ा। अब चूँकि तुम मेरे साथ नहीं हो, मेरा क्रोध मुझे परेशान कर रहा है कि मैंने तुम्हें इतनी कड़ी बातें कहीं। लेकिन तुम्हारी सेवाएँ स्वीकार करते हुए मैं हमेशा गरम राख के बिस्तर पर लेटा था। तुम मेरे लक्ष्य के लिए सहर्ष काम करोगी तो सचमुच वह मेरी ही सेवा होगी।''

सोलह

बापू के साथ मीरा की अन्तरंगता और सहजता के ठीक विपरीत उनके साथ मेरी यदाकदा मुलाकातों में शर्म और असहजता का भाव रहता, जो उनसे मेरी पहली मुलाकात के साथ ही जुड़ गया था। फिर भी, गांधीजी अपनी निजी कमजोरियों को जिस तरह सार्वजनिक तौर पर स्वीकार करते रहते थे, खासकर जिस तरह उन्होंने आत्मकथा में किया था उससे काफी साहस बटोरकर अपनी गलती को उजागर करने का कठिन कदम उठा रहा हूँ। उनकी आत्मकथा जब 'नवजीवन' में छप रही थी तब मैं बड़ी उत्सुकता से उसे पढ़ता रहा था। सो, हो सकता है कि मैं उतने धैर्य से अपनी बात न रख पाऊँ जितने धैर्य से उन्होंने अपने जीवन के मुश्किल क्षणों का खुलासा किया। लेकिन उनके साथ ने मेरी रीढ़ की हड्डियों में इतनी ताकत भर दी है कि मैं 1926 के जुलाई महीने में घटी एक घटना का इकरार कर सकूँ। यह घटना मेरे लिए शर्म का कारण बन चुकी है और जब भी उसकी याद आती है, मेरे कन्धे शर्म से सिकुड़ जाते हैं।

उस सुबह आसमान बादलों से भरा था। करीब 11 बजे जब हम हिन्दी के दैनिक पाठ के लिए बैठे, अचानक जैसे चारों ओर सन्नाटा छा गया, जैसे धरती गहरी साँस ले रही हो। आसमान काला हो गया, जैसे सूर्यग्रहण लगने पर होता है। चिड़ियों की घबराई हुई आवाज़ें सन्नाटे को तोड़ रही थीं। हवा जोरदार सीटी की आवाज़ के साथ तेजी से बहने लगी। आश्रम के मैदान पर धूल के बगूले उठने लगे। तूफान आने ही वाला था। रसोईघर की टिन की छत और मीरा की कुटिया की खिड़कियों पर गिरते ओलों की आवाज़ में सारी आवाज़ें दब गईं। अब न तो पेड़ों की डालियों के झूमने की आवाज़ आ रही थी, न गांधीजी की बकरी की घबराहट भरी मिमियाहट सुनाई दे रही थी और न मवेशीखाने से गायों के रम्भाने की आवाज़ें। और तब जोरदार बारिश शुरू हो गई। पानी की भारी बौछारों ने पत्तों पर जमी धूल को धो दिया। बारिश इतनी तेज थी कि गरमी की धूप में सूख चुका मैदान मिनटों में कीचड़ से भर गया! पूरे आश्रम में पानी भरे गड्ढे और छोटी-छोटी नालियाँ उभर आईं।

तूफान थम गया और बारिश मद्धिम हो गई। बादल हल्के हो गए तो बारिश

की बूँदें धूप में चमकने लगीं। बचपन में इस तरह के दृश्य जब धूप खिली होती और बारिश भी होती और 'मेढक की शादी' होती तो मैं बड़ा खुश होता था।

मीरा को हिन्दी का पाठ उस दिन पढ़ने का मन नहीं कर रहा था, ''नवीन भाई, क्या हम बस चुपचाप बैठे रह सकते हैं? आज भर के लिए?''

मैंने सहमति में सिर हिला दिया। लेकिन तब तक वे अपना चेहरा फेर चुकी थीं, उनकी बड़ी-बड़ी भूरी आँखें दरवाज़े से बाहर करीब पचास गज दूर बापू की कुटिया पर टिकी थीं। और फिर मुझे ऐसा लगा कि मैं पहली बार देख रहा होऊँ। मेरी आँखें उनके चेहरे पर टिक गईं, उससे हटने का नाम नहीं ले रही थीं—सख्त ठुड्डी; मुलायम, चौड़ा मुँह; गालों की ऊँची हड्डियों तक तनी चिकनी चमड़ी। उन्हें शायद मेरी टकटकी का एहसास था। अपनी गम्भीरता के बूते हासिल हिम्मत के साथ वे मेरी तरफ मुड़ीं और मुस्कुराईं। उनकी मुस्कुराहट में ताजे दूध की तरह उष्णता थी। वह जितनी जल्दी उभरी थी उतनी ही जल्दी गायब हो गई। यह हृदय से उठी एक क्षीण-सी लहर थी। मेरी आँखें सकपका गईं। मैं स्थिर बैठा रहा, जिसके लिए मुझे थोड़ी कोशिश करनी पड़ी। मुझे अपनी तेज होती धड़कनों का एहसास था। मैं उनके सामान्य होने का इन्तज़ार कर रहा था ताकि शालीनता के साथ वहाँ से निकल सकूँ।

मैं दावा कर सकता हूँ कि उस क्षण तक मैंने ब्रह्मचर्य के व्रत को अपने विचार में भी तोड़ा नहीं था (ऐसा शब्दों में या कर्म में करने का कोई सवाल ही नहीं था), बावजूद इसके कि मैं और मीरा साथ-साथ समय बिताते रहे थे। हिन्दी पढ़ाने के लिए मैं उनकी कुटिया में या बापू की रसोई में खाना बनाने में उनकी मदद करते हुए या अहमदाबाद में कई बार ताँगे पर उनके साथ अकेला होता था। अपने परिवार की महिला के अलावा और किसी महिला के साथ पहले कभी मैं अकेला नहीं रहा, इसके बावजूद मेरे मन में कभी कोई बुरा विचार नहीं आया था। शायद इसलिए कि वे अंग्रेज थीं, उन औरतों—पारिवारिक रिश्ते की या बहनों की सहेलियों या मेरे दोस्तों की बहनों—से एकदम अलग जिन्हें मैं जानता था। मेरे लिए मीरा किसी दूसरे ग्रह या दूसरी ही प्रजाति की औरत जैसी थीं। बहरहाल, स्त्रीत्व के जिन लक्षणों से मैं परिचित या जिनका मैं आदी था उनसे वंचित होने के बावजूद वे स्त्री ही थीं। बल्कि इस तथ्य से उनका स्त्रीत्व और बढ़ गया था और उसने मुझमें अचेतन रूप से उन्हें स्त्री के सिवा और कुछ न मानने का बोध पैदा कर दिया था। अब मुझे विश्वास हो गया है कि बापू ने मेरी 'परेशानी' को समझते हुए हम दोनों को जान-बूझकर साथ कर दिया था। मुझे लगता है कि वे मुझे परीक्षा में डाल कर मेरे मकसद को मजबूत करना चाहते थे, मुझे अग्निपरीक्षा में डाल कर मेरे संकल्प को शक्ति देना चाहते थे।

उस रात मैंने उन्हें धोखा दे दिया। सपने में अपने भीतर के जंगल की यात्रा

करते हुए, सारी सावधानी को दरकिनार करते हुए मेरे हृदय के परदे ने मेरी शर्म को उभार दिया, जो मेरी एक दवी हुई इच्छा भी थी, वह इच्छा जो शर्मिन्दगी भरे एकल कृत्य में प्रकट हुई।

अगले दिन मैंने जो निराशापूर्ण पत्र लिखा उसके जवाब में बापू ने जो पत्र लिखा वह आज भी मेरे पास पड़ा है। वह कागज पीला पड़ गया और स्याही फीकी पड़ गई है कि बापू की लिखावट बमुश्किल पढ़ी जाती है। लेकिन उस पर क्या लिखा है यह मुझे पढ़ने की जरूरत नहीं रह गई है। मुझे पूरा पत्र याद है--

चि. नवीन,

तुम्हारा पत्र मिला। तुम आश्रम छोड़ दो, इसकी कोई वजह नहीं है। खासकर इसलिए कि तुम पश्चात्ताप से भरे हो। मुझसे मिलो।

बापू के आशीर्वाद

शाम में प्रार्थना के बाद मैं उनके कमरे में गया तो घबराया हुआ था। इसलिए नहीं कि उनकी क्षमाशीलता या सहानुभूति की गहराई पर मुझे कोई सन्देह था। मैं जानता था कि पाप करने वाला अगर उसे स्वीकार कर ले और अपने पाप के लिए प्रायश्चित करने को तैयार हो तो बापू किसी भी सीमा तक जाकर उससे सहानुभूति रख सकते थे। मुझे सिर्फ यह डर था कि वे मेरी गलती के बारे में पूरा ब्यौरा जानना चाहेंगे। हाँ, यह नींद में हुई थी, मेरी 'कमजोरी' फिर उभर आई थी, स्वप्नदोष की नींद टूटने पर मैंने पाया था कि मैंने अपने उत्तेजित जननांग को हाथों से पकड़ रखा था और सोच रहा था कि वीर्यपात स्वतः हो गया था, उसमें मेरी कोई सचेत भागीदारी नहीं थी। मैं यही मान लेना चाह रहा था। मुझे डर था कि वे पूछेंगे कि गलती कैसे हुई, उसकी वजह क्या हुई, क्या वीर्यपात किसी दृश्य के साथ हुआ। उस विशेष ब्यौरे को मैंने अपनी चेतना से भी अलग कर दिया था।

जब मैंने कमरे में प्रवेश किया, डेस्क के पीछे बैठे बापू ने अपने चश्मे के भीतर से मुझे देखा। उनका चेहरा गम्भीर था, उस पर मुस्कुराहट का कोई चिह्न न था। यह देखकर मेरा कलेजा बैठ गया। लेकिन मेरा डर बेकार था। जब उन्होंने बातचीत शुरू की, उनकी आवाज़ में, उनके शब्दों में सहानुभूति की ऊष्मा छलक रही थी। वे किसी भिखारी के प्रति करुणा नहीं दरशा रहे थे बल्कि मुझे वे एक ऐसे व्यक्ति के रूप में आदर दे रहे थे जो गिरने के बाद खुद को सँभालने की कोशिश कर रहा था। उस दिन उनके हृदय की उदारता और प्यार की विशालता ने मेरे आत्मधिक्कार के दाग को पोंछ दिया और मैं अभिभूत हो गया। मेरा आत्मविश्वास फिर लौट आया।

जुलाई महीने की उस उमस भरी शाम बापू जिस उत्साह से बातें कर रहे थे वैसे

उत्साह से बातें करते मैंने उन्हें पहले नहीं देखा था। जिस तरह उन्होंने मेरा हौसला बढ़ाया और हार न मानने तथा आध्यात्मिक विकास की राह पर चलने की प्रेरणा दी, उसने मेरी आँखें खोल दीं। हृदय से प्रायश्चित करने के कई उदाहरण उन्होंने अपने तथा दूसरों के जीवन से दिए और बताया कि गम्भीर गलतियाँ किस तरह अप्रत्याशित वरदान बन गईं। एक उदाहरण एक युवक का था, जो स्वप्नदोष की कमजोरी से निजात पाने के लिए आत्महत्या तक करने को तैयार था। बापू ने उसे इस कायरतापूर्ण कदम उठाने से रोका तो वह उस आश्रम में जाकर रहने लगा जहाँ औरतों का प्रवेश निषिद्ध था। वहाँ वह दिन में बारह घंटे कताई करने लगा।

जो कहानी मुझे आज भी अच्छी तरह याद है वह बापू के जीवन के उस दौर की है जब वे दक्षिण अफ्रीका से भारत लौटे ही थे और अभी देश में महात्मा के नाम से विख्यात नहीं हुए थे। यह कहानी एक जज की है जो सेवानिवृत्त होने के बाद अपने परम मित्र के साथ रहने लगा था। उसे पर्याप्त पेंशन मिलती थी जिसका अधिकांश भाग वह मित्र के परिवार पर खर्च करता था जिसे वह अपना ही परिवार समझता था। जज की तरह उसका मित्र भी उम्रदराज हो चुका था लेकिन उसने तीसरी शादी की थी और युवा दुलहन के साथ रहता था। कुछ समय के लिए जज अपने मित्र की पत्नी पर बुरी तरह आसक्त हो गया। लेकिन जब उसे सद्बुद्धि आई तो वह बहुत पछताया और उसने अपने पाप का प्रायश्चित करना चाहा।

यह कहानी बयान करते हुए बापू की आवाज़ भावुक हो उठी थी, "और वह क्या प्रायश्चित था, नवीन! उसने अपने पाप का इकरार अपने मित्र और उसकी पत्नी से खुल कर किया। फिर उसने खुद को हमेशा के लिए कमरे में बन्द कर लिया। उसने किसी से मिलने से इनकार कर दिया। मित्र ने उसे समझाने की कोशिश की, दूसरों ने भी काफी समझाया। लेकिन जज ने किसी को अपने कमरे में आने नहीं दिया और संकल्प ले लिया कि वह अपना बाकी जीवन अकेले कैद में बिताएगा जिसका फैसला उसने खुद किया था।" बापू यह कहकर चुप हो गए मानो ऐसे ऊँचे त्याग के आगे नतमस्तक हों।

बापू ने बताया, "इस घटना के बारे में मुझे किसी तरह पता लगा। मैं चकित था। उस समय तक जज कई वर्षों का एकान्तवास भोग चुका था। उसने किसी व्यक्ति से मुलाकात नहीं की, न ही सूर्य देवता के दर्शन किए और न रोशनी में आया। मेरे मन में इस महान व्यक्ति से मिलने की जबरदस्त इच्छा पैदा हुई इसलिए मैं वहाँ गया और लिखित अनुरोध भेजा–'आपके दृढ़ संकल्प से, प्रायश्चित के प्रति एकाग्रता से मैं आश्चर्यचकित हूँ। मैं आपका दर्शन करना चाहता हूँ। मैं आपका व्रत भंग नहीं करने आया हूँ। मैं आपसे सीखने आया हूँ। आपसे ताकत लेने के लिए आया हूँ।'

वह मुझसे नहीं मिला बल्कि एक सन्देश लिख भेजा, 'मैं एक पापी हूँ। मैं पश्चात्ताप कर रहा हूँ। कोई मेरा दर्शन करने के बारे में कैसे सोच सकता है'?"

अँधेरा हो रहा था। बापू के कमरे की लालटेन अभी जलाई जानी थी। मैं मुश्किल से बापू के चेहरे को देख रहा था लेकिन मैंने महसूस किया कि उनकी आँखें डबडबाई हुई थीं। मुझे महसूस हुआ कि मुझे गहराई और हार्दिकता से समझ लिया गया है और क्षमा कर दिया गया है।

मैंने ताकत और नए संकल्प से भरी आवाज़ में कहा, "बापू, फिर भी मैं आश्रम से कुछ सप्ताह के लिए जाना चाहूँगा। शान्ति के साथ अपने आपे में लौटना चाहूँगा।"

उन्होंने कहा, "मेरा आशीर्वाद है तुम्हें। जब भी चाहो, लौट आओ। और यात्रा में जहाँ तक हो सके, खुली हवा में सोना। जल्दी सो जाना और एकदम सवेरे उठ जाना। हल्का भोजन लेना, पेट भरने के लिए नहीं बल्कि शरीर की रक्षा भर के लिए। मसाले छोड़ देना।"

उस रात अपने कमरे में एकान्तवास कर रहे जज की छवियाँ आती रहीं। ठीक उसी तरह जैसे कोई गाना या उसका संगीत, भर्तृहरि के गीत, जिन्हें मैंने संस्कृत सीखने के दौरान याद किया था, बार-बार मेरे दिमाग में घूमते रहते हैं–

मेरे चेहरे पर झुर्रियाँ भरी हैं
मेरे बाल सफेद होने लगे हैं
मेरे अंग कमजोर पड़ रहे हैं
फिर भी मेरी इच्छा मुझे जवाँ रखे हुए है।

मैंने सोचा कि यह कविता बापू की खातिर लिख लूँ। मैंने सोचा–मुझे यह गीत बापू के लिए लिख लेना चाहिए। वे भर्तृहरि के आत्मधिक्कार को ही नहीं समझ पाएँगे बल्कि उसे सबसे बड़े सम्मान का हकदार मानेंगे।

उस गीत को मैंने लिख लिया तो वह तो दिमाग से उतर गया मगर अँधेरे कमरे में अकेले बैठे जज की छवि मेरे आँखों में तब तक घूमती रही जब तक मैं सो नहीं गया।

सत्रह

उस गरमी में मैंने जब आश्रम छोड़ा था तब मैंने सोचा था कि तीन महीने में लौट आऊँगा। लेकिन मैं तीन साल से ज्यादा बाहर रहा।

यद्यपि मैं बापू की अस्वीकृति की सोच कर भीतर से काँप गया, मैंने अपनी बेचैनी के बारे में पत्र लिखा और अपने सन्देहों को खुल कर व्यक्त किया कि मैं आश्रम जीवन के लिए खुद को योग्य नहीं पाता। मैं चाहता तो नवम्बर में अपनी बहन की शादी का बहाना बनाकर आश्रम में वापसी को टाल सकता था लेकिन मैंने अगर कोई चीज बापू से सीखी थी तो वह यह कि चाहे जो हो जाए, सचाई का साथ मत छोड़ो।

ब्रह्मचर्य के अपने संकल्प को लेकर मैं चिन्तित नहीं था। उस संघर्ष में मैंने खुद को इतना झोंक दिया था कि अब पीछे हटने का सवाल नहीं था, खासकर तब जबकि मैं अभी-अभी विजयी हुआ था। मुझे पता था कि शत्रु से परास्त न होने के लिए भविष्य में मुझे केवल सतर्क रहने की जरूरत थी। मुझे सन्देह केवल मेरे स्वभाव में उभरने वाली सेक्स से इतर आम विलासिता को लेकर था। अपने घर में जितने हफ्ते मैं अपने माता-पिता के साथ रहा, मैं अच्छे भोजन के लिए अपने लगाव को फिर से महसूस करने लगा। उन्होंने मुझमें हो रहे परिवर्तनों का स्वागत किया। मैंने महसूस किया कि मैं माँ के हाथ का बना गरम, मसालेदार खाने के स्वाद से कितना वंचित रहा। भुने हुए प्याज, लहसुन, जीरा, अदरक, लाल मिर्च, गरम मसाले के मिले-जुले स्वाद और गन्ध को मैं कितना पसन्द करता था। आश्रम में इन्हें एकदम बर्दाश्त नहीं किया जाता था। मैं शाकाहारी तो बन गया था मगर मुझे यह कहने में शर्म आती है कि मन से मैं शाकाहारी नहीं बना था। घर में भोजन के समय जब चटखारेदार रस में मुस्लिम विधि से बना मांस पिताजी को परोसा जाता तो मेरे मुँह में लार भर जाती। फिर मैं मीठे के लिए अपनी कमजोरी के कारण बीच-बीच में गरम जलेबियाँ खाता रहता।

मुझे कविता-कहानी में भी रस आता। बापू उपयोगी श्रम को प्राथमिकता देते थे और बैठेठाले के मौज-मजे को खारिज करते थे इसलिए साहित्य को आश्रम में

कभी स्थान नहीं मिला था। अपने पत्रों में मैंने स्वीकार किया कि मेरे स्वभाव में स्वाद और साहित्यिक कल्पनाशीलता हावी रहती है और सबसे बुरी बात यह कि मैं उनके वर्चस्व को स्वीकारने से परहेज नहीं करता। मैंने उन्हें लिखा कि मैं तब तक आश्रम नहीं लौटना चाहूँगा जब तक मैं उन सन्देहों से मुक्ति नहीं पा लेता जो मुझ पर हावी होने लगे हैं, कि आश्रम की प्रतिबद्धताओं से मैं तब तक नहीं बँधना चाहूँगा जब तक मैं अपने लक्ष्य के बारे में स्पष्ट न हो लूँ। लेकिन बापू के प्रति मेरी प्रतिबद्धता अटूट है। मैं दो महीने घर पर रहा। बस खाना-पीना और पढ़ना लगा रहा और कभी-कभी चिन्तन-मनन करता रहा, जो दिवास्वप्न से ज्यादा कुछ नहीं था। सितम्बर में मैंने बनारस जाने का फैसला किया, जहाँ मेरे साहित्यिक आदर्श प्रेमचन्द रहते थे। मैंने अभी-अभी उनका ताजा उपन्यास 'रंगभूमि' खत्म किया था और अचानक उनसे मिलने का मन बना लिया। यह उपन्यास समकालीन भारतीय जनजीवन की उत्कृष्ट गाथा था। इतने विशाल फलक को लेकर हिन्दी में शायद ही कोई उपन्यास लिखा गया था। मैं प्रेमचन्द का प्रशंसक रहा हूँ सिर्फ इसलिए नहीं कि वे उत्कृष्ट साहित्यकार थे बल्कि इसलिए भी कि वे गांधीजी का आदर करते थे और यह उनकी लेखनी से जाहिर था।

आश्रम में आने से पहले मैंने प्रेमचन्द के लेखन, खासकर 'सेवा सदन' और 'प्रेमाश्रम' पर सत्य, अहिंसा, अपरिग्रह, उचित कार्य के लिए अन्तरात्मा की कसौटी जैसे गांधीवादी मूल्यों, जिसे गांधी के चार मार्ग कह सकते हैं, के प्रभाव पर शोध ग्रन्थ लिखने का मन बनाया था। नए उपन्यास में भी प्रेमचन्द बापू के आदर्शों के प्रति अपनी प्रतिबद्धता से डिगे नहीं थे। अपने उपन्यासों में कम से कम एक पात्र ऐसा रखने की परम्परा उन्होंने जारी रखी थी जो गांधीजी के जीवन-दर्शन का प्रतिनिधित्व करता हो। 'प्रेमाश्रम' में प्रेम शंकर था, जो यह मानता था कि गाँवों के लिए बापू के रचनात्मक कार्यक्रम से सद्भाव और सहयोग का वह वातावरण बनेगा जिससे समाज खुशहाल होगा; 'रंगभूमि' में शान्त और वीतरागी सूरदास था जो बापू के अहिंसा के दर्शन का प्रवक्ता था। 'रंगभूमि' पढ़ते हुए मुझमें फिर से शिक्षण के क्षेत्र में जाने और अपने जीवन का अलग रास्ता चुनने की इच्छा जगने लगी थी। लेकिन इस रास्ते पर चलते हुए मैं गांधीजी के प्रति प्रतिबद्धता को नहीं छोड़ना चाहता था, बस अपने स्वभाव के ज्यादा अनुकूल रास्ते पर चलते हुए उनके आदर्शों को साकार करना चाहता था।

बनारस में विश्वनाथ घाट के पास बाज़ार से अन्दर जाने वाली उस सँकरी, टेढ़ी-मेढ़ी गली में किसी को पता नहीं था कि वहाँ लेखक प्रेमचन्द कहाँ रहते थे। आखिर किसी तरह ढूँढ़ते-ढूँढ़ते मैं उनके घर तक पहुँच गया तो आश्चर्य हुआ कि

वे कितने छोटे-से घर में रहते थे। जिस व्यक्ति ने दरवाजा खोला वह औसत कद-काठी का था। उसने सफेद धोती और कमीज पहन रखी थी, जो तुरन्त धोबी के यहाँ भेजी जाने लायक लगी। उसके सिर पर घने, बेतरतीब बाल थे और मोटी, धनुषाकार खिचड़ी मूँछें थीं। प्रेमचन्द मुझे लेखक से ज्यादा एक किसान लगे और मुझे बड़ी निराशा हुई। मैं नहीं जानता कि मैं क्या उम्मीद कर रहा था। शायद मैं उम्मीद कर रहा था कि रमण महर्षि जैसे कोमल, सुन्दर चेहरे वाले या टैगोर जैसे रौबदार व्यक्तित्व वाले व्यक्ति से मुलाक़ात होगी। लेकिन उनकी गर्मजोशी और सौम्य आँखों के तेज ने मुझे जल्द ही प्रभावित कर दिया।

जब मैंने उन्हें बताया कि मैं साबरमती आश्रम में रह रहा था तो पहले दिन हम गांधीजी के बारे में ही ज्यादातर बातें करते रहे। प्रेमचन्द गांधीजी के निजी जीवन के बारे में विस्तार से जानने को उत्सुक थे—वे क्या खाते हैं, क्या पढ़ते हैं, करीबी लोगों से किस तरह बरताव करते हैं। श्याम के मल की जाँच की कहानी या भंसाली भाई के मुँह के टाँके खुलवाने की कहानी उन्होंने बड़ी दिलचस्पी से सुनी। उसके बाद उन्होंने बताया कि वे किस तरह गांधीजी के अनुयायी बने। सन् 1920 में प्रेमचन्द गोरखपुर में सरकारी स्कूल के अध्यापक थे। तब गांधीजी वहाँ जनसभा करने के लिए गए थे। गोरखपुर में इतनी बड़ी सभा पहले कभी नहीं हुई थी। सुबह से मर्दों-औरतों-बच्चों से भरी बैलगाड़ियाँ आसपास के गाँवों से आने लगी थीं। चारों दिशाओं से लोग गोरखपुर में पहुँच रहे थे। आसपास के गाँव, इलाके खाली हो रहे थे। प्रेमचन्द भी अपनी पत्नी और दोनों बेटों के साथ सभा में गए थे। उन्होंने गांधीजी को सुना, जो कह रहे थे कि भारत को अपना स्वाभिमान हासिल करना होगा, स्वराज के लिए संघर्ष करना होगा। और प्रेमचन्द गांधी-भक्त हो गए। उन्होंने मुझे बताया, "वे तो चमत्कारी व्यक्ति हैं। मैं घर लौटा और तुरन्त मैंने बिना किसी से सलाह किए सरकारी शिक्षा विभाग की नौकरी से इस्तीफा देने का पत्र लिख डाला। उन्हें सुनने के बाद मेरे लिए विदेशी अंग्रेज शासकों की नौकरी करना असम्भव था। कई लोगों ने, खासकर मुझे पसन्द करने वाले प्रिंसिपल ने मुझे इस्तीफा वापस लेने का अनुरोध किया। उन्होंने कहा—तुम कैसे रहोगे? कम से कम अपने परिवार के भविष्य के बारे में तो सोचो। लेकिन कोई भी मेरे संकल्प को न डिगा सका।"

उसके बाद से प्रेमचन्द की माली हालत खराब रहने लगी। बनारस में उन्होंने जो सरस्वती प्रेस लगाया था वह दिवालियेपन के कगार पर पहुँच गया। लेखक को पता था कि उन्हें अपने वित्तीय कौशल को सुधारना होगा। वे अपनी जिम्मेदारियों को पूरा करने के प्रति तो काफी सजग थे लेकिन अपने कर्जदारों को अपनी जिम्मेदारियाँ निभाने पर जोर देने से हिचकते थे। अपने हालात से वे चिन्तित थे मगर

इससे न तो उनके लेखन पर असर पड़ रहा था, न ही जीवन की खुशियों के लिए उनका उत्साह कम हुआ था, खासकर अच्छे भोजन और स्फूर्तिदायी मित्रता के लिए। हमारी मुलाकात के तीसरे दिन तक हम अच्छे मित्र बन गए थे या शायद हमने हम दोनों में उम्र के अन्तर और उनके प्रति मेरे आदर भाव (जो हमेशा एक दूरी पैदा करती है) को पीछे छोड़ दिया था। मुझे हम दोनों की बातचीत प्रेरणादायी और ज्ञानवर्धक लगी और मेरा खयाल है प्रेमचन्द को भी हमारी वार्ता अच्छी लगी। मैंने कोई गूढ़ या दिलचस्प बातें भले न की हों, उनके प्रति मेरे खुले आदर भाव ने इस वार्ता को जरूर दिलचस्प बनाया होगा उनके लिए। यह उम्र में बड़े और छोटे व्यक्तियों की मित्रता में छोटे व्यक्ति का अनूठा योगदान था। उसी दौरान उन्होंने मुझे बताया कि उन्हें सम्मानित मासिक पत्रिका 'माधुरी' के सम्पादक पद की पेशकश की गई है। उन्होंने बताया कि उन्होंने इस पेशकश को स्वीकार करने का फैसला कर लिया है। इसका अर्थ होगा छापाखाना चलाने का सपना छोड़ देना और लखनऊ जाकर रहना, जहाँ से 'माधुरी' प्रकाशित हो रही थी। उन्होंने पूछा कि अगर पत्रिका में जगह बनी तो क्या मैं उससे जुड़ना चाहूँगा। पैसे तो ज्यादा नहीं मिलेंगे—साहित्य में कभी पैसा नहीं रहा—लेकिन उन्हें भरोसा था कि प्रकाशकों से बात करके मासिक वेतन या वृत्ति की व्यवस्था की जा सकती है।

मैंने अपने जीवन में खुल रहे नए अवसर के बारे में बापू को सूचित करना ठीक समझा। मैंने उन्हें लखनऊ में रहकर प्रेमचन्द के शिष्यत्व में साहित्यिक केरियर चलाने की अपनी इच्छा के बारे में बताया। मैंने उन्हें यह भी लिखा कि मैं आश्रम में प्रार्थना सभा में गाए जाने वाले गुजराती और अंग्रेजी भजनों का हिन्दी में अनुवाद कर रहा हूँ, और यह भी कि मैं स्थानीय कांग्रेस कार्यालय में ग्रामीण खादी कार्यक्रम के लिए सप्ताह में 14-15 घंटे काम करने की सोच रहा हूँ। अब मुझे महसूस होता है कि अनुवाद और स्वयंसेवा के कामों से जुड़ने की बातें एक तरह की दक्षिणा और उनके आदर्शों के प्रति निष्ठा के प्रदर्शन के अलावा उनसे करीबी बनाए रखने की अपनी जरूरत का प्रतीक भी थीं।

बापू ने संक्षिप्त मगर उत्साह बढ़ाने वाला जवाब दिया। सस्ती स्याही से गुजराती में लिखा वह पत्र आज भी मेरे पास है। उसके हर्फ धूमिल होकर खुरदरे भूरे हो गए हैं। नेहरू स्मारक पुस्तकालय को, जहाँ उनके दस्तावेज रखे हैं, उनके पत्र दान करते हुए मैंने यह पत्र अपने पास रख लिया था—

चि. नवीन

तुम्हारा पत्र मिला। भजनों के हिन्दी अनुवाद काफी उपयोगी होंगे। मैं तुम पर छोड़ता हूँ कि तुम देश के लिए और उसके स्वराज के संघर्ष के लिए कितना समय

देना चाहते हो। तुम्हें खुद तय करना है कि तुम्हारी जरूरत क्या है। मैंने किसी को मेरी मान्यताओं के मुताबिक जीवन जीने के लिए कभी दबाव डालने की कोशिश नहीं की है। जब कोई ऐसा करने का फैसला करता है तभी मैं विनम्रतापूर्वक उसका पथ-प्रदर्शक बनने की पेशकश करता हूँ। पत्र लिखते रहना।

बापू के आशीर्वाद

करीब चार साल के बाद राजनैतिक हलचल तेज होने लगी। पूरे देश में लगभग अव्यक्त सहमति थी कि ब्रिटिश राज के खिलाफ संघर्ष तेज करने का वक्त आ गया है। लोग गांधीजी की तरफ देख रहे थे कि वे संघर्ष का स्वरूप तय करेंगे। सक्रिय राजनीति से पूरे एक साल तक दूर रहने के बाद नई ऊर्जा से भरे गांधीजी देश भर में उत्तर से दक्षिण, पूरब से पश्चिम दौरे कर रहे थे और महत्त्वपूर्ण सभा-सम्मेलनों में भाग ले रहे थे। साथ-साथ वे बर्मा, सीलोन तक की दूरदराज की यात्राओं में अपने खादी आन्दोलन के लिए चन्दा भी इकट्ठा कर रहे थे।

1928 के अन्त में वायसराय लॉर्ड इरविन ने जब उन्हें वार्ता के लिए दिल्ली बुलाया तो उम्मीद की हल्की किरण उभरी कि राजनैतिक संकट शायद टल जाएगा, कि अंग्रेज किसी योजना या भारत को स्वराज सौंपने की किसी समय सारिणी पर बात करेंगे। लेकिन यह वार्ता विफल हो गई। लॉर्ड इरविन ने गांधीजी को सूचित किया कि उनकी सरकार ने भारत की संवैधानिक समस्याओं का अध्ययन करने और भारत के भावी संविधान के बारे में सिफारिशें करने के लिए सर जॉन साइमन की अध्यक्षता में एक आयोग का गठन करने का फैसला किया है। ब्रिटिश सरकार फिलहाल और लम्बे अरसे के लिए इतना भर ही करने को तैयार है। और वायसराय गांधीजी को निजी तौर पर और उनके माध्यम से भारतीय राष्ट्रीय कांग्रेस को सलाह देना चाहेंगे कि जब आयोग भारत के दौरे पर आए तो वे उसके कामकाज में सहयोग करें। कांग्रेस के अपने दूसरे सहयोगियों के विपरीत गांधीजी को भारत के प्रति अंग्रेजों की नीति को लेकर कोई भ्रम नहीं था इसलिए उन्हें इस बैठक से निराशा नहीं हुई। उन्हें और कुछ की अपेक्षा नहीं थी। कांग्रेस ने साइमन कमीशन के बहिष्कार की और उसके दौरे के खिलाफ बड़े शहरों में प्रदर्शन करने की तैयारी पूरे देश में शुरू कर दी। यह जल्दी ही लोगों को और पूरे देश को ज्यादा व्यापक संघर्ष के लिए तैयार करने की पूर्व तैयारी थी।

1928 और 1929 के शुरू में गांधीजी को व्यक्तिगत शोक भी हुए। उनके भतीजे और करीब 25 वर्षों से उनके साथ रहे मगनलाल भाई थोड़े समय की बीमारी

के बाद अप्रैल 1928 में चल बसे। गांधीजी ने दक्षिण अफ्रीका में फीनिक्स आश्रम की स्थापना करके सामुदायिक रहन-सहन का जो पहला प्रयोग किया था उसमें मगनलाल भाई ने प्रबन्धक की भूमिका निभाई थी। बाद में, भारत लौट कर अहमदाबाद में सत्याग्रह आश्रम की स्थापना और उसके संचालन में वे अपरिहार्य थे। मगनलाल के निधन से गांधीजी को गहरा सदमा लगा था। प्रार्थना सभा में भाग लेने के सिवा वे आश्रम जीवन से एक हफ्ते तक एकदम अलग हो गए और अपनी कुटिया से करीब 200 गज की दूरी पर नदी किनारे बनी मगनलाल की कुटिया में लगभग बन्द हो गए और अपने करीबी साथी और सहयोगी के शोक में डूबे रहे। 'यंग इंडिया' में उन्होंने बेहद मर्मस्पर्शी स्मृतिलेख 'माइ बेस्ट कामरेड गॉन' लिखा। इसमें गांधीजी की पीड़ा और उसे सहन करने की क्षमता की सहज अभिव्यक्ति हुई—

"वे मेरे हाथ, पैर और मेरी आँखें थे। दुनिया को शायद ही मालूम है कि मेरी तथाकथित महानता मूक, समर्पित, सक्षम और पवित्र स्त्री-पुरुष कार्यकर्ताओं के अथक और उबाऊ श्रम पर कितनी निर्भर है। उन सबमें मगनलाल मेरे लिए सबसे महान, सर्वश्रेष्ठ और सबसे पवित्र थे।

" जब मैं ये पंक्तियाँ लिख रहा हूँ, मुझे अपने प्रिय पति का शोक करती विधवा का विलाप सुनाई दे रहा है। उसे शायद ही एहसास होगा कि उससे कहीं ज्यादा मैं बेसहारा हो गया हूँ। अगर ईश्वर में मेरी आस्था न होती तो मैं अपने बेटों से भी प्रिय उस व्यक्ति को खो देने पर उन्मत्त हो जाता, जिन्होंने कभी मुझे धोखा नहीं दिया, मेरी उम्मीदों पर हमेशा खरे उतरे, जो उद्यमशीलता की प्रतिमूर्ति थे और भौतिक, नैतिक तथा आध्यात्मिक, सभी पहलुओं से आश्रम के पहरुए थे। उनका जीवन मेरे लिए एक प्रेरणा है, नैतिकता के प्रभाव और वर्चस्व के जीवन्त उदाहरण थे। अपने जीवन से उन्होंने चन्द दिनों या चन्द महीनों नहीं बल्कि चौबीस लम्बे वर्षों—जो अब बहुत छोटी अवधि नज़र आती है—तक उन्होंने दिखाया कि देश सेवा, मानवता की सेवा और ईश्वर की प्राप्ति या उसका बोध, सब पर्यायवाची बातें हैं।

" मगनलाल की मृत्यु हो चुकी है मगर वे अपने कार्यों में जीवित हैं जिनकी छाप आश्रम के हर धूल-कण पर है।"

इसके विपरीत, बचपन से उनके साथ रह रहे उनके 17 वर्षीय प्रिय पोते की मृत्यु पर उनका दुख उनके आत्म नियन्त्रण में पड़ी दरारों से शायद ही नज़र आया। कई वर्षों बाद भी उनका लेख 'सनसेट ऐट मॉर्निंग' पढ़ते हुए आँखें भर आती हैं। उनकी कोशिश इस दुख से आध्यात्मिक चेतना की मदद से पार पाने की थी, न कि अपनी भावनाओं को कुन्द करके जिसे अकसर ऐसी चेतना मानने की भूल की जाती है।

गांधीजी ने लिखा था—"मेरी मंशा उसकी मृत्यु पर सार्वजनिक शोक मनाने की नहीं थी। लेकिन चूँकि यह खबर अखबारों में छपी है और लोगों ने मुझे पत्र लिखा है इसलिए इसका कुछ उल्लेख करना उचित लगता है...जहाँ तक मेरी बात है, मित्रों और परिजनों की मृत्यु मुझे उतना दुखी नहीं करती जितना पहले करती थी। सभी धर्म कहते हैं कि मृत्यु से न तो डरो, न उस पर शोक करो। फिर भी हम मृत्यु से डरते हैं और प्रियजन की मृत्यु पर शोक करते हैं और कोई जब भरी जवानी में मर जाता है तो ज्यादा शोक करते हैं। सच कहा जाए तो मृत्यु ईश्वर का शाश्वत वरदान है। काम में आ चुका शरीर गिर जाता है और उसके भीतर का पक्षी उड़ जाता है। जब तक वह पक्षी जीवित है तब तक शोक करने का कोई कारण नहीं है।

" इसके बावजूद किसी परिजन की मृत्यु पर हम दुखी होते हैं तो यह हमारा स्वार्थ और भ्रम दर्शाता है। पिछले कई वर्षों से मैं इस भ्रम से उबरने की कोशिश कर रहा हूँ। इसलिए रसिक की मृत्यु की खबर से गहरा शोक नहीं हुआ...वह अच्छे विचारों का पालन करते हुए और सबसे बेहतर देखभाल पाते हुए गुजर गया। हर किसी को उसकी मृत्यु से ईर्ष्या हो सकती है। और अगर मेरे जैसा उसका दादा उसकी मृत्यु पर शोक करता है तो यह शुद्ध स्वार्थ और मोह ही होगा।"

इन वर्षों में भारी व्यस्तताओं के बावजूद आश्रम पर गांधीजी का पूरा ध्यान बना रहा। जब वे दौरे पर रहे तो पत्रों के जरिए और अहमदाबाद में रहने पर आश्रम के हर ब्यौरे पर अपनी व्यक्तिगत दिलचस्पी के जरिए वे आश्रम पर ध्यान रखते रहे। दरअसल, अंग्रेजी राज के खिलाफ आसन्न राष्ट्रव्यापी संघर्ष की सम्भावना ने गांधीजी को, आश्रमवासियों को आगामी तकलीफों के लिए तैयार करने के वास्ते सक्रिय कर दिया। आखिर आश्रमवासियों को अहिंसक प्रतिकार का आदर्श पेश करना था। गांधीजी को उम्मीद थी कि इस आदर्श को व्यापक पैमाने पर लागू किया जाएगा। आश्रम के पुरुष, स्त्री और बड़े बच्चे ब्रिटिश साम्राज्य से टक्कर लेने की घड़ी आने पर उनके प्रीटोरियाई सिपाहियों जैसी भूमिका निभाएँगे। अहिंसक प्रतिकार करने वालों का एकमात्र हथियार होगा हिंसक हमले का मन में भी हिंसक प्रतिकार न करने का संकल्प और निर्भयता।

अहमदाबाद के मेरे मित्रों ने मुझे पत्र लिख कर बताया कि इन दिनों आश्रम के लोगों में किस तरह की ऊँची भावना व्याप्त है और वहाँ क्या परिवर्तन हो रहे हैं। नियम कड़े किए जा रहे हैं और उनके उल्लंघन को पहले के मुकाबले ज्यादा गम्भीरता से लिया जा रहा है। प्रार्थना सभाओं में गांधीजी दोहराते रहते थे कि अहिंसक सैनिक में दो बातें होनी चाहिए : आध्यात्मिक शुद्धता और कड़ा अनुशासन—शारीरिक भी और मानसिक भी। झूठ बोलने वाले, चोरी करने वाले, फरेब

करने वाले या और कोई अनैतिक कार्य करने वाले के लिए आश्रम या अहिंसक सैनिकों की किसी जमात में कोई स्थान नहीं था। गांधीजी ने कहा कि जहाँ तक अनुशासन का सवाल है, हमें नियम-कानून तोड़ने का तब तक कोई अधिकार नहीं है, भले ही वे कानून विदेशी शासकों ने बनाए हों, जब तक हम अपने ही बनाए नियमों पर अपने जीवन को चलाना नहीं सीखते। सेना में नियम तोड़ने वाले का कोर्ट मार्शल किया जाता है, अहिंसक सेना के नियम तोड़ने वाले सैनिक के लिए सज़ा होगी--समुदाय से स्वैच्छिक अलगाव। आश्रमवासियों से विचार-विमर्श के बाद तय किया गया स्वैच्छिक अलगाव की सज़ा तीन बार नियम तोड़ने वाले को दी जाएगी लेकिन नैतिक संहिता का एक बार भी उल्लंघन करने पर यह सज़ा तुरन्त लागू हो जाएगी।

मित्रों ने यह खबर भी दी कि आश्रम में लौटने के बाद गांधीजी हमेशा बहुत व्यस्त हो जाते थे। रात में वे कुछ ही घंटे सो पाते थे और उनका हर पल पहले से कहीं ज्यादा कीमती हो गया था। उनकी अपनी खास हँसी, जो आश्रम में हर कहीं सुनाई पड़ती थी, अब बीती हुई बात हो गई थी। उन्हें मुस्कुराते या हँसते बस शाम को बच्चों के साथ टहलते समय देखा जाता था। ऐसे क्षण भी अब दुर्लभ हो गए थे। दिन में जिन लोगों से वे नहीं मिल पाते थे उनसे शाम को टहलने के समय में मिलते थे। अब दो लड़कों के कन्धों पर अपना भार डाल कर वे उन्हें तेज तौड़ने के लिए कहने की जगह साबरमती जेल के दरवाज़े तक बड़े लोगों के साथ गम्भीर बातें करते हुए तेजी से टहल आते थे।

इस दौरान मैं उतनी जल्दी-जल्दी पत्र नहीं लिख पाता था जितनी जल्दी लिखना चाहता था। मुझे पता था कि वे सभी पत्रों के जवाब खुद देते थे इसलिए मैं उनके समय में और ज्यादा दखल नहीं देना चाहता था कि उन पर दबाव पड़े। और फिर मुझे उन्हें तभी पत्र लिखने की आदत पड़ गई थी जब मैं किसी संकट में फँस जाता था और उससे उबरने के लिए उनकी सलाह की जरूरत महसूस करता था। फिलहाल मैं अपने जीवन के जिस दौर में था उसमें अपने काम से खुश था और भविष्य आशापूर्ण नज़र आता था। मुझे प्रेमचन्द के साथ काम करने में अच्छा लग रहा था। मेरा काम स्वीकृत पांडुलिपियों का सम्पादन करना और चाय की प्यालियों पर उनके साथ साहित्यिक चर्चाएँ करना था। प्रेमचन्द को अपना आदर्श और गुरु मानने वाले जैनेन्द्र कुमार जैसे नए लेखक अकसर हमारी चर्चाओं में शरीक होते थे। इधर ये चर्चाएँ मौजूदा राजनैतिक हालात पर केन्द्रित होने लगी थीं और अकसर देर शाम तक चलती थीं तब प्रेमचन्द को याद दिलाना पड़ता था कि उनकी पत्नी और बच्चे घर पर उनका इन्तज़ार कर रहे होंगे। शुक्रवार और शनिवार को मैं स्थानीय कांग्रेस

कार्यालय में काम किया करता था और अखिल भारतीय बुनकर संघ की संयुक्त प्रान्त शाखा के सचिव के काम में मदद करता था। यह काम गांधीजी से मेरे जुड़ाव की प्रत्यक्ष कड़ी था और मैं जो पत्र उन्हें लिखता था वे संयुक्त प्रान्त में खादी आन्दोलन के विस्तार की रपटें जैसी ही ज्यादा होते थे। उनके जवाब जरूरी नहीं थे। फिर भी बापू जवाब में एकाध वाक्य लिखते ही थे और निजी बातों पर पत्र को खत्म करते थे, जैसे यह कि भजनों के अनुवाद पढ़ते हुए मेरी याद उन्हें आती थी और यह कि मैं अपने शारीरिक और नैतिक स्वास्थ्य की अच्छी देखभाल कर रहा हूँगा।

ऐसा नहीं है कि इन तीन वर्षों में मैं मीरा के बिलकुल सम्पर्क में नहीं रहा। एक सप्ताह के अन्त में जब मैं कांग्रेस कार्यालय गया तो अपनी मेज पर एक पत्र पड़ा हुआ पाया। मेरा नाम और पता बच्चों वाली हिन्दी की लिखावट में लिखा था मगर वह जानी-पहचानी लिखावट थी। पत्र मीरा का था, जो उन दिनों बिहार में थीं। उन्होंने लिखा था कि उन्हें खबर मिली है कि मैं गांधीजी से दूर लखनऊ में रह रहा हूँ और उन्होंने खुशी जाहिर की थी कि हम दोनों फिर एक-दूसरे से जुड़ गए हैं, इस बार बापू के खादी आन्दोलन में साझीदार बन कर। उन्होंने पूछा था कि क्या मैं यू.पी. से कताई-धुनाई का कोई शिक्षक भेज सकता हूँ। आसपास के गाँवों की औरतें कताई-धुनाई का नया तरीका सीखना चाहती हैं और वे उनकी जरूरतें पूरी नहीं कर पा रही थीं। वे, मुझे आपत्ति न हो तो, अकसर पत्र भी लिखना चाहती थीं। इससे उन्हें अपनी हिन्दी का अभ्यास करने का मौका मिलेगा। मैं गलतियाँ सुधार कर भेजूँ तो उन्हें अच्छा लगेगा। पत्र के अन्त में बिना किसी भूमिका के लिखा था, ''कल मुझे बापू का तार मिला जिसमें लिखा था—'रोहना का तार मिला कि शुक्रवार की रात पिता शान्त चिरनिद्रा में सो गए। बापू का प्यार, शान्ति'।'' बस इतना ही लिखा था। पिता की मृत्यु का मीरा पर क्या प्रभाव पड़ा, इसका कोई आभास नहीं दिया गया था पत्र में। न ही सहानुभूति की कोई माँग थी, बस सूचना देने भर का भाव था।

मैंने अपना शोक सन्देश भेज दिया। यह सूचित किया कि बुनकर संघ की ओर से किसी को भिजवाने की कोशिश करूँगा लेकिन बेहतर होगा कि वे पटना में संघ के बिहार कार्यालय से सम्पर्क करें। मैंने यह भी लिखा कि उनके पत्रों का स्वागत करूँगा और यह कि मुझे उनकी हिन्दी में काफी सुधार नज़र आया है।

इस पत्र व्यवहार ने पत्राचार का जो सिलसिला शुरू किया वह अगले दस वर्षों तक चलता रहा, जब भी वे बापू से अलग स्वतन्त्र रहती रहीं। उनके पत्र छोटे होते

थे। वे उस गाँव में उनके जीवन की झाँकी पेश करते थे जहाँ वे काम कर रही होतीं। उन पत्रों में शर्मीली मीरा झाँकती थीं, उस दबंग मीरा से एकदम भिन्न, जिन्हें मैंने अहमदाबाद में बापू की सुविधाओं और एकान्त का खयाल रखते देखा था। मैं भी उन्हें उसी तरह जवाब देता था। मैं उन्हें अपने जीवन की मुख्य बातें बताता रहता। पत्र में बाकी हिस्सा उनकी हिन्दी को ठीक करने का होता। इस तरह यह हिन्दी का पत्राचार पाठ्यक्रम जैसा बन गया था। बापू के वाक्यों की तरह मीरा के वाक्य भी सरल होते थे और सीधे अपनी बात कहते थे, जिनमें एक तरह की तुर्शी होती थी। अपने युवा उत्साह में मैं साहित्यिक अलंकारिक भाषा को पसन्द करता था। वाक्यों में पेंच मुझे अच्छे लगते थे। फिर भी वे जिस स्पष्टता की कोशिश करती थीं उसकी मैं प्रशंसा करता था।

अठारह

देश में बढ़ता राजनैतिक तनाव दिसम्बर 1929 में तब अपने चरम पर पहुँच गया जब अखिल भारतीय कांग्रेस कमेटी ने लाहौर की बैठक में अंग्रेजी राज से पूर्ण स्वराज की माँग का प्रस्ताव पारित किया। इस लक्ष्य तक कैसे पहुँचना है, यह गांधीजी पर छोड़ दिया गया। स्वाधीनता संग्राम की अगली रणनीति और उसे नए सिरे से शुरू करने के समय का फैसला उन पर ही छोड़ दिया गया।

अगले दो महीने पूरे देश के लिए तनावपूर्ण आशंका से भरे थे। लोगों को साबरमती से आने वाले सन्देश का इन्तज़ार था, जहाँ गांधीजी ने अहमदाबाद लौटने के बाद खुद को सीमित कर लिया था। जैसे-जैसे दिन बीतते गए, उनकी निरन्तर चुप्पी के कारण अफ़वाहें उड़ने लगीं। कोई कहता कि वे संघर्ष से अलग हो रहे हैं, कोई कहता कि सन्त गांधी सन्तों वाले काम में ही खुद को सीमित करने जा रहे हैं—आत्मा के मोक्ष के काम में। लखनऊ के कॉलेज छात्रों के बीच अफ़वाह थी कि वे अंग्रेजों को भगाने के लिए हिंसक संघर्ष का समर्थन करने जा रहे हैं, कि उन्होंने अहिंसा में आस्था तोड़ दी है जिससे देश को कोई लाभ नहीं हुआ और वे युवकों को क्रान्तिकारियों की राह पकड़ने की सलाह देने वाले हैं।

प्रेमचन्द ने मुझसे कहा, "युवा वर्ग गांधीजी को कितना कम समझता है! यह मान लेना कि वे हिंसक तरीकों की वकालत करेंगे, उनके जीवन दर्शन के बारे में अफवाहों से भी अनभिज्ञ होना है।"

उन दिनों की उत्तेजना और आसन्न संघर्ष से पहले के आशंका मिश्रित आह्लाद में मैंने प्रेमचन्द से एक पखवाड़े की छुट्टी माँगी। मैं खासकर इस समय साबरमती आश्रम में मौजूद होना चाहता था क्योंकि वह भारत की आज़ादी की जंग की कमान चौकी बन गई थी। प्रेमचन्द ने समर्थन किया।

उन्होंने कहा, "हम लोग 'माधुरी' का मार्च का अंक निकाल लें। तब तुम दो सप्ताह से ज्यादा समय तक बाहर रह सकते हो। मैं अगला अंक किसी तरह खुद निकाल लूँगा या जैनेन्द्र की सहायता ले लूँगा।"

मैं अहमदाबाद काफी देर से पहुँचा, शाम में। तब तक सब कुछ शुरू हो चुका

था।

मीरा ने मुझे बताया कि संघर्ष के अगले स्वरूप के बारे में फैसला करने में बापू को कई सप्ताह लगे। वे सामूहिक भागीदारी के ऐसे कार्यक्रम के बारे में सोच रहे थे जो देश की गरीब से गरीब जनता में भी उत्साह का संचार कर दे। कई लोग उम्मीद कर रहे थे कि उनका प्रस्तावित आन्दोलन सिविल नाफरमानी के पुराने रास्ते पर चलेगा—उदाहरण के लिए, सरकार को कर देने से इनकार किया जाएगा, अदालतों का बहिष्कार किया जाएगा। लेकिन गांधीजी ऐसा कार्यक्रम चाहते थे जो हरेक ग्रामीण के जीवन को छू ले। और उन्होंने नमक को चुना।

''नमक?!'' कांग्रेस नेताओं की यही अविश्वास से भरी प्रतिक्रिया थी, जब फरवरी के अन्त में आश्रम में अचानक बुलाई बैठक में गांधीजी ने उन्हें अपना फैसला सुनाया। वे पूछ बैठे, ''क्या आप गम्भीरता से यह बात कह रहे हैं? आप चाहते हैं कि हम लोग नमक बनाएँ?!'' लेकिन गांधीजी के तर्कों और उनकी मितभाषिता ने जल्दी ही उन लोगों को कायल कर दिया। नमक जीवन की बुनियादी जरूरत है। इसे हम आसानी से बना सकते हैं लेकिन अंग्रेज सरकार ने इस पर कर लगा दिया और उसके उत्पादन पर कड़ा नियन्त्रण लगा दिया। गांधीजी ने फैसला किया कि भारत की आज़ादी की लड़ाई देश भर में नमक कानून को तोड़ कर शुरू की जाएगी और सबसे पहले वे इस कानून को तोड़ेंगे।

वायसराय लॉर्ड इरविन को इस फैसले की जानकारी देने वाला पत्र गांधीजी ने खास अपने अन्दाज में लिखा था। 2 मार्च को उन्होंने पत्र लिखा—''प्रिय मित्र, मैं जान-बूझकर किसी जीव का अहित नहीं कर सकता, मनुष्यों का तो नहीं ही, भले ही वे मुझे या मेरे काम को सबसे ज्यादा चोट पहुँचाएँ। इसलिए जबकि मैं ब्रिटिश शासन को एक अभिशाप मानता हूँ, मैं किसी भी अंग्रेज को या भारत में उसके उचित हित को चोट पहुँचाने का कोई इरादा नहीं रखता।'' इसके बाद गांधीजी ने ब्रिटिश शासन की बुराइयों और विषमताओं को गिनाया और आज़ादी के लिए सविनय अवज्ञा आन्दोलन शुरू करने का इरादा जाहिर किया। उन्होंने लिखा, ''मैं (नमक पर) इस कानून को गरीबों के लिहाज से सबसे ज्यादा अनुचित मानता हूँ। चूँकि आज़ादी की लड़ाई मुख्यतः निर्धनतम लोगों के लिए है इसलिए इसकी शुरुआत इस बुराई के खिलाफ आन्दोलन से की जाएगी।''

इस लड़ाई के लिए चुनिंदा सैनिकों की फौज चाहिए थी। इस फौज में कुछ सैनिक नंगे पाँव थे, कुछ उम्रदराज थे, कुछ के भूरे कैनवास के जूते थे या चमड़े की चप्पलें

थीं, जिनके तल्ले पुराने ट्रक टायरों के टुकड़ों के थे। उनकी धोती कमर से शुरू होकर घुटनों और एड़ी के बीच कहीं पर जाकर खत्म होती थी। कुछ खुली छाती वाले थे, तो अधिकतर ने लम्बी बाँह के कुर्ते पहने थे या हल्की सूती चादर लपेट रखी थी। तमाम तरह की मूँछ-दाढ़ी वाले जितने लोग थे, उतने ही सफाचट लोग थे और वे ब्रिटिश भारत के सभी क्षेत्रों की नुमाइंदगी करते थे। मुझे उन सबमें एक ही चीज में समानता दिखी, कपड़े के खुरदरेपन में। हरेक धोती, हरेक कुर्ता, हरेक चादर हाथ से काती और बुनी खादी की थी। और सबकी सफेदी पर साबरमती के पानी में बार-बार की धुलाई का रंग चढ़ गया था, या बदरंग दाँत वाला पीलापन या फिर मेमने के पेट के बालों वाला धूसर रंग। लेकिन हरेक सैनिक के सिर पर नए कपड़े की बेडौल-सी गांधी टोपी थी, जिसने उनके ललाट का अधिकांश हिस्सा ढँक रखा था।

मुझे पहला खयाल यह आया कि यह कोई सेना नहीं बल्कि शिव जी की बारात है जिसके बारे में तुलसीदास ने लिखा है कि इस बारात में ''अस्थिपंजरों, साँपों, जटाजूट और राख पुते नंगे बदन लोगों, डायनों, भूत-प्रेतों आदि की भरमार थी।'' लेकिन मुझे शक था कि इस जुलूस से ब्रिटिश शासक उस तरह डर जाएँगे जिस तरह राजा दक्ष की राजधानी के लोग शिव की बारात से डर गए थे।

बहरहाल, उनकी वेशभूषा जैसी भी थी, यह सत्याग्रही सैनिकों का पहला दस्ता था जो देश की आज़ादी की निर्णायक लड़ाई लड़ने जा रहा था। उनका सैनिकत्व उनके कपड़ों या व्यक्तित्व से प्रकट नहीं होता था। उनकी वर्दी थी, उनकी आँखों से झाँकता संकल्प, पैरों की स्फूर्ति और ब्रिटिश राज से आज़ादी के पवित्र लक्ष्य से प्रेरित उनके शरीर से फूटता उत्साह। दस्ते के आगे हाथ में लाठी लिये तेज कदमों से चलता हुआ और अपने सैनिकों को अपने साथ कदम मिलाकर चलने के लिए मजबूर करता उसका कमांडर शिव से भिन्न ही था। दुबले मगर छरहरे, तनी हुई चमड़ी से उभरते अस्थिपंजर वाले गांधीजी धोती पहने थे, जो घुटनों से ऊपर ही रहती थी। धोती में कमर के पास एक भारी जेबघड़ी खुँसी हुई थी जिसकी चेन उनकी जाँघ तक झूल रही थी। उनकी लगभग गंजी खोपड़ी पर दोनों तरफ तथा पीछे खिचड़ी बाल उभरे थे। सूरज ने अभी आसमान की ओर अपनी यात्रा शुरू की ही थी मगर उनके माथे पर पसीने की बूँदें चमचमाने लगी थीं।

गांधीजी का मार्च जिस रास्ते से गुजरने वाला था उस पर मध्य रात्रि से ही लोग आश्रम के फाटक से लेकर आगे तक जमा होने लगे थे। हजारों की भीड़ इकट्ठा हो गई थी। लोग नदी के पार से और आसपास के गाँवों से आ रहे थे। जैसे ही 79 सत्याग्रहियों का जत्था इलिस ब्रिज पर पहुँचा, सड़क के दोनों ओर एक-दूसरे का हाथ थामे मानव शृंखला बनाए खड़े कांग्रेसी कार्यकर्ताओं पर लोग दबाव डालने लगे।

गांधीजी जब भी नजदीक आते, भीड़ आगे बढ़ जाती। मानव शृंखला टेढ़ी हो जाती, लगता कि टूट जाएगी। लेकिन बच जाती। गांधीजी के प्रति सम्मान लोगों के उस पूजा भाव पर ब्रेक का काम करता जिस भाव के वश में वे गांधीजी की ओर बढ़ने लगते थे। अपने कदमों को विराम दिए बिना गांधीजी दोनों हथेलियों को जोड़ कर दोनों बाँह ऊपर उठा देते। यह अपने प्रति लोगों के प्यार के स्वीकार से ज्यादा उन्हें आशीर्वाद देने के लिए होता था। ऐसा करते हुए वे मुस्कुरा देते थे। इसका पूरा असर महसूस करने वालों के लिए उनकी बालसुलभ मुस्कुराहट, जिसमें उनकी खिचड़ी मूँछों और टूट चुके आगे के पाँच दाँतों का योगदान होता था, लोगों में उनके प्रति प्यार और आदर के साथ सुरक्षा का एहसास भी जगाती थी।

इलिस ब्रिज पर इतनी भारी भीड़ जमा हो गई कि सत्याग्रहियों के लिए वहाँ से साबरमती को पार करना असम्भव हो गया। महादेव भाई से थोड़ी देर सलाह-मशविरा करने के बाद गांधीजी ने वहाँ से कुछ सौ गज दूर जाकर नदी पार करने का फैसला किया, जहाँ नदी तट ढलानवाला था। यहाँ बरसात से पहले सुबह-सुबह काठियावाड़ी गधों को अपनी पीठ पर रेत की बोरियाँ ढोते देखा जा सकता था। शाम में उन्हें उलटी दिशा में जाते देखा जा सकता था, नदी की रेत पर सधी चाल से चलते हुए नदी पार करके पास के गाँवों की ओर जाते हुए।

ये गरमी के ठीक पहले के दिन थे और साबरमती नदी चौड़े रेतीले विस्तार से बहते पानी के पतले सोते में बदल गई थी और उसमें घुटने की ऊँचाई से भी कम पानी था। सत्याग्रहियों का जत्था नदी पार करके जल्द ही पुराने शहर से निकल कर ग्रामीण क्षेत्र में पहुँच गया। कुछ मील तक शहर के पाँच-छह सौ उत्साही लोग सत्याग्रहियों से थोड़ी दूरी बनाते हुए चलते रहे। जैसे-जैसे दिन चढ़ता गया और गरमी बढ़ती गई, भीड़ घटती गई और धूल के गुबार उठने लगे। कई महीनों से बारिश नहीं हुई थी और जमीन की ऊपरी सतह सूख कर ढीली हो गई थी। सत्याग्रहियों और जुलूस के आगे-पीछे करते रहने वाले ट्रकों से उड़ती धूल उनके ऊपर चादर की तरह फैल जाती थी। फिल्म कम्पनियों द्वारा भाड़े पर लिये गए इन ट्रकों पर कैमरे और न्यूजरील कर्मचारी थे, जो इस जुलूस की तस्वीरें अलग-अलग कोणों से ले रहे थे। ब्रिटिश साम्राज्य को गांधीजी की इस अनूठी चुनौती ने दुनिया भर में इसके प्रति दिलचस्पी पैदा कर दी थी। फॉक्स मूवीटोन, जे. आर्थर रैंक और पारामाउंट न्यूज ट्रकों पर लगे अपने प्रतीक चिह्नों से आसानी से पहचाने जा सकते थे। लेकिन कुछ कम अपरिचित नाम भी थे—जर्मनी का ड्युशे वोशेंशॉ या फ्रांस का सिनेपाथे, जिनके नाम हमारे सिनेमा के परदों पर कभी नहीं दिखे थे। गांधीजी ने घोषणा कर दी थी कि दिन का पहला पड़ाव किस गाँव में होगा। सो, उस गाँव की ओर बढ़ते इन ट्रकों

पर सवार ब्रिटिश समेत सभी विदेशी तकनीशियन मार्च में शामिल हम लोगों की ओर हाथ हिलाते हुए आगे बढ़ गए। ये गोरे भी धूल में सने हम लोगों जैसे ही दिख रहे थे। लगभग एक जैसे सूती बुश्शर्ट, ट्विल पैंट पहने और बड़े-बड़े खाकी हैट लगाए ये विदेशी बड़े-बड़े रूमाल से अपने चेहरे पोंछते हॉलीवुड की फिल्मों के उन शिकारियों जैसे लग रहे थे जिन्हें अफ्रीकी या भारतीय जंगल में शिकार करते दिखाया जाता था।

आश्रम से करीब सात मील दूर तक चलने के बाद जबकि नौ बज रहे थे और पत्रकारों के ट्रक हम लोगों से आगे निकलकर ओझल हो चुके थे, हम चन्दोला झील पर पहुँचे। गांधीजी झील के पास बड़े-से पीपल के पेड़ के नीचे रुक गए। उस समय यह झील कीचड़ का मैदान लग रही थी जिसमें पानी छोटे-से तालाब जितना था। इस समय तक मार्च में शरीक लोग कुछ परेशान-से लग रहे थे। रेत के बारीक कणों के कारण उनकी आँखों में जलन हो रही थी। उन्हें कष्टप्रद खाँसी हो रही थी, जो बता रही थी कि उड़ती धूल से लड़ने के लिए उनके फेफड़े कितनी मशक्कत कर रहे थे। मार्च के सत्याग्रहियों और उनके प्रति समर्थन या उत्सुकता के कारण साथ चल रहे लोगों के बीच दूरी खत्म हो गई थी। गांधीजी जब हम लोगों को सम्बोधित करने के लिए तैयार हुए तब मैं उनके काफी करीब था। सिर से पाँव तक वे धूल से ढँके थे। पसीने और धूल का लेप-जैसा उनके शरीर पर पसरा था। जब उन्होंने बोलना शुरू किया तो उनकी आवाज़ दमदार थी, आँखों में एक संकल्प की चमक थी। वे मिट्टी की ऐसी मूर्ति लग रहे थे जिसमें जान आ गई हो।

सत्याग्रहियों के साथ चल रहे शहरी लोगों से उन्होंने कहा, ''आपका असीम प्रेम हमें यहाँ तक ले आया है,'' उनकी आवाज़ गले में पड़ी धूल के कारण कर्कश हो गई थी। उन्होंने कहा, ''मेरे प्रति आपका जो स्नेह है उसे मैं मूल्यवान मानता हूँ। पिछली रात अफ़वाह फैली कि मुझे गिरफ्तार कर लिया गया है। लेकिन ईश्वर महान है, उसके ढंग निराले हैं। अब आप लोग लौट जाइए और इस संघर्ष में अपना योगदान देने का संकल्प कीजिए। सत्याग्रही बनने के लिए तैयार रहिए। लेकिन फिलहाल तो आप अपने-अपने घर की ओर जाइए और मैं समुद्र तट की ओर बढ़ूँगा। अभी आप मेरा साथ नहीं दे सकते लेकिन मेरा साथ अलग तरह से देने के मौके आपको बाद में मिलेंगे।''

जब मैं दूसरे लोगों के साथ अहमदाबाद लौट रहा था तब मुझे पता नहीं था कि साबरमती आश्रम में रहने का यह मेरा आखिरी मौका होगा, कि बापू को फिर दस साल बाद देख पाऊँगा।

यही वजह है कि 12 मार्च, 1930 की सुबह जो मार्च शुरू हुआ और दांडी मार्च के नाम से मशहूर हुआ वह पचास साल बाद भी मेरी स्मृति में एकदम ताजा है,

जबकि ज्यादा हाल की ऐतिहासिक घटनाओं की याद धुँधली हो गई है। वे पुराने अखबारों की सुर्खियों, मेरे जीवन समुद्र पर तैरते जहाजी कबाड़ के बेमानी टुकड़े जैसे थे, क्योंकि उनके साथ कोई वास्तविक भावना नहीं जुड़ी थी। वैसे, दूसरे विश्वयुद्ध में मित्र सेना की जीत पर निकली परेड अपवाद है जिसे मैंने अपने घर के छज्जे से पिताजी के साथ खड़े होकर देखा था।

मुझे आज भी सब कुछ ऐसे याद है जैसे वह सब कल ही की बात हो। बाज़ार की गलियों से कलफदार खाकी वर्दी और फुँदने वाली लाल पगड़ी पहने गुजरते पुलिस वालों के दस्ते के आगे पुलिस बैंड 'इट्स लौंग वे टु टिपररी' की धुन बजाता चल रहा था। ब्रिटिश कलेक्टर और उनकी बीवी खुली बग्घी में चल रही थी, जिसके पीछे चार लांसर सिन्दूरी रंग का जैकेट पहने थे जिस पर सुनहरा कमरबन्द लगा था। वे किरमिजी रंग की पगड़ी भी पहने थे। कलेक्टर गहरे रंग के सूट और भूरे रंग के फेडोरा में थे। उनकी पत्नी गुलाबी फूलदार परिधान में थी और गुलाबी रिबन लगी सफेद हैट पहन रखी थी उन्होंने। लांसरों के पीछे काले घोड़ों पर जिला प्रशासन के अधिकारी थे, जिनमें कलेक्टर के कार्यालय के, मेरे पिता के सहकर्मी भी थे। वे चार-चार की कतार में धीरे-धीरे चल रहे थे। कभी-कभी पहने जाने वाले बेतरतीब नाप के कपड़ों में वे असहज लग रहे थे। मैं अपने पिता के चेहरों पर गर्व और सन्तुष्टि का भाव देख रहा था। मुझे लगा कि वे इस जुलूस में शामिल होना चाहते थे, कलेक्टर साहब और उनकी मेम की बग्घी के पीछे-पीछे अकड़ के साथ चलना चाहते थे। छज्जे पर आगे झुकते हुए उनका हाथ अपने कन्धे पर मैं महसूस कर रहा था। पिता-पुत्र को जोड़ने वाले अनुवांशिकी और कर्म की अंतर्धाराओं में हमारे राजनैतिक मतभेद एक क्षण के लिए गौण हो गए थे। उनकी कमजोर काँपती काया मेरी काया से टकरा रही थी और सहारा तलाश रही थी। तीन महीने बाद उन्हें मौत की नींद सुला देने वाली तपेदिक काफी गहरी हो गई थी।

वास्तव में, निजी जीवन और राष्ट्रीय इतिहास के बीच टकराहट से ही हमें अपने समय से बेहद महत्त्वपूर्ण और यादगार जुड़ाव का एहसास होता है। सभी इतिहासों की नियति होती है शीघ्र शून्य में समा जाने की। और फिर धूल भरे पुस्तकालयों के गुम्बद के नीचे स्थापित हो जाने की।

साबरमती आश्रम में मैं एक महीने ठहरा। हालाँकि मीरा के साथ मेरा पत्राचार चलता रहा था मगर उनसे तीन साल बाद मुलाकात हुई। वे लगभग कृशकाय हो गई थीं मगर पहले की अपेक्षा सौम्य मीरा लग रही थीं। गाल की उभरी हुई हड्डियों के नीचे

चौड़ा मुँह अब पहले जितना बुरा नहीं लग रहा था। उनकी भूरी आँखों में अब ज्यादा ऊष्मा थी लेकिन उनमें पहले से ज्यादा विरक्ति का भाव था, मानो वे दुनिया को करुणा भरी तटस्थता से देख रही हों। उनकी वाणी में ठहराव और आत्मविश्वास था और पहले जैसे रोबीलेपन की हल्की-सी छाप भी थी। उन्होंने मेरा स्वागत गर्मजोशी से किया। अब वे उतनी संयत और चुप नहीं थीं जितनी तब थीं जब मैं उन्हें हिन्दी पढ़ाता था। अब वे विश्वास के साथ हिन्दी बोल रही थीं, उनके वाक्यों में व्याकरण की अशुद्धि के कारण अटकाव नहीं था। काल और लिंग में बड़े आराम से घालमेल कर रही थीं और हिन्दी शब्दों के अपने अल्पज्ञान की बड़े आराम से अनदेखी कर रही थीं। दांडी मार्च में हमारी शिरकत के बावजूद हमें साथ-साथ समय गुजारने, छूटे हुए वर्षों की कमी पूरा करने का भी समय मिल गया। उत्तर भारत के गरम, धूल भरे इलाकों में बापू के साथ अपने दौरे के अनुभवों का बयान करते हुए उनका चेहरा चमक रहा था। वैसे, बोलते-बोलते कभी-कभी वे विचारमग्न हो जातीं, चुप हो जातीं। ऐसे क्षणों में उनकी आँखें मानो भीतर की ओर, स्मृति के उन दृश्यों की ओर देखने लगतीं जिन तक दूसरों की पहुँच नहीं हो सकती थी। हम दोनों साबरमती के किनारे उसी जगह बैठे थे जहाँ मैं वर्षों पहले उस शाम खुद को बापू से पहली बार मिलने के लिए हिम्मत जुटाने के वास्ते बैठा था। मुझे नहीं पता था कि अब एक व्यक्तिगत और ऐतिहासिक दौर समाप्त होने को है; कि यह आश्रम अब अपने पुराने स्वरूप की प्रतिकृति बन कर रह जाएगा, एक ऐसा मन्दिर बन कर रह जाएगा, जो अपने देवता और उसके तमाम पुजारियों से खाली हो जाएगा। केवल वीरान इमारतें रह जाएँगी जिनके दरवाज़े-खिड़कियाँ भी नहीं होंगी। कभी बड़े जतन से सँवारे गए मैदान खरपतवारों से भर जाएँगे।

निरन्तर घटती घटनाओं से उत्साहित हम अतीत की बात नहीं कर रहे थे। आश्रम अलबत्ता दर्शक दीर्घा का काम कर रहा था। दांडी मार्च के आगे बढ़ने की खबरें रोज आश्रम में आ रही थीं। मीरा इन खबरों के प्रसारण की सूत्रधार थीं। उनके नाम बापू के पत्र युद्ध की प्रगति के बारे में सेनापति के नज़रिए का उद्घाटन करते थे। हमें बताया गया कि अहमदाबाद से 241 मील दूर अरब सागर के किनारे बसे छोटे-से गाँव दांडी में गांधीजी और उनके सत्याग्रहियों, अपने आश्रम के लोगों, का कितना भव्य, अकल्पनीय तरीके से स्वागत किया गया। रास्ते की जनसभाओं में काफी भीड़ होने की खबरें आईं। अहमदाबाद और दांडी के बीच के सबसे बड़े शहर सूरत में ताप्ती नदी के तट पर जनसभा हुई। सूरत की आबादी एक लाख से ज्यादा नहीं होगी लेकिन इस सभा में दोगुने लोग इकट्ठे हुए। सूरत के आसपास के गाँवों-कस्बों से औरत-मर्द बड़ी संख्या में आए। ऊँचे मंच पर लाउडस्पीकर लगाया

गया था जिस पर से गांधीजी लोगों को सम्बोधित करने वाले थे। लेकिन लाउडस्पीकर ठीक से काम नहीं कर पा रहा था और गांधीजी की आवाज़ इतनी ऊँची नहीं थी कि सब लोगों तक पहुँच पाती। वे बस मंच पर हाथ जोड़े खड़े हो गए और चारों ओर दिशाओं में हाथ घुमा कर लोगों का अभिवादन करके कुर्सी पर बैठ गए। महादेव भाई बोलने को उठे तो लाउडस्पीकर ठीक हो गया। उन्होंने संक्षिप्त भाषण किया और गुजरात कांग्रेस कमेटी के लिए चन्दे की अपील की। और अभी उन्होंने बोलना खत्म भी नहीं किया कि लोग दान देने के लिए मंच की ओर बढ़ गए। महिलाओं ने अपने गहने उतारकर, पुरुषों ने अपनी घड़ियाँ और अँगूठियाँ उतार कर दान दिए। मिनट भर में मंच पर तीन ढेर जमा हो गए, जो ऊँचे होते चले गए। यह सिलसिता आधी रात के बाद तक चलता रहा जब तक बापू वहाँ से चले नहीं गए।

तड़के सुबह जब सत्याग्रही लोग दांडी की ओर रवाना हुए तो ऐसा लगा कि पूरा सूरत उस रात जगा रहा था। दांडी की यात्रा अभी करीब तीन दिन की और थी। शहर के मुख्य मार्ग पर, जिससे सत्याग्रहियों को गुजरना था, इतनी भीड़ थी कि अगर कोई जमीन पर गिर जाता तो उसके लिए उठ पाना लगभग असम्भव था। अगर कांग्रेसी कार्यकर्ताओं ने सड़क के दोनों ओर खड़े होकर रास्ता न बनाया होता तो सत्याग्रहियों के लिए आगे कूच करना मुश्किल होता। सड़क के दोनों तरफ खिड़कियों, छज्जों, बरामदों को फूलों, अशोक और आम के पत्तों के तोरण द्वारों से सजाया गया था और उन जगहों पर औरत-बच्चे भरे पड़े थे। वे गांधीजी के दर्शन के लिए छज्जों पर खतरनाक ढंग से झुक जाते थे। मार्च करने वालों पर इतने फूलों की वर्षा हुई थी कि उन लोगों को ऐसा महसूस हो रहा था जैसे वे गुलाब की पंखुड़ियों के कालीन पर चल रहे हों।

7 अप्रैल, 1930 को पूरे देश में नमक कानून तोड़ा जाना था। उस दिन पौ फटने के कुछ देर बाद गांधीजी और उनका दस्ता दांडी के समुद्र तट पर आया। सूरज चढ़ रहा था और समुद्र की भूरी लहरों पर नारंगी रोशनी की लकीर खिंचने लगी थी। इतनी सुबह भी समुद्र तट पर जन सैलाब उमड़ रहा था। लोग बम्बई और अहमदाबाद तक से आए थे। एनफील्ड राइफल और लाठी से लैस पुलिस वाले कुछ दूरी पर खड़े थे। घोड़े पर सवार दो अंग्रेज अफसर उनकी अगुआई कर रहे थे। आश्रम के कुछ लोगों ने ऊपर के कपड़े उतारे और धोती-लुंगी में समुद्र स्नान किया। गांधीजी ने भी अपनी लुंगी उतारी और अंडरवियर में समुद्र में उतर गए। दुबले-पतले, गंजे सिर वाले गांधीजी किसी जैन मुनि जैसे दिख रहे थे, जो भारत के इस क्षेत्र में अकसर निर्वस्त्र घूमते पाए जाते हैं। वैसे, गांधीजी का हाव-भाव उन मुनियों जैसा नहीं था। वे प्रसन्नचित्त समुद्र में उतरे थे कि एक ताकतवर लहर ने उन्हें डगमगा दिया। वे हाँफते

हुए, कुछ आशंकित-से बाहर निकल आए। कुछ लोगों ने तुरन्त उन्हें घेरे में ले लिया। लेकिन गांधीजी की कमजोर काया लहर के थपेड़े को बर्दाश्त न कर पाई। वे लड़खड़ाकर एक ओर गिर पड़े और तुरन्त हँसते हुए उठ खड़े हो गए। तब तक लहर लौट गई थी।

तीन-चार मिनट बाद गांधीजी समुद्र से बाहर निकल आए। सत्याग्रहियों और उनके पीछे चलती भीड़ का नेतृत्व करते हुए वे उस स्थान पर पहुँचे, जिसे उन्होंने सुबह में समुद्र तट पर पहुँचने के बाद चुना था और जहाँ रेत में गड्ढा बनाकर समुद्र का पानी इकट्ठा किया गया था। ठीक साढ़े छह बजे गांधीजी ने उस गड्ढे का थोड़ा-सा पानी एक बरतन में लिया और उसे सूरज की ओर दिखा कर नमक कानून को तोड़ा। सत्याग्रहियों ने समुद्र के पानी के कुछ सूखे गड्ढों में स्वतः बने नमक को उठाया और अपने पास रख लिया। अंग्रेज पुलिस अधिकारियों के घोड़े हिनहिना रहे थे। वहाँ खड़े पुलिस वालों को दखल देने का कोई आदेश नहीं दिया गया।

दोपहर में गांधी ने जनसभा को सम्बोधित किया। उन्होंने कहा कि उन्हें उम्मीद थी कि दांडी पहुँचने से पहले गिरफ्तार करके जेल में डाल दिया जाएगा। उन्हें अब अपनी गिरफ्तारी की पूरी उम्मीद थी। लेकिन यह संघर्ष इतना बड़ा है कि उनकी गिरफ्तारी से रुक नहीं सकता और सविनय अवज्ञा आन्दोलन नमक कानून तोड़ने के अलावा दूसरे रूपों में भी फैलेगा। उन्होंने घोषणा की कि उन्होंने साबरमती के सत्याग्रह आश्रम में तब तक न लौटने का संकल्प किया है जब तक देश को आज़ादी नहीं मिल जाती। जनसभा के बाद उस थोड़े-से नमक की नीलामी की गई, जो उन्होंने सुबह में बनाया था। अहमदाबाद के कपड़ा मिल मालिक सेठ रणछोड़ भाई ने इस नमक के लिए 525 रुपये की बड़ी रकम अदा की।

एक सप्ताह बाद बापू और उनके दांडी तीर्थयात्रियों को गिरफ्तार किया गया। तब तक मैं लखनऊ लौट चुका था। मैं भारी मन से साबरमती आश्रम से विदा हुआ। शायद मैं आत्मपरीक्षा और यह समझने के लिए वहाँ करीब एक महीने रह गया कि लखनऊ में साहित्यिक जीवन जीने का मेरा फैसला सही था या नहीं। शायद मैं अभी भी इस सन्देह में था कि दिमागी काम (भावबोधों से जुड़ा) वाला जीवन जो मैंने चुना है वह मेरी आत्मा को भी पर्याप्त समृद्ध करेगा या नहीं। पचास वर्ष बाद मुझे एहसास हो रहा है कि अभी भी इस सवाल का जवाब नहीं मिला है। शायद यह ऐसा सवाल है जिसका कोई जवाब है ही नहीं या जिसका जवाब हरेक को खुद ही ढूँढ़ना होता है। मुझे पता नहीं कि अगर मैं बापू के साथ रह गया होता, अपने निजी लक्ष्य से बड़े लक्ष्य से जुड़ा रहता, बुद्ध और ईसा मसीह जैसे माने गए महान् व्यक्तित्व के मार्गदर्शन में अपना जीवन जीता तो मैं आज क्या होता। इसके बदले मैंने अपनी राह

चुनने, अपनी जरूरतों और इच्छाओं को सन्तुष्ट करने वाले आनन्द के मार्ग पर चलने का फैसला किया। हाँ, मैंने आनन्द को चुना, भले ही मेरे क्रियाकलाप सन्तुलित और समझदारी भरे थे। मैंने अपने जीवन को स्व के परे ले जाने की सम्भावना; मैं, मुझे और मेरा के अनवरत द्वन्द्व से दूर अनूठे नीरव स्थिति की ओर ले जाने की सम्भावना की ओर नहीं मोड़ा था, जहाँ आनन्द और पीड़ा अप्रासंगिक हो जाती है। मैं तब एक अनुभवहीन युवक था लेकिन उम्र के साथ मैं बहुत बेहतर नहीं हो गया हूँ। मैं अपनी इच्छाओं के महत्त्व पर सन्देह तो करता हूँ मगर आनन्द की तीव्र चाह बनी रहती है। ब्रह्मचर्य के महत्त्व पर मेरी दुविधा की तरह यह भी बापू के साथ बीते मेरे जीवन की एक देन है।

उन्नीस

पीछे मुड़ कर देखता हूँ तो 1936 में प्रेमचन्द के निधन के बाद के तीन वर्ष मेरे जीवन के सबसे बुरे वर्ष थे। 'माधुरी' का प्रकाशक सम्पादकीय कार्यालय में मेरी उपस्थिति तभी तक बर्दाश्त करता रहा जब तक प्रेमचन्द जीवित थे। उनके निधन के बाद मुझे वहाँ से रुखसत होना पड़ा और स्कूली बच्चों को हिन्दी पढ़ाकर जीवन-यापन करना पड़ा। अखिल भारतीय बुनकर संघ में मेरा स्वैच्छिक कार्य कुछ साल पहले खत्म हो चुका था। यह दांडी मार्च से लौटने के कुछ समय बाद की ही बात है। रूई और सूत की मात्राओं को बही-खाते में दर्ज करने के काम में न मेरा कभी दिमाग लगा, न दिल। मैंने स्वाधीनता संघर्ष में और गहराई से जुड़ने की योजना बनाई थी। मगर साहित्य सेवा और दोस्तों के साथ शाम की चर्चाओं के आनन्द में फँस गया। अपनी योजना को निरन्तर टालता रहा और अन्ततः यह रह ही गई।

बावन वर्ष की उम्र में प्रेमचन्द के असामयिक निधन से मेरे जीवन का कोई मजबूत तार ही जैसे टूट गया। मुझे सब कुछ अँधेरा नज़र आने लगा। बच्चों को पढ़ाना हो या दोस्तों से मिलना हो (वैसे भी उनकी संख्या घटने लगी थी क्योंकि मेरा जीवन वैसा हो गया था), सब कुछ बेमानी नज़र आने लगा। मैं दिनचर्या का पालन यान्त्रिक रूप से करता, सारे विचारों पर निरर्थकता का भाव हावी रहता। हरेक दिन क्रूर ढंग से लम्बा खिंचा हुआ लगता और उसका अन्त भी राहत नहीं देता क्योंकि रातें भी अनिद्रा के कारण कोई बेहतर नहीं रहतीं। लेकिन गहरी निरर्थकता के बोध से ज्यादा घातक थे आत्मघृणा के दौरे।

दांडी मार्च के बाद मैं युवकों से बापू के इस आह्वान पर सक्रिय होने का फैसला कर चुका था कि वे देश की आज़ादी की लड़ाई में हर तरह के निजी त्याग के लिए तैयार रहें। कई युवकों ने ऐसा किया था। अपने व्यवस्थित जीवन और भविष्य को दाँव पर लगा कर वे ब्रिटिश सरकार की जेलों को भर रहे थे, और वे मेरी तरह भाग्यशाली भी नहीं थे जिसे बापू के करीब होने का अवसर मिला था। मेरे लिए शाश्वत शर्म की बात यह थी कि मैंने किसी ऊँचे उद्देश्य को अपने जीवन में दखल नहीं देने दिया। मैं साहित्य कर्म में जुटा रहा और मासिक वेतन कमा कर कपड़े और

भोजन की विलासिता में लिप्त रहा। यह जीवन के बारे में गांधीजी के दर्शन और साबरमती आश्रम में दाखिले के समय मेरे अपने संकल्पों के विपरीत था। मैंने दोनों को धोखा दिया।

ब्रह्मचर्य का भी मामला था। बापू से मिलने के पहले मैं इस विषय पर तॉल्सतॉय का लेखन पढ़ चुका था और उससे प्रभावित होकर आजीवन अविवाहित रहने पर गम्भीरता से सोचने लगा था। बापू से मुलाक़ात और आश्रम में प्रवास ने मेरे इस इरादे को और मजबूत ही किया। लेकिन बापू का विचार, जिससे तब मैं सहमत था, यह था कि विचार और कर्म में अन्तर नहीं है, मन में उपजा पाप उतना ही बुरा है जितना कर्म में किया गया पाप। भगवान जानता है कि लखनऊ में अपनी बेफिक्री के दिनों में और दोस्तों के साथ बेबाक बातचीत की उत्तेजना में मैं अकसर ब्रह्मचर्य के अपने संकल्प का उल्लंघन कर देता, भले ही तकनीकी तौर पर मैं ब्रह्मचारी था। अब आत्म-प्रतारणा के दौरों (कम से कम वे मुझे जीवित होने का, पीड़ादायक ही सही, एहसास कराते हैं) में मेरे वे यौन अपराध (यद्यपि वे केवल मस्तिष्क की आँखों में अपराध नज़र आते थे) मुझे अपराध-बोध और निराशा से भर देते हैं।

मुझे पता नहीं है कि आखिर मैंने इतनी ताकत या कहें इच्छाशक्ति कैसे जुटाई कि बापू को यथासम्भव ईमानदारी के साथ मैंने अपनी बदहाली के बारे में पत्र लिख डाला। शायद मेरे अच्छे कर्मों ने मुझसे यह पत्र लिखवाया, जिसकी बदौलत मेरा जीवन बच गया। मैंने लिखा, "आपकी छत्रछाया से दूर हुए मुझे नौ वर्ष हो गए। तब से मैं अपने आपसे संघर्ष कर रहा हूँ, पता नहीं किस उम्मीद में। वर्षों तक मैं इस विश्वास के साथ साहित्य और कला से जुड़ा रहा कि ये मेरी मुक्ति के साधन बनेंगे। लेकिन मुझे उनसे क्या हासिल हुआ? कुछ नहीं। न मेरा शरीर स्वस्थ है, न मन। मुझे अपनी समस्याओं का कोई समाधान नहीं सूझ रहा, मैं नाउम्मीद हो रहा हूँ।" पत्र के अन्त में मैंने इच्छा जाहिर की थी (जो असामान्य बात ही थी क्योंकि तीन वर्षों से मैंने इसके बारे में सोचा भी नहीं था) कि उनके साथ कुछ महीने रहा तो मुझे खोयी हुई राह मिल जाएगी। उनके करीब रहने से शायद मुझे फिर वह पवित्र दृष्टि मिल जाएगी, जो मैं खो बैठा था। पत्र में मुझे यह जोड़ने की जरूरत नहीं लगी कि मैं फिर से जीने की इच्छा को जगाना चाहता हूँ।

बापू का जवाब एक सप्ताह में आ गया—

चि. नवीन,

मुझे तुम्हारा पीड़ा भरा पत्र मिला। तुम्हारे आदर्श मेरे आदर्शों से कुछ भिन्न हैं। सो, तुम्हें यहाँ आकर क्या मिलेगा? तुम्हारा हृदय तुम्हें मेरी ओर खींचता है। यह केवल आकर्षण है। मेरे विचार से तुम्हारे रोग का कारण साहित्य के लिए तुम्हारा

लगाव है। तुम्हें अपनी साहित्यिक इच्छाएँ छोड़नी होंगी। या तुम्हारे कलात्मक पहलू को कम से कम गौण होना होगा। मैं चाहूँगा कि तुम मजदूर बन जाओ, अपने हाथों और शरीर से दूसरों की सेवा करो। लेकिन सेवा की भावना तुम्हारे अन्दर नहीं है। मेरा खयाल है कि तुम्हें शादी कर लेनी चाहिए। विवाह के बाद तुम जितना चाहो अपने ऊपर नियन्त्रण रख सकते हो। तुम्हारे जैसे व्यक्ति के लिए मुझे कोई उपचार नहीं नज़र आता।

फिर भी अगर तुम यहाँ आने पर जोर दोगे तो मैं तुम्हें रोकूँगा नहीं। यहाँ जगह और भोजन की कमी है यद्यपि तुम्हें दूध और फल पर्याप्त मिलेगा। तश्तरी, दो कटोरे, एक गिलास, चम्मच, चाकू, बिस्तर, चादर, तकिया, छाता और लालटेन के साथ आना। ईश्वर तुम्हें शान्ति दे।

बापू के आशीर्वाद

इस तरह यह संयोग बना और 1939 के शुरू में, नौ वर्षों के बाद फिर मैंने बापू और मीरा के साथ दो महीने बिताए और उन दृश्यों का चश्मदीद बना, जो दुखद घटनाएँ लाने वाले थे।

दांडी मार्च के बाद गांधीजी की गिरफ्तारी के बाद से बापू और मीरा के जीवन में तथा देश के राजनैतिक परिदृश्य में बहुत कुछ घटा। नौ महीने तक जेल में रखने के बाद गांधीजी को वायसराय के साथ इस समझौते के तहत रिहा किया गया कि अंग्रेज शासक भारत की आज़ादी की माँग पर समझौता करने के लिए लन्दन में एक सम्मेलन करेंगे। यह सम्मेलन विफल रहा। हालाँकि दांडी मार्च और सविनय अवज्ञा आन्दोलन का ऊपर से तो कोई ठोस नतीजा नहीं निकला मगर इसने जनता में अभूतपूर्व एकता और उत्साह पैदा कर दिया था। यह भी पहली बार हुआ कि अंग्रेजों ने कांग्रेस से सीधे वार्ता करने पर रजामन्दी दिखाई और लॉर्ड इरविन ने गांधीजी को बराबरी का दर्जा देते हुए उनकी अगवानी की। ब्रिटेन वालों के सबसे प्रिय नेता विंस्टन चर्चिल ने, जो गांधीजी से नफरत करते थे, इस उपलब्धि के महत्त्व को समझा। उन्हें उस गांधी को देखकर "खलबली होती है और उबकाई आती है, जो मिडल टेंपल का बागी वकील है और अब पूरब में पाए जाने वाले फ़कीरों की नकल करते हुए अधनंगे ही वायसराय के महल की सीढ़ियाँ चढ़ रहा था ताकि बादशाह के नुमाइन्दे की बराबरी की हैसियत से वार्ता करे और दूसरी तरफ सिविल नाफरमानी की मुहिम को भी संगठित और संचालित कर रहा हो।"

मीरा गांधीजी के साथ लन्दन और यूरोप भी गईं। वहाँ वे अपने पूरे रंग में थीं।

वे गांधीजी की निजी जरूरतों—कपड़े, भोजन, सोने के इन्तजाम—का खयाल रख रही थीं और उन लोगों से उन्हें बचा रही थीं जो अनावश्यक उनका वक्त जाया करते। मीरा ने अपने परिवार वालों से ज्यादा मुलाक़ात नहीं की। वैसे भी अब केवल रोहना जीवित थी। उनकी माँ कुछ ही महीने पहले गुजर गई थीं। इंग्लैंड में रहते हुए मीरा को उनकी कमी बेहद खली और उन्हें अच्छा लगा कि बापू की देखभाल में वे इतनी व्यस्त थीं कि उन्हें दुखी होने का समय ही नहीं मिला।

उनके यूरोप दौरे की मुख्य बात रही दिसम्बर 1931 के शुरू में रोमाँ रोलाँ के विलेन्युएवे स्थित घर में पाँच दिन का प्रवास। गांधीजी और मीरा, दोनों को इस मुलाक़ात का बहुत इन्तज़ार था। प्रवास के आखिरी दिन शाम को प्रार्थना के बाद गांधीजी ने रोलाँ से बीदोवेन का कुछ सुनाने को कहा। उन्हें बीदोवेन के संगीत की ज्यादा जानकारी नहीं थी लेकिन उन्हें पता था कि बीदोवेन मीरा और रोलाँ, और मीरा तथा उनके बीच दोस्ती के सूत्र थे। रोलाँ ने उनके लिए फिफ्थ सिंफनी की 'आनदांते' धुन बजाई।

मीरा ने अपने पिछले मुक्त और स्वतंत्र जीवन के स्थलों का अब कड़े अनुशासन की स्थितियों में दौरा किया तो उनकी खुशी में अजीब-सी बेचैनी मिली हुई थी। उन्होंने लिखा, "उस अनुशासन को बनाए रखने के लिए मैंने अनजाने में खुद को स्व-आरोपित आन्तरिक कारा में बन्द कर लिया था। लेकिन जब मैं रोमाँ रोलाँ से मिली और उनकी मर्मभेदी नीली आँखों का असर मैंने महसूस किया तो मुझे हल्का-सा एहसास हुआ कि कुछ गलत हो रहा है, गलत इस अर्थ में कि मैं अपने पूरे आपे में नहीं हूँ। मेरी आत्मा की खामोश इच्छा थी कि मैं उनसे हिलूँ-मिलूँ मगर मैं अपनी आन्तरिक कारा से निकल नहीं पा रही थी। लगता है भाग्य ने वर्षों पहले मेरी प्रार्थना पर मेरे लिए जो तपस्या लिख रखी थी उसका ही हिस्सा है यह। इसलिए दिन आन्तरिक उदासी के साथ गुजरते रहे, जिसके बारे में मैं उस समय कुछ समझ नहीं पाई।"

यूरोप से गांधीजी की वापसी के तुरन्त बाद, अंग्रेज शासकों ने सविनय अवज्ञा आन्दोलन पर कहर ढाना शुरू कर दिया। गांधीजी को फिर गिरफ्तार कर लिया गया। मीरा को भी कुछ सप्ताह बाद गिरफ्तार किया गया। यह उनकी पहली जेल यात्रा थी जिसमें उन्हें एक साल कैद रखा गया। बाद में भी उन्हें कई बार जेल भेजा गया। कुछ समय के लिए उन्हें बा के सेल में रखा गया। बापू ने दूसरी जेल में अनशन शुरू कर दिया था और उनके स्वास्थ्य की चिन्ता में साझा रूप से दुखी ये दोनों महिलाएँ करीब आ गई थीं। उनमें मित्रता तो कभी नहीं हुई मगर पहले मीरा के प्रति बा जितनी आशंकित रहती थीं उसमें काफी कमी आ गई दिखती थी।

जेल से रिहाई के बाद मीरा इंग्लैंड और अमेरिका में आला अधिकारियों और मीडिया को गांधीजी के दर्शन और संघर्ष के बारे में बताने के लिए उनके अनधिकृत दूत के रूप में दौरे पर गईं। वहाँ से लौटने के बाद वे गांधीजी के साथ दौरे करती रहीं और उनकी निजी जरूरतों का खयाल रखती रहीं। इसके बाद उनकी योजना के मुताबिक ग्रामीण विकास के कार्यक्रम पर काम करने के लिए वर्धा के पास सीगाँव नामक गाँव में टिक गईं। वे बेचैन थीं लेकिन गांधीजी के साथ सम्बन्धों की अपनी भावनाओं पर उन्होंने फौलादी नियन्त्रण रखा, अपने लिए उनके द्वारा लिखी पटकथा पर बिना शिकायत या विद्रोह के चलती रहीं। उनका स्वास्थ्य कई बार खराब हुआ और हर बार उन्हें गांधीजी के पास जाना पड़ा।

गांधीजी के लिए 1936-38 की अवधि भावनात्मक उथल-पुथल की रही। उन्हें गहरे अवसाद और आध्यात्मिक निराशा के कई दौर झेलने पड़े। यह अस्पृश्यता और हिन्दू-मुस्लिम टकराव को खत्म करने के उनके प्रयासों में विफलता के कारण होता रहा। उन्होंने इन दो चीजों को स्वराज की पूर्वशर्त बताया था। विभिन्न धार्मिक तथा जातीय समुदायों के बीच सद्भाव, सहिष्णुता और मेल-जोल का उनका सपना—एक सपना ही बनता जा रहा था। लेकिन उनकी आन्तरिक शान्ति में ज्यादा खलल जाग्रत अवस्था में कामातुर हो जाने की घटनाओं के कारण पहुँचने वाली चोट पहुँचाती थी, जिन्हें वे अपनी पवित्रता बनाए रखने के संकल्प की कमजोरी मानते थे। ऐसी घटनाएँ उन्हें बहुत शर्मसार कर देतीं, उन्हें 'निराशा के कुएँ'' में गिरा देतीं। तब उन्होंने मीरा के गाँव में अकेले रहने का फैसला किया। मीरा को लगा कि अन्ततः उन्हें गाँव में गांधीजी के साथ अकेले रहने का मौका मिल गया है। लेकिन गांधीजी अड़ गए कि वे मीरा के गाँव में तभी रहेंगे जब मीरा पड़ोस के गाँव में चली जाएँगी। मीरा ने लिखा है, ''इसने मेरा दिल ही तोड़ दिया लेकिन मैंने किसी तरह निबाहा। और जब बापू ने सीगाँव आकर रहने का फैसला किया तो मैंने अपने दुख को उनके लिए कुटिया और गाय की झोंपड़ी तैयार करने की खुशी में दबा दिया। अपने लिए मैंने वहाँ से एक मील दूर वरोडा गाँव की पहाड़ी पर छोटी कुटिया बनाई। और बापू सीगाँव रहने आ गए तो एक सप्ताह के अन्दर अपनी कुटिया में रहने चली गई। मेरे साथ केवल मेरा छोटा-सा घोड़ा था।''

गांधीजी की कुटिया शीघ्र ही एक कम्यून में बदल गई। 1939 तक मीरा सहित करीब सौ लोग सेवाग्राम (जो तब सीगाँव के नाम से जाना जाता था) में रह रहे थे और यह भारतीय आज़ादी की लड़ाई का नया राजनैतिक केन्द्र बन गया। गांधीजी ने भी पवित्रता के अपने मानदंडों में हुई चूक पर आत्ममन्थन के बाद लगता है अपना आत्मविश्वास फिर से हासिल कर लिया था। उन्होंने लिखा है, ''अब जबकि मैं अपने

आपमें शान्ति का अनुभव कर रहा हूँ, कोई भी राष्ट्रीय समस्या मुझे परेशान नहीं करती। मैं अपनी ही कसौटी से गिर गया था लेकिन इससे मैं परेशान नहीं हुआ। मैं परेशान इसलिए था कि मुझे इसकी वजह और समाधान का पता नहीं चल रहा था।''

यह वसन्त के आखिरी दिनों में से एक दिन था और भीषण गरमी शुरू होने में दो-तीन हफ्ते ही रह गए थे जब मैं सेवाग्राम पहुँचा। वर्धा भारत के सबसे गरम इलाकों में से है, अपनी सख्त, पथरीली जमीन और जगह-जगह बलुआ पत्थर के चट्टानों के कारण, जो गरमी में और इजाफा कर देते हैं। मेरे आगमन के एक सप्ताह बाद, मार्च के आखिरी दिनों में ही तापमान 100 डिग्री फारेनहाइट से ऊपर चढ़ गया था। मेहमानों के रहने का इन्तजाम करने वाले मुन्नालाल ने कुछ गर्व से मुझे बताया, ''यह तो कुछ भी नहीं है। मई-जून में तो तापमान 120 डिग्री तक पहुँच जाता है। दरवाज़े की कुंडी या खिड़की की सिटकनी या धातु की कोई चीज छूने पर उँगली जल जाती है।'' जब तक मैं सेवाग्राम में रहा तब तक गांधीजी की तरह सिर पर गीला कपड़ा लपेटे रहता था। लेकिन मेरे कमजोर स्वास्थ्य के कारण यह उपाय अपर्याप्त रहा। मुझे बुरी तरह लू लग गई और मैंने बिस्तर पकड़ लिया।

साबरमती आश्रम के मुकाबले सेवाग्राम न केवल छोटा था बल्कि अधूरा-सा लगता था, मानो इसे क्या रूप देना है इस पर फैसला टाल दिया गया है। यह आश्रम के रूप में नहीं हुआ बल्कि ऐसी जगह के रूप में चुना गया था जहाँ गांधीजी सिर्फ बा के साथ रहते। उन्होंने कहा था कि उनकी कुटिया में केवल स्थानीय सामग्री का प्रयोग किया जाए और उसे बनाने पर पाँच सौ रुपये से ज्यादा खर्च न किए जाएँ। एक एकड़ जमीन तय की गई और उस पर मीरा की देख-रेख में एक बड़ा कमरा बनाया गया—30 फुट लम्बा और 15 फुट चौड़ा। मिट्टी की मोटी दीवार बनाई गई और बरामदे खुले रखे गए। छत बाँस, ताड़ के पत्तों, मिट्टी के लेप और खपड़े से बनाई गई। लेकिन अकेले रहने की बापू की इच्छा पूरी न हो पाई। दरअसल, मुझे अब शक होता है कि ऐसी कोई गम्भीर मंशा रही होगी। हाल के दिनों में वे जिस दबाव से गुजर रहे थे, शायद उसी के चलते ऐसा इरादा किया गया था।

पड़ोस के गाँव में अकेली रह रहीं मीरा सबसे पहले उनके साथ रहने आईं। चूँकि वे बार-बार बीमार पड़ रही थीं, पहले मलेरिया और फिर टायफाइड के कारण, इसलिए गांधीजी चाहते थे कि वे उनके पास रहें ताकि वे उनका उपचार कर सकें। जमीन के एक कोने पर मीरा के लिए ठठ्ठर और मिट्टी के लेप वाली दीवारों से कुटिया

बनाई गई जो केवल मिट्टी की दीवार वाली कुटिया से कम खर्च में बनी। एक साल के अन्दर दूसरे और लोग भी गांधीजी के साथ रहने आ गए। उनमें से कुछ तो अहमदाबाद से उनके पुराने सहयोगी थे। बड़ा वाला कमरा धीरे-धीरे भर गया क्योंकि ज्यादा लोग गांधीजी की जगह पर दखल देने लगे, वे कमरे के फर्श पर अपना बिस्तर फैलाते गए और गांधीजी एक कोने में सिमट गए।

उनके डॉक्टर ने जोर दिया कि उन्हें शान्ति और आराम की जरूरत है। सो, गांधीजी मीरा की कुटिया में चले आए और मीरा ने अपने लिए दूसरी छोटी कुटिया बनवा ली। चूँकि गांधीजी गरीबों की स्थिति में सुधार के काम में सक्रिय हुए बिना कहीं टिक नहीं सकते थे इसलिए दूसरे मकान भी जल्द ही बन गए। जब तक मैं सेवाग्राम पहुँचा और मुझे बड़े वाले कमरे में सोने की जगह दी गई तब तक खादी की कताई और पशुपालन वहाँ की दिनचर्या का हिस्सा बन चुका था। खजूर से गुड़ बनाने की एक छोटी नुमाइशी मशीन लग गई थी। इसके अलावा, गांधीजी ने हाल में शिल्पकारी के साथ शिक्षा का 'बुनियादी तालीम' नामक जो विचार दिया था उसके परीक्षण और प्रचार के लिए केन्द्र के वास्ते दो और इमारतें बन रही थीं।

मैंने सेवाग्राम को साबरमती से काफी भिन्न पाया। इसकी वजह थी—गांधीजी में आए परिवर्तन। साबरमती में वे आश्रम समुदाय के पितातुल्य थे, सेवाग्राम में वे माँ की भूमिका में थे। आश्रम के स्थायी सदस्यों को संयम के 11 संकल्प लेने पड़ते थे। इसके सिवा आचरण सम्बन्धी कोई प्रतिबन्ध नहीं था। साबरमती में आश्रम की घंटी हम सब पर राज करती थी, सेवाग्राम में नाम की समय सारिणी थी मगर आश्रमवासियों को अपना दिन अपने हिसाब से बिताने की काफी आज़ादी थी।

सेवाग्राम में लोगों के बीमार पड़ने की घटनाएँ ज्यादा होती थीं इसलिए बापू के मातृत्व के ज्यादा दर्शन होते थे। वर्धा जिले में मलेरिया, टायफायड, आन्त्रशोथ और पेचिश फैली हुई थी। आश्रम उनसे अछूता नहीं बचा था। गांधीजी अपना काफी समय विभिन्न आहारों और प्राकृतिक चिकित्सा के प्रयोगों की निजी निगरानी पर लगाते थे, जिन पर उनका विश्वास कभी डिगा नहीं।

साबरमती में सनकी और अयोग्य वासियों की संख्या अच्छी-खासी थी लेकिन सेवाग्राम में उनकी संख्या काफी कम थी। मैंने एक बार दौरे पर आए जवाहरलाल नेहरू से गांधीजी को हताश होकर यह कहते सुना, "यह शम्भुशाला जैसी बन गई है, जहाँ तमाम तरह के लोग इकट्ठे हो गए हैं जिन्हें समाज झक्की या पागल कह सकता है।" लेकिन उन्होंने मुस्कुराते हुए यह भी कहा, "लेकिन मैं भी तो खुद एक पागल हूँ। कोई पागल के मुँह से ही यह निकलेगा कि चरखे से स्वराज हासिल किया जा सकता है।"

और अलबत्ता, भंसाली भाई सेवाग्राम में जुट गए थे। वे मौन और नीम की पत्ती तथा बारीक आटे के घोल की खुराक पर रह रहे थे। कभी-कभार उन्हें कल्पना में लगने लगता कि उन्होंने कोई गलती की है तो वे खुद को उलटा लटका कर टँग जाने की धमकी दे देते। तब बापू उन्हें इस तरह का प्रायश्चित न करने के लिए समझा-बुझाकर राजी करते।

मैं जब सेवाग्राम पहुँचा तब मीरा बापू के साथ दिल्ली गई हुई थीं, जहाँ कांग्रेस के नेताओं के साथ बापू की बैठक थी। मैं जिस दिन पेट के भयानक दर्द के बाद बीमार पड़ा उसके एक दिन बाद वे दोनों सेवाग्राम लौटे। वापसी के एक घंटे से भी कम समय के भीतर सुबह करीब नौ बजे बापू उस बड़े कमरे में पहुँचे, जहाँ मैं दूसरे लोगों के साथ ठहरा था। उन्होंने मेरी नाड़ी देखी, फिर जीभ देखी और पेट को टटोल कर देखा।

उन्होंने कहा, ''तुम्हें एनीमा की जरूरत है। आओ मेरे साथ।''

पिछले दस सालों में उनमें खास अन्तर नहीं आया था। बस मुँह के पास की रेखाएँ गहरी हो गई थीं और सिर पर खूँटीदार बाल कम और थोड़े सफेद हो गए थे। उनकी चाल में अभी भी तेजी थी और लक्ष्योन्मुख दिखती थी। कमजोर हो जाने के कारण मैं उनके साथ चलने में थोड़ा लड़खड़ा रहा था। वे मेरा हौसला बढ़ाने के लिए रुके। और मेरा बायाँ हाथ अपने कन्धे पर रख कर अपने दाएँ हाथ से मेरी कमर को घेर कर सहारा दिया। मैं इससे परेशान हो गया। इतनी तकलीफ मुझे पहले नहीं हुई थी।

मैंने कहा, ''बापू, मैं खुद चल कर गुसलखाने तक चला जाऊँगा। मुझे एनीमा लेना आता है।''

उन्होंने मेरी बातों को अनसुना कर दिया और मीरा को पुकार कर एनीमा तैयार रखने को कहा। जब मैं बाथरूम में मेज पर पेट के बल लेट गया और मीरा का इन्तज़ार करने लगा तो मैं यह देख कर घोर आश्चर्य में पड़ गया कि बापू वहाँ से जाने को तैयार नहीं दिख रहे थे। उन्होंने मुझे पैर सही तरह से रखने को कहा और बताया कि मुझे एनीमा किस तरह लेना है। मैंने उनसे फिर कहा कि अब उन्हें वहाँ ठहरने की जरूरत नहीं है, मैं बिना सहारे के शौचालय तक चला जाऊँगा। लेकिन उन्होंने मुझे अनसुना कर दिया। दराज में रखी बोतल से तेल निकाल कर वे मेरे पेट की मालिश करने लगे। मेरी नाभि से हल्की-सी ऊष्मा फैलने लगी और मुझे याद आ गया कि जब मैं बच्चा था तो माँ किस तरह मेरी मालिश करती थी। यह क्रम तब

टूटा जब मीरा ने बाहर से आवाज़ दी और बापू को याद दिलाया कि उस सुबह वर्धा में उन्हें किसी से मिलना है। लेकिन बापू तब तक बाहर नहीं निकले जब तक काम पूरा नहीं हुआ। मैंने सुना, बाहर निकलते हुए उन्होंने मीरा को निर्देश दिया कि मेरा बिस्तर उनकी कुटिया में लगा दिया जाए।

मुझे स्वस्थ होने में एक सप्ताह लग गया। इस दौरान पूरे समय मैं बापू के कमरे के बगल के छोटे-से कमरे में चटाई पर लेटा रहता। बापू दिन में तीन बार मुझे देखने और उपचार बताने के लिए आते थे। वे डॉक्टर थे और मीरा नर्स। बापू हर बीमारी के लिए और सामान्य स्वास्थ्य के लिए खान-पान का ही उपचार बताते थे। मुझे रोज दो गिलास टमाटर का रस पीने को उन्होंने कहा था और मुझे याद है कि वे लाल और पके हुए टमाटर चुनने के लिए मीरा को किस तरह समझाते थे। टमाटर को धो कर उबलते पानी में डाल दिया जाता। फिर उन्हें झीने मलमल में दबा कर रस निकाला जाता ताकि उसमें एक भी बीज न जाए। मुझे हर दिन तीन कप ताजा, कच्चा दूध भी पीना था और इतना ही इमली का पानी भी। बापू सभी बीमारियों के लिए इमली के पानी का इलाज बताते थे।

मीरा और मैं चार साल से सम्पर्क में नहीं थे लेकिन उन्होंने मेरा स्वागत एक पुराने मित्र की तरह किया। मेरे स्वास्थ्य को लेकर उनकी चिन्ता गांधीजी द्वारा उन पर थोपे गए काम की चिन्ता से कहीं ज्यादा थी। जब वे मेरा खाना लेकर आतीं तो हम थोड़ी देर बातें करते। मेरे खाने में बापू द्वारा बताए गए तरह-तरह के रस और फल होते थे। मीरा ने बताया कि पिछले दस वर्षों में वे इतनी खुश कभी नहीं रहीं जितनी इन दिनों हैं। यह खुशी उनके चेहरे पर भी झलकती थी, चेहरे की वे नई लकीरें फीकी पड़ रही थीं जिन्होंने अभी चमड़े पर गहरे निशान नहीं बनाए थे। यह खुशी उनकी आँखों में उभरने वाली चमक में झलकती थी, जो खुली हँसी तो नहीं मगर मुस्कुराहट के कारण पैदा होती थी। यह खुशी उनकी चाल-ढाल में शामिल आत्मविश्वास में झलकती थी, जो कदम बढ़ाने या कन्धों के झुकाव आदि में स्त्रियोचित गति के रूप में नज़र आती थी। उनमें अब एक कोमलता, तनावमुक्तता दिखती थी, जिसकी व्याख्या मेरे लिए मुश्किल थी। हाँ, वे बापू के साथ रहकर और उनकी सेवा करके प्रसन्न थीं यद्यपि कभी-कभी उन्हें लगता था कि वे उन्हें वहाँ से जाने और अपना काम करने को कह देंगे। कताई, बुनाई में उन्हें कभी मन नहीं लगा और उन्होंने उसका पाठ देना छोड़ दिया था। अब वे गाय के बाड़े में काम करती थीं। एक लड़का उनकी सहायता करता था। उन्हें तीन गायों और बापू की बकरी की देखभाल और दूध दुहने में काफी सन्तोष मिलता था।

लेकिन एक बात बदली नहीं थी। अभी भी वे गांधीजी पर अपने अधिकार को

लेकर बेहद आग्रही दिखती थीं। बापू का निर्देश था कि मैं जितना चाहूँ उतने फल मुझे दिए जाएँ। मेरी ताकत लौटी और तीन वर्षों से दबी जीवनी शक्ति प्रबल हुई तो मेरी कमजोरियाँ फिर उभर आईं। एक कमजोरी स्वाद और अच्छे भोजन के लिए थी जो पेटूपन की तरफ ले जाती थी। पके हुए भोजन से वंचित और केवल रसों वाले भोजन के कारण मैं फलों पर टूट पड़ा। नारंगी सस्ते थे और उस इलाके में खूब मिलते थे इसलिए उनकी कोई कमी न थी। लेकिन केले बापू को उनके शुभचिन्तक दूसरे इलाकों से पार्सल से भेजते थे, जहाँ वे खूब उगते थे। केले मेरी कमजोरी थे। मीरा केलों के भंडार में ताला लगाकर रखती थीं। जब मैंने केले खाने की इच्छा जताई तो वे साफतौर पर नाखुश हो गईं, "क्या हम बापू के लिए उन्हें न रहने दें?"

लेकिन मैं जिद करता रहा तो बेमन से वे दो केले ले आईं जो बेरंग, पिलपिले हो गए थे और उन पर काले धब्बे पड़ गए थे। उन्होंने कहा, "हमें फल को बरबाद नहीं करना चाहिए।"

हर दिन मुझे रात में पक गए दो-तीन केले मिल जाते। चूँकि गांधीजी उन दिनों फलों पर ही थे इसलिए किसी को बढ़िया केला नहीं मिलता था।

बीस

प्रेमचन्द अकसर कहा करते थे, ''उपन्यास बीच में हो तो नया अध्याय कभी मत शुरू करो।'' लेकिन मैं असहाय हूँ। आखिर, जीवन किसी अच्छी कहानी के नियमों पर नहीं चलता। मीरा के जीवन और हृदय में पृथ्वी सिंह का प्रवेश भले ही देरी से हुआ लेकिन इसके नतीजे निर्णायक रहे।

जब पृथ्वी सिंह सेवाग्राम पहुँचे तो वहाँ जो उत्साह दिखा उसने मुझे उस दिन की याद दिला दी जब भंसाली भाई हिमालय की यात्रा करके साबरमती आश्रम लौटे थे। पृथ्वी ब्रिटिश जेल में सोलह महीने बिताने के बाद आ रहे थे। कोई और तो क्या, खुद पृथ्वी को भी अपनी इतनी जल्दी रिहाई की उम्मीद नहीं थी। बापू उनको देख कर इसलिए भी खुश हुए कि उन्होंने अधिकारियों से पृथ्वी के मामले पर जो वकालत की थी वह सफल हुई।

पृथ्वी काफी सुन्दर व्यक्तित्व वाले थे और 47 वर्ष के होनें के बावजूद युवा दिखते थे। लम्बे कद और चौड़े कन्धों वाले पृथ्वी का आकर्षण इस बात से भी बढ़ गया था कि उनके साथ एक प्रसिद्ध क्रान्तिकारी की आभा जुड़ी थी, जिसने अंग्रेजी राज के खिलाफ हिंसक प्रतिरोध के तहत अपनी जवानी भूमिगत रह कर बिताई थी।

भाटी राजपूत समुदाय के पृथ्वी पंजाब के एक मँझोले किसान के सबसे बड़े बेटे थे। 1898 के अकाल में उनके पिता बर्मा चले गए और वहाँ दूध का व्यवसाय शुरू कर दिया। जब पृथ्वी नौ साल के थे तब वे पिता के पास बर्मा चले गए और एक मिशनरी स्कूल में पढ़ते हुए पिता के व्यवसाय में भी मदद करने लगे। छह साल बाद जब वे भारत लौटे तो न तो हिन्दी जानते थे और न उर्दू। इसलिए उन्हें पंजाब के अम्बाला में चौथे क्लास से पढ़ाई शुरू करनी पड़ी। पिता के मवेशियों को सानी-पानी देने और पिता को खाना बनाने में मदद करने से छुट्टी मिलने के कारण उन्होंने जम कर पढ़ाई की और तेज विद्यार्थी होने के नाते एक साल में तीन कक्षाएँ पास कर लीं। सत्रह साल की उम्र में लम्बे-तगड़े जवान बन चुके पृथ्वी फिर बर्मा गए। वहाँ उन्होंने पाया कि उनकी अधिकतर गायें महामारी के कारण मर चुकी हैं और पिता भी बीमार होकर बिस्तर पकड़ चुके थे। कमाई करने को मजबूर पृथ्वी ने डाकघर

में चिट्ठियों की छँटाई की नौकरी कर ली।

बचपन से ही पृथ्वी की यह पक्की धारणा बन गई थी कि उन्हें जीवन में महान कार्य करने हैं। चिट्ठियाँ छाँटना निश्चित ही उस उच्च नियति का हिस्सा नहीं था। सो, पृथ्वी ने चीन में भाग्य आजमाने का फैसला किया। पहले उन्होंने पेनांग से सिंगापुर की यात्रा की, फिर पानी के जहाज से हांगकांग पहुँचे।

क्रान्तिकारी गतिविधियों की दुनिया में उनके प्रवेश की कहानी बड़ी दिलचस्प है। जून 1911 में हांगकांग में एक दिन जब वे सोडावाटर की फैक्टरी में सुरक्षा गार्ड की अपनी नौकरी के लिए जा रहे थे तो शहर के चौराहे पर बालों की लटों के ढेर पड़े देख आश्चर्य में पड़ गए। उन्हें पता चला कि चीनियों ने लम्बी लटों को गुलामी का प्रतीक मान लिया था और राजतन्त्र और शाही सत्ता के प्रति विद्रोह जताने की पहली कार्रवाई के तौर पर वेणियों को काट कर फेंकने का फैसला किया था। पृथ्वी को चीनी क्रान्ति के लक्ष्य का तो पता नहीं था मगर इस विद्रोह से चीनियों के व्यक्तित्व में आए परिवर्तन से वे चकित थे। पहले जबकि कोई भारतीय पुलिस वाला, आमतौर पर तगड़ा सिख, चार-पाँच चीनी कुलियों को उनकी लट पकड़कर थाने तक ले जाता था लेकिन अब चीनी लोग पुलिस वालों से उलझ पड़ते थे। चीनियों में बढ़ते हुए इस स्वाभिमान के बारे में पृथ्वी और उनके दोस्त लम्बी चर्चाएँ करते और सोचते कि क्या एक दिन भारतीय लोग भी दासता का बन्धन तोड़ कर अपना सिर उठा कर चलने का साहस जुटा पाएँगे।

जब पृथ्वी को पता चला कि भारतीय युवकों को अपनी मातृभूमि में क्रान्तिकारी गतिविधियों के लिए प्रशिक्षित किया जा रहा है तो उन्होंने अमेरिका जाने का फैसला किया। सिएट्ल जाने वाले जहाज में वे काम की तलाश में अमेरिका जा रहे चालीस सिख किसानों के दल के अनौपचारिक नेता बन गए। केवल वे ही अंग्रेजी जानते थे इसलिए आव्रजन अधिकारी ने उन्हें उस दल के लिए अनुवादक नियुक्त कर दिया और पूछा, ''और, आप यहाँ किसलिए आए हैं?''

''मैं यहाँ आपसे यह सीखने आया हूँ कि मैं अपने देश को कैसे आज़ाद करवा सकता हूँ।''

वह अधिकारी निर्वाक् होकर बैठ गया और पृथ्वी को देखने लगा। पृथ्वी को लग गया कि अब सब गड़बड़ हो गया। अन्ततः वह अमेरिकी उठा, मुस्कुराया और पृथ्वी से हाथ मिला कर बोला, ''अमेरिका में आपका स्वागत है।''

मुझे शक है कि इस घटना और अन्य घटनाओं के बारे में बताते हुए पृथ्वी एकदम सच बोलते थे। अपनी जीवनी को कभी-कभी एक साहसी क्रान्तिकारी की जीवनी के रूप में पेश करने से वे हिचकते नहीं थे। उदाहरण के लिए, वे खुद को

भारतीय स्वाधीनता संघर्ष के लाला हरदयाल और उधम सिंह जैसे सितारों के साथ ग़दर पार्टी के संस्थापकों में बताते थे। वैसे, उनका नाम उसके संस्थापकों में कहीं दर्ज नहीं मिलता। इसमें शक नहीं कि वे अपने छोटे-छोटे झूठों को सचाई को ज्यादा स्पष्टता से सामने लाने के लिए प्रयोग किए जाने वाले अलंकार और अतिशयोक्तियाँ मानते थे। उन्हें वे ऐसा ही मानते थे जैसा किसी रत्न की सुन्दरता बढ़ाने के लिए नगों का प्रयोग किया जाता है।

भारतीय स्वाधीनता संघर्ष की कई काल्पनिक घटनाओं में एक उस जहाज की कहानी है, जो 5 अगस्त, 1914 को सैन फ्रांसिस्को से कलकत्ता के लिए रवाना हुआ था। उस जहाज में करीब 100 युवक, अधिकतर सिख थे, जो खेत-मजदूर के रूप में काम करने के लिए भारत से कैलिफोर्निया चले गए थे। उस समय 22 साल के पृथ्वी भी उस जहाज पर सवार थे। जहाज पर सवार करीब सभी सौ लोग क्रान्तिकारी ग़दर पार्टी के सदस्य थे। वे उस दिन शक्तिशाली ब्रिटिश साम्राज्य से इस मुग़ालते में लड़ने आए थे कि प्रथम विश्वयुद्ध छिड़ने के साथ भारत में क्रान्ति की स्थितियाँ पक गई हैं।

जब वह जहाज हांगकांग पहुँचा, क्रान्तिकारियों को लगा कि अगर वे अपने आग्नेयास्त्रों के साथ ब्रिटिश उपनिवेश में प्रवेश करेंगे तो उन्हें जेलों में डाल दिया जाएगा और उनकी क्रान्ति भारतीय तट पर पहुँचने से पहले खत्म हो जाएगी। इसलिए अमेरिका में खरीदी गई पिस्तौलें और बन्दूकें समुद्र में फेंक दी गईं। ब्रिटिश भारतीय खुफिया पुलिस के एजेन्ट भी उस जहाज में थे। कलकत्ता पहुँचते ही उन्होंने कार्रवाई की। जिन भारतीयों को पुलिस ने रिंग लीडर माना उन्हें गिरफ्तार कर लिया, जबकि दूसरों को पंजाब सीआइडी और गोरखा सैनिकों की निगरानी वाली विशेष रेलगाड़ी से रावलपिंडी रवाना कर दिया गया।

अपराध का कोई सबूत न होने के कारण इन अधिकतर लोगों को रावलपिंडी स्टेशन पर ही रिहा कर दिया गया। पृथ्वी सहित कुछ लोगों को पूछताछ के लिए हिरासत में ले लिया गया। तभी बारिश होने लगी और सीआइडी वाले अपनी-अपनी छतरियाँ खोलने में उलझे थे कि पृथ्वी अपने डिब्बे की खिड़की से कूद कर भीड़ में सरक लिये।

ग़दर पार्टी के कई सदस्य अकेले ही भारत आए थे और इसके लिए पृथ्वी और उनके जहाज के साथियों ने अलग मार्ग चुना था। चूँकि उनमें से अधिकतर पंजाबी किसान बिरादरी के थे, जिसने ब्रिटिश-भारतीय सेना को कुछ शानदार रेजिमेंट दिए थे, इसलिए इन क्रान्तिकारियों की मंशा यह थी कि पंजाब के गाँवों के अपने उन मित्र और परिजन सैनिकों को अंग्रेज सेना अधिकारियों के खिलाफ बग़ावत के लिए

उकसाएँ। राजनीति में नौसिखुए और देशभक्ति के अपने नारों में मस्त इन लोगों को एहसास न था कि उन्हें अपने मकसद के लिए कितना कम समर्थन मिलेगा। कांग्रेस पार्टी; गांधी और तिलक जैसे बड़े भारतीय नेता; और तो और, पंजाब (उनकी गतिविधियों के केन्द्र) के सिखों का प्रमुख संगठन खालसा दीवान आदि सभी, युद्ध में ब्रिटेन के लक्ष्यों से सहानुभूति रखते थे। पैसे की कमी पड़ने पर क्रान्तिकारियों ने अपना काम आगे बढ़ाने के लिए पैसे जुटाने के वास्ते डकैतियाँ डालनी शुरू कीं और जल्द ही पुलिस उनकी तलाश में जुट गई। एक पुराने स्कूली दोस्त के विश्वासघात के कारण पृथ्वी, जो उस समय अपने जिले अम्बाला में सक्रिय थे, पुलिस के एक दरोगा के साथ मुठभेड़ में गिरफ्तार कर लिये गए। उन्हें गिरफ्तार करने के लिए भेजा गया दरोगा बुरी तरह घायल हो गया और पृथ्वी को भी चोट आई। उन्हें हत्या की कोशिश के जुर्म में दस साल कैद की सज़ा दे दी गई। पृथ्वी को पहली बार भारतीय जेल का अनुभव हुआ। हरेक कैदी को प्रतिदिन 40 पाउंड गेहूँ चक्की में पीसना पड़ता था और कोटा न पूरा करने पर पिटाई खानी पड़ती थी। अपने संस्मरण में पृथ्वी ने लिखा है, ''मेरी हथेलियाँ मुलायम थीं। उन्हें मैंने जेल की कोठरी के सींखचों में बीस दिन तक रगड़कर रुखड़ा कर लिया। मैं बिना ना-नुकुर किए सब कुछ करने का संकल्प कर चुका था। मुझे उन कैदियों के साथ रखा गया जिन्हें फाँसी दी जाने वाली थी। उस क्षेत्र में वार्डर और सफाई कर्मचारी के अलावा किसी को जाने की इज़ाज़त नहीं थी। कैदियों को सुबह में कुछ मिनट के लिए कोठरी से बाहर निकलने दिया जाता था। खाना सींखचों के नीचे से कोठरी में सरका दिया जाता था।''

इस बीच, पुलिस से निरन्तर भागते रहने के बावजूद क्रान्तिकारियों को छावनियों में भारतीय सैनिकों से सम्पर्क कायम करने में थोड़ी सफलता मिल गई थी। उनकी योजना मियाँ मीर और फीरोजपुर छावनियों पर कब्जा करने और दिल्ली तथा अम्बाला छावनियों में बग़ावत भड़काने की थी। 15 फरवरी, 1915 को होने वाले विद्रोह की तैयारी की खबर एक मुखबिर ने पुलिस को दे दी। यह मुखबिर बाग़ियों की केन्द्रीय समिति में घुस गया था। इसके बाद व्यापक पैमाने पर गिरफ्तारियाँ की गईं।

लाहौर साजिश कांड की सुनवाई उसी साल शुरू हुई। पृथ्वी और उनके 24 साथियों को फाँसी की सज़ा सुनाई गई, 25 को अंदमान की कालापानी जेल में उम्रकैद की। 10 अन्य को अलग-अलग अवधि के लिए जेल भेज दिया गया। फाँसी की सज़ा पाने वाले 25 क्रान्तिकारियों में 15 तो पृथ्वी के अमेरिका के साथी थे, जिन्हें कलकत्ता बन्दरगाह पर जहाज के लगते ही गिरफ्तार करके जेल भेज दिया गया था और तब से वे वहीं कैद थे।

पृथ्वी ने अपने संस्मरण में लिखा है, ''ट्रिब्युनल के फैसले के खिलाफ कोई

अपील नहीं हो सकती थी। हम लोगों को अगली सुबह फाँसी दी जाने वाली थी। देरी का सवाल नहीं था। जेल में अफ़वाह थी कि पाँच-पाँच लोगों के समूह को फाँसी दी जाएगी। मैं पहले समूह में होना चाहता था ताकि शहीदों का नेतृत्व कर सकूँ। लेकिन फैसला हम लोगों के हाथों में नहीं था।

"सुबह चार बजे मेरी कोठरी के दरवाज़े पर एक बाल्टी पानी रख दिया गया, जिसे हम आठ लोगों ने इस्तेमाल किया। यानी अब हम भगवान के पास जाने वाले थे। हमने सींखचों के बाहर रखे पानी का इस्तेमाल करने के लिए छोटे-छोटे कप का इस्तेमाल किया, जो सींखचों के बीच से निकल सकते थे। उन कपों से हमने स्नान किया। फिर हमने फर्श साफ किया और प्रार्थना की। हम पुलिस वालों का इन्तज़ार करने लगे कि वे हमें लेने आएँगे। हम इन्तज़ार करते रहे। घंटे बीतते रहे। दोपहर में अचानक अंग्रेज जेल अधीक्षक हमारी कोठरी के सामने आया। हमें लगा कि वह हमारी फाँसी का समय बताने आया है। लेकिन हम लोगों को आश्चर्य और दुख हुआ जब उसने यह कहा कि वह हम लोगों को क्षमादान के लिए वायसराय को लिखेगा। माफी माँगना? जीवन की भीख माँगना? अपने क्रान्तिकारी जीवन की आखिरी बेला में ऐसी बात सोचना भी निन्दनीय था। मैंने कहा—'मैं आज़ाद भारत के लिए मरना चाहता हूँ। ग़ुलाम भारत के लिए जीना नहीं चाहता।' दूसरे साथियों ने तालियाँ बजाईं। अंग्रेज अफसर कुछ बोला तो नहीं मगर उसकी आँखों में मैंने प्रशंसा के भाव देखे।"

अन्ततः 25 में से केवल सात को फाँसी दी गई। पृथ्वी सिंह सहित बाकियों की सज़ा उम्रकैद में बदल कर कालापानी भेजने का आदेश दिया गया। पृथ्वी ने अंदमान जेल में सात साल भयंकर यातना में बिताए, जिसने उनके मन में कड़वाहट भर दी, लेकिन उसने सज़ा के बाद बाकी जीवन अंग्रेजों से लड़ते रहने के संकल्प को और मजबूत कर दिया। 1922 में उन्हें कालापानी से वापस भेजा गया और जब उन्हें नागपुर सेन्ट्रल जेल लाया जा रहा था तब वे चलती ट्रेन से कूद कर फरार हो गए।

फरारी के बाद के दिनों के बारे में पृथ्वी ने अपनी खास अतिशयोक्तिपूर्ण शैली में लिखा है, "जब मैं चलती मेल ट्रेन से कूदा तो कुछ पता नहीं था कि मेरा क्या होगा। पता नहीं मैं मर जाऊँगा या देश को आज़ाद कराने के लिए जिन्दा रहूँगा। ट्रेन से कूदने के बाद जीवन खत्म हो गया होता। सिर बाहर निकालते ही मुझे गोली से उड़ा दिया जा सकता था। मैं अपंग हो गया होता। यह आर या पार कर देनेवाला जोखिम था। इसी तरह, पिछले साल, भूमिगत जीवन के 16 साल बाद जब मैंने गांधीजी की सलाह पर ब्रिटिश सरकार के सामने समर्पण किया तो यह अँधेरे में छलाँग लगाने जैसा ही था। मुझे पता था कि जिन लोगों को मैंने दुश्मन समझा है

वे मुझ पर विश्वास नहीं करेंगे। जो सरकार मेरी तलाश इतनी शिद्दत से कर रही है वह मेरे समर्पण करने के बाद इतनी आसानी से कैसे छोड़ सकती थी। मुझे किसी झूठे आरोप में फाँसी दी जा सकती थी या जेल में जिन्दगी भर सड़ने के लिए छोड़ दिया जा सकता था या असली अथवा नकली मुठभेड़ में मार डाला जा सकता था। इसके बावजूद मैंने समर्पण किया क्योंकि मैं देश के युवकों को नई दिशा देना चाहता था।''

हालाँकि मैं अब उठ कर बैठने या थोड़ी दूर टहलने के लिए ताकत जुटा पाता था लेकिन बापू की कुटिया में ही रहा। दो कमरों के बीच के गलियारे में चौखट से अड़ कर फर्श पर बैठे रहते हुए मुझे बहुत अच्छा लगता कि मैं बापू के साथ हूँ। वे अपनी डेस्क के पीछे बैठे चिट्ठियाँ लिखवाते रहते या आगंतुकों से मिलते रहते। पृथ्वी सिंह और बापू के बीच चर्चाएँ मैंने इसी तरह सुनीं। वे बापू से शाम में तब मिलने आते जब बापू रात्रि विश्राम की तैयारी कर रहे होते। इन मुलाक़ातों में सिर्फ मीरा मौजूद रहतीं और वे ब्यौरे दर्ज करती रहतीं क्योंकि महादेव भाई पारिवारिक काम के सिलसिले में गुजरात गए हुए थे।

पृथ्वी गांधीजी को महान विभूतियों में से एक तो मानते थे लेकिन अहिंसक प्रतिकार के उनके दर्शन पर उनका विश्वास नहीं जमता था। उन्होंने बापू से कहा, ''बापू, आपको कबूल कर ही लेना चाहिए कि आप विफल रहे। इस देश के सर्वश्रेष्ठ लोगों ने आपके मार्गदर्शन में और आपसे प्रेरणा लेकर आपके कार्यक्रम को चलाया। हजारों युवकों, देश की जवानी के खिलते हुए फूलों ने अपने पूरे उत्साह के साथ उसे अपनाया। आपके अनुयायियों में त्याग और समर्पण की कोई कमी नहीं रही। फिर भी इतने वर्षों के अहिंसक प्रतिकार ने भारत को आज़ादी के करीब नहीं पहुँचाया है।''

बापू ने जवाब दिया, ''मैं नहीं मानता। मेरे कार्यक्रम ने जनता को जागरूक बनाया है। इसने अहिंसक प्रतिकार की उसकी क्षमता बढ़ाई है। मैं जिस अहिंसा का पाठ पढ़ाता हूँ वह शक्तिशाली लोगों की सक्रिय अहिंसा है, लेकिन कमजोर भी इसमें कमजोर हुए बिना भाग ले सकते हैं। वे इसमें भाग लेकर मजबूत ही बन सकते हैं, जनता आज जितनी साहसी है उतनी पहले नहीं थी। मेरा मानना है कि दुनिया सशस्त्र बग़ावतों से ऊब चुकी है। मैं यह भी मानता हूँ कि भारत में खूनी क्रान्ति सफल नहीं हो सकती। जनता इसमें शरीक नहीं हो सकती। जिस आन्दोलन में जनता सक्रिय भाग नहीं ले सकती उससे किसी का भला नहीं हो सकता।''

लेकिन पृथ्वी अड़े रहे, "आप यह कैसे सोच सकते हैं कि इंग्लैंड न्यायप्रियता और उदारता दिखाएगा? वह इंग्लैंड जो जालियाँवाला बाग जैसे हत्याकांड को अपनी सुरक्षा का उचित साधन मानता है? वह इंग्लैंड जो लाहौर साजिश कांड की सुनवाई में बेकसूर किसानों को फाँसी के तख्ते पर चढ़ा सकता है जिस कांड में मुझे अपनी मातृभूमि से प्यार करने के लिए मौत की सज़ा सुनाई गई थी? और जिस कांड में शरीक होने का मुझे गर्व है।"

"मैं दुर्गुणों नहीं, सद्गुणों को जगाना चाहता हूँ। दोनों सभी मनुष्य में मौजूद होते हैं। शैतानों जैसे लोगों के खिलाफ सशस्त्र षड्यन्त्र तो शैतान से शैतान बन कर मुक़ाबला करने जैसा हुआ। चूँकि मेरे लिए एक भी शैतान कई शैतानों के बराबर है इसलिए मैं उनकी संख्या नहीं बढ़ाना चाहूँगा। आँख के बदले आँख लेने से तो पूरी दुनिया ही अन्धी हो जाएगी।"

"बापू, क्रान्तिकारियों के प्रति आपकी असहिष्णुता से मैं कभी सहमत नहीं हो सकता। मैं उन्हें जानता हूँ। वे मेरे कॉमरेड हैं। भारतीय लोग मौत से बहुत डरते रहे हैं। हमारी क्रान्तिकारी पार्टी ने किसी अच्छे मक़सद के लिए मौत को भी गले लगाने की शान और खूबसूरती का एहसास उन्हें कराया है। आप उस क्रान्तिकारी की निन्दा कैसे कर सकते हैं जो मौत से नहीं घबराता, अच्छे काम करता है और मौत को गले लगाता है, जो यह मानता है कि शहीदों के खून से सींचे जाने वाले विचार जल्द फल देते हैं?"

"पृथ्वी, मैं तो इसी पर आपत्ति करता हूँ। मेरे विचार में वह बुरा काम करके मौत को गले लगाता है। हत्या या आतंक को मैं किसी भी परिस्थिति में अच्छा नहीं मानता। मैं मानता हूँ कि शहीदों के खून से सींचे गए विचार जल्दी पकते हैं। लेकिन जो दूसरों की सेवा में धीरे-धीरे मौत मरता है वह फाँसी के तख्ते पर चढ़े व्यक्ति की तरह निश्चित मौत मरता है, और फाँसी पर चढ़ने वाला व्यक्ति किसी की मौत का अपराधी है तो उसके पास ऐसा कोई विचार नहीं है जिसे पकने की जरूरत है।

" मैं क्रान्तिकारी के शौर्य और बलिदान से इनकार नहीं करता। लेकिन किसी खराब मक़सद के लिए शौर्य और बलिदान शानदार ऊर्जा को बरबाद करना है। यह अच्छे मक़सद से ध्यान हटा कर उसे चोट ही पहुँचाता है। एक बेकसूर आदमी का बलिदान दूसरों की हत्या करने वाले दस लाख लोगों के बलिदान से कहीं ज्यादा महत्त्वपूर्ण है। बेकसूर का आत्म-बलिदान धृष्ट अत्याचार का सबसे शक्तिशाली प्रतिकार है।"

"तब क्या आप गुरु गोविन्द सिंह को भटका हुआ देशभक्त कहेंगे, क्योंकि वे अच्छे उद्देश्य के लिए युद्ध करने में विश्वास करते थे?" पृथ्वी ने पूछा, "क्या आप

यही बात हमारे इतिहास के शिवाजी और राणा प्रताप जैसे नायकों के बारे में भी करेंगे? या दूसरे देशों के साहसी क्रान्तिकारियों मसलन, वाशिंगटन, लेनिन, गारीबाल्डी के बारे में?''

''मुझे यह कहने में कोई हिचक नहीं है कि मैं उन लोगों का समकालीन होता और उनके देश में होता तो बहुत सम्भव है कि मैं उन्हें भटका हुआ देशभक्त कहता, यद्यपि वे साहसी और सफल योद्धा थे। लेकिन आज मुझे इन पर कोई राय नहीं देनी चाहिए। इन नायकों के कामों के ब्यौरों की जहाँ तक बात है, मैं इतिहास पर अविश्वास करता हूँ। मैं इतिहास की मोटी बातें कबूल करता हूँ और अपने आचरण के लिए अपने सबक लेता हूँ, जब तक वे जीवन के उच्चतम नियमों का खंडन नहीं करते। लेकिन इतिहास जो थोड़ी-सी जानकारियाँ देता है उनके आधार पर मैं व्यक्तियों का आकलन करने से इनकार करता हूँ।''

मैंने यहाँ मीरा की टिप्पणियों और मेरी अपनी स्मृतियों के आधार पर उस शाम हिंसा-अहिंसा पर बातचीत को संवादों में प्रस्तुत किया है। हालाँकि गांधीजी के शब्द मीरा की टिप्पणियों में दर्ज हैं लेकिन मैंने पाया कि पृथ्वी की बातों ने मीरा को काफी सम्पादित कर दिया है। उन्होंने पृथ्वी की अंग्रेजी को सुधारने की काफी कोशिश की है। उन्होंने दोहरावों को काटा है, शब्द बदले हैं और अपने वाक्य जोड़े हैं ताकि पृथ्वी की बातों को तारतम्यता प्रदान की जा सके, जो मूल रेकॉर्ड में नहीं है। प्रकाशन की स्थिति में पृथ्वी सिंह की बातें अच्छा प्रभाव डालें, मीरा की यह चिन्ता दिल को छू लेती है।

यह बातचीत केवल उचित लक्ष्य के लिए हिंसा-अहिंसा के प्रयोग तक सीमित नहीं थी। दरअसल, ऐसी बातचीत का दायरा व्यापक था। पृथ्वी सिंह की वाक्‌कला और बुद्धिमत्ता उनके साहस के स्तर से कमतर ही थी। बापू उनसे उनके जीवन के बारे में सुनने में ज्यादा दिलचस्पी रखते थे। दरअसल, हम सभी उनके साहसिक कारनामों से भरे जीवन के बारे में उनसे सुन कर खूब आनन्दित होते थे। औपचारिक, शैक्षिक दृष्टि से वे अशिक्षित थे लेकिन वे चतुर और भोले-भाले भी थे। उनमें गम्भीरता और निश्छल अहं (वे कुछ-कुछ मोर जैसे थे) का वह मेल था, जो प्रतिभाशाली गल्पकारों में पाया जाता है। सो, वर्धा के आसपास उग आईं गांधीवादी संस्थाओं में वक्ता के रूप में उनकी खासी माँग थी। एक बार उन्होंने बापू से हँसते हुए कहा कि ग्रामीण युवतियों के प्रशिक्षण के लिए स्थापित महिला आश्रम के प्रभारी काका कालेलकर उस सुबह उनके पास आए और कहा, ''देखिए, पृथ्वी सिंह जी इसे व्यक्तिगत तौर पर मत लीजिएगा मगर हमारे यहाँ की लड़कियों के साथ वार्ता में जरा सावधानी बरतिएगा। बोलते समय उनकी आँखों में मत झाँकिएगा। वे आपके

प्रति आकर्षित हो जाती हैं।''

मैं काका कालेलकर से सहानुभूति ही रख सकता था। पृथ्वी सिंह दुस्साहसी हुए बिना दुस्साहसी बन जाते थे। वे ऐसे सजीले आदर्शवादी थे जिनके प्रति औरतें उतनी सहजता से आकर्षित हो जाती थीं जितनी सहजता से सम्मोहन की कला में पारंगत सुन्दर दिखने वाले लम्पट के प्रति नहीं होतीं। बापू भी पृथ्वी सिंह की बात सुन कर हँस पड़े थे। उन्होंने कहा, ''हाँ पृथ्वी, पौरुष तुममें काफी उभरा हुआ है। अगर तुम अपने प्रति लड़कियों के प्यार को जज्ब करके उनके दिलों में देशभक्ति की आग जला सको तो तुम भी काफी ऊपर उठोगे और उन्हें भी काफी ऊपर उठाओगे। लेकिन अगर तुम उनमें वासना जगाओगे तो तुम दोनों का पतन होगा।''

पृथ्वी बापू की बातों में आने वाले शख्स नहीं थे, शायद इसीलिए बापू सेक्स और हिंसा पर अपने विचारों के बारे में उन्हें कायल करने पर काफी समय और प्रयास लगाते थे। मुझे नहीं लगता कि पशुवत ऊर्जा से भरपूर ठेठ पंजाबी को कभी समझ में आया होगा कि बापू के लिए सेक्स और हिंसा शरीर के जैविक प्रतिफलों से इतर भी बहुत कुछ अर्थ रखते हैं। वे मानव जीवन के उच्चतम सत्य तक पहुँचने के मार्ग हैं। आत्मा के जगत से उनका सम्बन्ध अस्पष्ट परन्तु अनिवार्य है। बापू अपने जीवन में इस सम्बन्ध की थाह पाने की अथक कोशिश करते रहे और इस कोशिश के साथ काफी आन्तरिक उथल-पुथल चलती रहती।

पृथ्वी ने बापू से कहा, ''बापू, मुझे माफ कीजिएगा। मगर क्या आपके आश्रम में सेक्स के अलावा किसी चीज़ के लिए जगह है? अवकाश के समय यहाँ लोग हमेशा इसी पर बात करते हैं। मुझे लगता है कि आपकी इच्छा की खातिर और भावना में बह कर लोग आजीवन ब्रह्मचर्य का संकल्प तो लेते हैं लेकिन उन्हें जरा भी पता नहीं होता कि वासना मस्तिष्क को किस तरह झकझोरती है और उस पर कैसे काबू पाया जाए। मैं आश्रम में ब्रह्मचारी इसलिए नहीं बना रहूँगा कि मैं कभी शादी नहीं करना चाहता, बल्कि इसलिए हूँ क्योंकि मैं सैनिक अनुशासन के मूल्य में विश्वास रखता हूँ। जब तक मैं यहाँ रहता हूँ, और यह वर्षों का मामला हो सकता है क्योंकि सरकार ने मुझे आपकी देखभाल के तहत रिहा किया है, आप आश्वस्त रह सकते हैं कि मैं आश्रम के नियमों का दूसरों से कहीं ज्यादा उत्साह से पालन करूँगा, चाहे मैं किसी नियम से सहमत होऊँ या असहमत।''

मुझे याद नहीं कि गांधीजी ने उन्हें क्या जवाब दिया। लेकिन मैंने नज़रें बचा कर मीरा की ओर देखा कि पृथ्वी जो कुछ कह रहे थे, न केवल उससे बल्कि बापू से वे आदरपूर्वक मगर जिस तरह सीधे-सीधे बात कर रहे थे उससे मीरा जरूर परेशान हुई होंगी। वे पृथ्वी को आश्चर्य से देख रही थीं। मैं उस समय समझ न पाया कि

उनके दिमाग में क्या चल रहा था। अब याद करता हूँ तो लगता है कि मैंने बेवकूफी की, जो उस समय समझ न पाया। मीरा के चेहरे पर वही भाव था जो ओथेलो की नायिका डेस्डेमोना के चेहरे पर तब था जब वह युद्ध, घेराबन्दी और भाग्य पर ओथेलो के विमर्श को पूरे मनोयोग से सुन रही थी, और जब वह अपनी कहानी सुना लेता है तो उसके दुखों के लिए बेपनाह आहें भरने लगती है। बेशक, चूँकि जीवन में साहित्य वाली समरूपता नहीं होती, मीरा पृथ्वी को अपने खतरों पर विजय हासिल करने के कारण चाहने लगी होंगी लेकिन पृथ्वी यह दावा नहीं कर सकते थे कि वे "उनसे इसलिए प्यार करते थे क्योंकि वे उन लोगों के प्रति दयाभाव रखती थीं।"

इक्कीस

कभी-कभी मीरा को लगता कि बापू उन्हें और पृथ्वी को जान-बूझकर एक साथ रहने को छोड़ देते थे। आश्रम में रूई की धुनाई और सूत की कताई करने वाले दूसरे अच्छे लोग भी थे मगर पृथ्वी को यह सिखाने का काम मीरा को सौंपा गया। जब बापू ने पृथ्वी को युवा पीढ़ी के लिए प्रेरणा बनने वाले अपने संस्मरण लिखने को कहा तो मीरा को उसका सम्पादन और अंग्रेजी दुरुस्त करने का काम दिया गया।

बहुत बाद में जब मीरा ने अपनी बेचैनी के कारण अपना कार्यक्षेत्र सुदूर की बस्ती में बना लिया था तब रात में नींद न आने के कारण बिस्तर पर करवटें बदलते हुए सोचा होगा कि बापू आखिर चाहते क्या थे। क्या उन्होंने यह तभी देख लिया था कि वे पृथ्वी के प्रति कितनी आकर्षित हैं? जबकि उन्होंने (मीरा) खुद को यह विश्वास नहीं दिलाया था कि वे उनके प्रति आकर्षित हैं। क्या बापू ने अपनी विलक्षण ज्ञानेन्द्रिय से यह जान लिया था कि भविष्य में उनकी (मीरा) खुशी इसी व्यक्ति के साथ रहने में है इसलिए दोनों की बढ़ती अन्तरंगता को बढ़ावा दिया? क्या बापू उनके उन संकल्पों की शक्ति की परीक्षा ले रहे थे जो उन्होंने उस शाम साबरमती आश्रम में आने के बाद लिये थे और बापू ने उनके केश काट दिए थे? या यह उनके ब्रह्मचर्य की नहीं बल्कि उनके प्रति उनकी प्रतिबद्धता की परीक्षा थी, विकल्प उपलब्ध होने की स्थिति में उनके मन की परीक्षा?

पृथ्वी के प्रति बढ़ते आकर्षण को शुरू में मीरा ने दबाने की कोशिश की। उन्होंने अपनी असली भावनाओं को यह सोच कर दबाने की कोशिश की कि यह पृथ्वी के खुले और निडर स्वभाव के लिए बस प्रशंसा भाव है। एक शाम जब उन्होंने पृथ्वी को गिरफ्तार करने आए पुलिस दरोगा के साथ उनकी मुठभेड़ के प्रसंग वाले अध्याय पर काम पूरा कर लिया तो पृथ्वी के साथ टहलने निकलीं। पृथ्वी ने यह कहानी पहले भी सुनाई थी मगर बापू की भावनाओं का खयाल करके पूरी बातें विस्तार से नहीं बताई थीं। अब, गाँव के बाहर एक पहाड़ी पर बैठे, नीचे चारा चर कर लौट रहे मवेशियों को देखते हुए मीरा उस मुठभेड़ की हिंसक छवियों से रोमांचित हो उठीं जिसमें एक आदमी की मृत्यु निश्चित थी। मीरा कल्पना में देख रही थीं कि पृथ्वी

के कमरे की धुँधली रोशनी में वे दोनों गुत्थमगुत्था हैं। उन्होंने पृथ्वी को दरोगा की रिवॉल्वर छीन कर फेंकते, दरोगा को अपनी जेब से चाकू निकाल कर पृथ्वी की बाँह में धँसाते देखा। उन्होंने पृथ्वी को घायल सिंह की तरह गर्जना करते सुना और दर्द की परवाह न करते हुए दरोगा के केश पकड़ कर उसका सिर दीवार पर तब तक मारते देखा जब तक वह बेहोश होकर गिर नहीं पड़ा। पृथ्वी ने जब चाकू से हुए गहरे घाव के दाग को मीरा को घूरते हुए देख लिया तो वे बुरी तरह शरमा गईं। दाग उनकी बाईं बाँह की कलाई से लेकर कोहनी तक फैला था। पृथ्वी के हल्के भूरे चमड़े पर यह भयावह गहरे सिन्दूरी रंग का दाग था।

खुरों के गहरे दागों से भरे सँकरे, कीचड़ भरे रास्ते से आश्रम लौटते हुए मीरा और पृथ्वी जानवरों को रास्ता देने के लिए किनारे खड़े हो गए। अचानक बड़े सींगों वाला एक बैल उनकी तरफ बढ़ा। पृथ्वी ने मीरा को खींच कर पीछे कर दिया और सामने आकर बैल के दोनों सींग पकड़ कर उसे किनारे कर दिया। मीरा डरीं तो नहीं मगर घबरा गई थीं। चुपचाप लौटते हुए मीरा गहरे खयालों में खोयी थीं।

पृथ्वी ने पूछा, ''आप ठीकठाक तो हैं?''

मीरा ने फीकी मुस्कुराहट के साथ कहा, ''आप जानते हैं पृथ्वी, मैंने कभी किसी पुरुष की सुरक्षा नहीं चाही। मैंने कभी नहीं चाहा कि कोई पुरुष मुझे कमजोर समझे और मेरी सहायता को आए क्योंकि मैं एक औरत हूँ। आपने ऐसा क्यों किया?''

यह सवाल जो उन्होंने किया वह झूठा था, उनका पहला झूठ। उनके दिमाग में जो असली सवाल घुमड़ रहा था वह यह था कि 'तुमने जो किया वह मुझे अच्छा क्यों लगा?'

बेहद सम्मानित; स्वयं अपने स्वभाव, अपनी पृष्ठभूमि और गांधीजी के साथ बिताए इतने वर्षों के कारण सत्य के उच्चतम मानदंडों को मानने वाली मीरा ने अपनी वास्तविक भावनाओं का एहसास होते ही उनका आत्म स्वीकार किया। हर दिन घंटों साथ-साथ बिताने के बावजूद, अलग होने पर उन्हें फिर कुछ क्षण के लिए देख लेने की लालसा हो या सूत कताई के दौरान उनका हाथ अपने हाथ से छू जाने पर पाँवों में कम्पन और हृदय की धड़कन का बढ़ जाना प्रशंसा के भाव से मेल नहीं खाता था। उनकी छुअन का एहसास समय के साथ लुप्त नहीं होता था। वह उनकी उँगलियों के पोरों पर, हथेली के पिछले हिस्से पर स्थायी कोमलता, काया रूपी घर के बहुप्रतीक्षित अतिथि की तरह बना रहता।

मीरा का खिंचाव अभी असहाय कर देने वाला भावावेश नहीं बना था। वैसे, बाद में वह उन्हें पूरी तरह गिरफ्त में ले लेने वाला था, जब पृथ्वी का साथ उन्हें आनंद नहीं बल्कि अभिशाप जैसा महसूस होगा जिससे मुक्ति वे नहीं चाहेंगी, जब उनसे हर

मुलाक़ात एक पीड़ा होगी फिर भी अगली मुलाक़ात में वे इस सत्य से आँखें मूँद लेंगी कि एक-दूसरे के लिए वे क्या अर्थ रखते हैं, और वे उस हर चीज की शुक्रगुजार होंगी जो उनके भ्रम को अक्षुण्ण बनाए रखेगा।

पृथ्वी जब छोटी-छोटी यात्राओं (जो धीरे-धीरे बढ़ती गईं) के लिए आश्रम से बाहर होते तब उनके नाम मीरा के पत्र उनमें आए परिवर्तन को स्पष्ट करते हैं। शुरू में वे केवल पांडुलिपि के बारे में लिखती रहीं--"...मैं आज रात से उन्हें ठीक से पढ़ना शुरू करूँगी। मैं पाती हूँ कि आप अपने वास्तविक स्व को अभिव्यक्त करना चाह रहे हैं मगर इसमें कठिनाई अनुभव कर रहे हैं। भाषा की कठिनाई के कारण कभी-कभी आप अपनी गलत छवि भी प्रस्तुत करते हैं। लेकिन यह मूल्यवान और उल्लेखनीय पुस्तक होगी जिसे प्रकाशित होना ही चाहिए। जब आप लौटेंगे तो हम इसका साथ-साथ पाठ करेंगे और आपके विचारों को पूरी तरह अभिव्यक्त करने में सहायता करके मुझे खुशी होगी।" लेकिन तीन दिन बाद ही 5 नवम्बर 1939 को लिखे पत्र में लेखक के प्रति शर्मीला इज़हार दिखता है, "...एक सप्ताह बीत चुके हैं और आपकी वापसी की जगह मुझे केवल एक पत्र प्राप्त हुआ है...इससे ज्यादा मैं कुछ नहीं कहूँगी। ज्यादा दिन दूर मत रहें...मेरी कुटिया आधी से ज्यादा बन चुकी है। उसमें एक कोना आपका भी होगा। मैं जिम्मेदारी लेती हूँ कि अगर आप अपने में सिमटे रहना चाहेंगे तो आपको कोई परेशान नहीं करेगा।"

मुझे याद है कि पृथ्वी सिंह जब आश्रम लौटे तो मीरा तीन दिनों तक कितनी खुश रहीं। दोनों कताई और पांडुलिपि पर साथ काम करते रहे और शाम में देर तक टहलने जाते रहे। मैं मीरा से एक ही बार मिला, एक सुबह जब वे बापू की कुटिया की सफाई करके बाहर आ रही थीं। उनके पास भविष्य के लिए कई कामों की योजना थी। वे जल्द ही सेवाग्राम छोड़कर अपना आश्रम बनाना चाहती थीं, जो भारतीय गाँवों की दशा सुधारने के बापू के दर्शन के प्रति समर्पित होगा। मीरा ने कहा कि अभी कोई ठोस योजना तैयार नहीं हुई है। फिर उन्होंने प्यार से मेरे स्वास्थ्य के बारे में पूछा। मैं दावे के साथ कह सकता हूँ कि जब उन्होंने मुझसे यह पूछा कि क्या मैं और केले खाना चाहूँगा तब उनकी आँखों में शरारत की चमक थी।

मुझे यह भी याद आता है कि जब पृथ्वी आश्रम से बाहर होते तो हम मीरा को शायद ही देख पाते थे। वे अपना तय काम करतीं, प्रार्थना सभाओं में भाग लेतीं और बाकी समय अपनी कुटिया में सिमटी रहतीं। दोपहर में वर्धा से डाकिया जब आश्रम की डाक देने आता तो वे बाहर निकलतीं। सचिव के कमरे में पत्रों के ढेर में अपने नाम के पत्र ढूँढ़तीं। फिर चुपचाप वे एक पत्र डाकिया को वर्धा से पोस्ट करने को देतीं और भावशून्य चेहरे के साथ कुटिया की ओर लौट जातीं।

पृथ्वी के जाने के एक दिन बाद 11 नवम्बर को उन्होंने उन्हें दो पत्र लिखे। एक पत्र में लिखा था–"...ईश्वर ने इन वर्षों की अस्पष्ट-सी पीड़ा को जलती आग में बदल दिया है। लेकिन एक बड़ा अन्तर यह है कि मुझे पता है कि वह पीड़ा क्यों थी और यह आग क्या है। मैंने अन्ततः आपको पा लिया है..."

दूसरे पत्र में उन्होंने अपने इस प्रस्ताव पर गांधीजी की प्रतिक्रिया के बारे में लिखा है कि वे और पृथ्वी साथ काम करें–

"अब आगे मैं आपको पत्र लिख कर ज्यादा बोझ नहीं डालूँगी। लेकिन इस सुबह मुझे पत्र लिख देने दीजिए...ईश्वर मुझे शक्ति, समझदारी दे रहा है, और मेरी पीड़ा को आनन्द, गहरे आनन्द में बदल रहा है।

" कल मैं बहुत भावुक हो गई। आपको दूर जाना था और उसी समय मुझे पहली बार एहसास हुआ कि भविष्य में शायद हम एक-दूसरे से न मिल पाएँ। मुझे संयत होने का मौका नहीं मिला और मैं आपके साथ एक क्षण के लिए ठिठक गई तो इसलिए कि पीड़ा असह्य थी। अब वह बात बीत चुकी है।

" कल शाम मैंने बापू के साथ टहलते हुए उनसे बात की। मैंने उन्हें बताया कि मैंने और आपने उनका काम करने के बारे में बात की है। उनका जवाब था–'अब मैं चाहूँगा कि तुम पूरी तरह पृथ्वी सिंह के मार्गदर्शन में काम करो। तुम दोनों ने एक-दूसरे को समझ लिया है। तुम्हें मार्गदर्शन की आवश्यकता है और पृथ्वी यह कर सकता है।' तो यह स्थिति है। इस परिवर्तन से अपने ऊपर दबाव मत महसूस कीजिए। मुझे बस देशसेवा का एक और साधन मानिए।"

पृथ्वी सिंह के संस्मरणों से मुझे पता है कि वे हर समय खुद को दूसरों से मिली प्रशंसा के कारण असहज़ महसूस करते रहते थे। मीरा उस रास्ते पर बहुत आगे बढ़ चुकी थीं जिस पर चलने का उनका कोई इरादा नहीं था। उनके पत्र प्यार में डूबी स्त्री की दुराग्रही मनुहार बनते जा रहे थे। वह उनके हृदय की पुकार थी जिसकी ओर से वे अपने कान बन्द कर लेना चाहते थे।

बाईस

पृथ्वी के लिए अपनी भावनाओं के बारे में मीरा ने गांधीजी को पहली बार उस दिन बताया जब वे पृथ्वी का पत्र लेकर उनके पास गई थीं। पत्र पढ़ने के बाद उन्होंने कहा, ''बहुत बढ़िया पत्र है।'' यह वाकई अच्छा था, वे दोनों जिस तरह देशसेवा करने जा रहे थे उसके बारे में अच्छी भावनाओं से भरा हुआ, जीवन के आदर्शों में दोनों के साझेपन और मीरा के लिए प्रशंसा के शब्दों से भरा। गांधीजी ने पत्र में अगर निर्वैयक्तिकता का भाव देखा होगा तो भी उन्होंने कुछ कहा नहीं। मीरा ने गांधीजी से कहा कि आखिर उन्हें एक ऐसा व्यक्ति मिल गया जिसके साथ वे सेवाग्राम से बाहर काम कर सकती हैं।

उन्होंने कहा, ''उनके साथ रह कर मैं आपसे मुक्त हो सकती हूँ, जैसा कि आप चाहते रहे हैं।''

गांधीजी ने चेहरे पर गम्भीर भाव के साथ उनकी ओर देखा और कहा, ''अगर तुम ऐसा महसूस करती हो तो मुझे यह खयाल आता है कि तुम्हें उससे शादी कर लेनी चाहिए।'' फिर जैसे विचार करते हुए कहा, ''शायद शादी तुम्हारे जीवन में अनकहा शब्द रहा है।''

मीरा एकदम चुप रहीं। उन्होंने लिखा है, ''मेरे मन और भावनाओं में उथल-पुथल मच रही थी—इतने वर्षों के बाद उनका यह सब कहना! बेचैनी और पीड़ा के इतने वर्षों, उनके आदर्शों से जुड़े रहने और उन्हें हासिल करने के प्रयासों को क्या मेरे अंदर उस चीज का न होना माना जाएगा जो एक गृहिणी में सहज रूप से होती है और जिसे वह खास तवज्जो नहीं देती ? नहीं, बापू का यह आशय नहीं रहा होगा। वे इतने निर्दयी नहीं हो सकते। वे मेरे जीवन की राख को इस तरह बोरी में बन्द करके मुझे नहीं थमा सकते।

बापू ने उनके चेहरे पर उलझन देखी और फीकी मुस्कुराहट उनके चेहरे पर उभर आई, ''मेरे विचार से शादी न करने का तुम्हारा संकल्प आड़े नहीं आना चाहिए। अगर तुम मुझे लेकर और आश्रम में प्रवेश के समय लिये संकल्प को लेकर उलझन में हो तो मैं आज तुम्हें उस संकल्प से मुक्त करता हूँ।''

पूरी बातचीत पाँच मिनट में खत्म हो गई। मीरा को जाते हुए देखकर बापू उदास से ज्यादा थके-हारे दिख रहे थे। मीरा के भीतर भावनाएँ इतनी तेजी से उभर रही थीं और वे इतनी उलझन में थीं कि कमरे से निकलते हुए वे बेचैनी महसूस कर रही थीं, मानो उनकी साँस बाहर अटक गई हो। और फिर कुछ क्षण के लिए उन्हें बेहद खुशी हुई।

पृथ्वी को उन्होंने लिखा, ''आपका बहुमूल्य पत्र मिला। उसे पढ़ते ही मैं सीधे बापू के पास गई। वे अकेले थे। मैंने आपका पत्र दिया। उन्होंने उसे पूरा पढ़ने के बाद मेरी आँखों में देखते हुए कहा, 'बहुत अच्छा पत्र है यह।' मैंने कल्पना भी नहीं की थी कि आप पत्र लिखेंगे। मुझे डर था कि मैं इतनी अकिंचन हूँ कि कहीं मैंने आपको नाराज न कर दिया हो। इस सुबह पहाड़ी की ओर टहलते हुए मेरे हृदय में इतनी पीड़ा हुई कि मेरी आँखें भर आईं।

'' ओह पृथ्वी, आपको पता नहीं है कि आप मेरे लिए क्या हैं। मैं बापू और उनके लक्ष्य की सेवा में निरन्तर तत्पर रही हूँ लेकिन हमेशा कमजोर और अपने प्रयासों में अधूरी रही हूँ। आपने मुझे सम्पूर्णता दी है...बापू सब कुछ समझते हैं और वे हमारा मार्गदर्शन करेंगे। उनके आशीर्वाद से एक दिन हमारे लिए सच्चा मार्ग खुल जाएगा...''

निडर, अंग्रेजों से लोहा लेने का साहस करने वाले पृथ्वी पीछे हट गए। मीरा के बारे में अपने विचार, खुद अपने प्रति मीरा के लगाव, बापू के प्रति मीरा की निष्ठा आदि के बारे में पृथ्वी ने संस्मरण में लिखा है–

''जिस तरह मीराबाई कृष्ण की भक्ति में डूबी थीं उसी तरह मैंने अंग्रेज महिला को बापू की भक्ति में डूबी पाया। फिर भी मैंने उनके चेहरे पर कभी सन्तोष का भाव नहीं देखा। मुझे यह सोच कर परेशानी होती थी कि बापू के इतने करीब रहने वाले लोग जीवन के बारे में बापू के मन्त्रों से अपना जीवन क्यों नहीं सुखी बनाते? बापू की सेवा कई लोगों ने की लेकिन मीराबेन ने जो सेवा की उसमें प्रेम और समर्पण की भावना थी। फिर भी, मैंने जो देखा उस पर यक़ीन नहीं हुआ। मैं सोचा करता कि आखिर एक अंग्रेज महिला ऐसी कठोर तपस्या क्यों कर रही है। मेरा दिमाग यह विश्वास करने को तैयार नहीं था कि कोई अंग्रेज निष्ठावान, ईमानदार, समर्पित और सच्चा हो सका है। अंग्रेजों ने कपट का जो जाल भारत में बिछाया उसे मैं भूल नहीं पाया हूँ। इसलिए मैं कैसे विश्वास कर सकता था कि अंग्रेज महिला सच्ची हो सकती है...अंग्रेजों की नस्ल पर से मेरा भरोसा उठ गया था। मुझे यह विश्वास हो गया था कि इस नस्ल में मनुष्य का हृदय रखने वाला कोई पैदा नहीं हो सकता। अपनी मातृभूमि से प्यार करने के लिए युवकों को फाँसी देने वाली, उसके सैकड़ों साथियों

की क्रूर हत्या करने वाली नस्ल ऐसी हो नहीं सकती जिसमें मानव हृदय रखने वाला कोई पैदा हो। लेकिन मीरा के समर्पण ने मेरे विचार बदल दिए...

"बापू ने मुझे कहा था कि मैं कताई, बुनाई, धुनाई वगैरह सीखूँ। यह काम उन्होंने मीराबेन को सौंपा और वे मुझे बड़े प्यार से यह सब सिखाने लगीं जिससे मुझे चिढ़ होती थी। मैं सीखना चाहता था लेकिन उनके प्रेम प्रदर्शन को सह नहीं पाता था। मैं दूरी बनाने की कोशिश करता। इसे वे अपने प्यार की कमी मान लेतीं और ज्यादा प्रेम प्रदर्शित करने लगतीं। मैं उनके प्रेम की इस सज़ा को बर्दाश्त नहीं कर पाता। इस बारे में मैंने मीराबेन को एक शब्द नहीं लिखा। मुझे उन पर गर्व है। एक भाई के रूप में मैं उनके लिए जान भी देने को तैयार हूँ। मेरे प्रति उनके प्रेम को मैं उनके चरित्र की कमजोरी मानता हूँ...मैं नहीं चाहता था कि उनकी यह कमजोरी जगजाहिर हो...

"आज तक मैं फैसला नहीं कर पाया हूँ कि मीरा के प्रेम को ठुकरा कर मैंने गलत किया या ठीक। उसके बारे में सोच कर मुझे तकलीफ होती है...

"मैं मीरा के प्रेम को स्वीकार न कर सका। मैं नहीं जानता था कि क्या करूँ। मैं सत्य और अहिंसा का पुजारी नहीं हूँ और बापू के सामने सच को नहीं रख पाया। मैं यह कैसे कह सकता था कि मीरा मुझसे प्रेम करती हैं मगर मैं उसे स्वीकार नहीं कर सकता। अगर मैं कह देता तो क्या वे यह स्वीकार कर लेतीं कि उनमें यह कमजोरी है? अगर वे स्वीकार कर लेतीं तो मैं क्या करता? अन्ततः मैं बर्मा में अपने भाई और उसके परिवार से मिलने का बहाना करके निकल जाने के सिवा क्या करता। मेरी पक्की मान्यता यह है कि स्त्री की कमजोरी कभी जगजाहिर नहीं होनी चाहिए।"

पृथ्वी की बर्मा रवानगी से पहले मीरा ने गौर किया कि केवल वे दोनों जब साथ होते हैं तो पृथ्वी ज्यादा असहज हो जाते। वे हमेशा बेचैन रहते, टहलते हुए उनकी नज़र अगल-बगल देखती रहती, मानो वे साथ-साथ देखे जाने से घबराते हों या भाग लेना चाहते हों। मीरा सोचतीं—इतने ताकतवर और निडर, फिर भी औरत और उसकी भावनाओं से इतना डर। कई मायने में वे एक युवक जैसे ही थे, मासूम मगर जानकार होने की अकड़ थी। आश्रम में उनके मित्रों ने मीरा को बताया था कि वे अपने कुँआरेपन और औरतों में अपने प्रति आकर्षण का कभी-कभी किस तरह बखान करते थे और यह संकेत भी दिया था कि मीरा उनके प्रति किस तरह सम्मोहित हैं। मीरा ने इसके लिए उनकी निन्दा नहीं की। उन्होंने पृथ्वी की इस आत्मश्लाघा को दिलचस्पी

भरा ही माना, प्रेम की दुनिया में एक युवक की हिचक भरी पहलकदमी।

लेकिन पृथ्वी जब उन्हें बिना बताए अचानक बर्मा रवाना हो गए तो उन्हें सदमा लगा। पृथ्वी ने रवानगी से पहले, शाम को बापू को सूचित किया कि वे वहाँ अपने भाई के यहाँ जाना चाहते हैं। और मीरा के लिए उन्होंने छोटा-सा सन्देश छोड़ दिया जिसमें बहाना बनाया गया था और मीरा को आहत करने का भय व्यक्त किया गया था। उसमें लिखा था कि वे मीरा की भारी प्रशंसा करते हैं, और उन्हें दुख है कि वे उनके प्रति मीरा की भावनाओं का सम्मान न कर पाए इसलिए उन्हें पीड़ा पहुँचाने के लिए क्षमाप्रार्थी हैं। मीरा ने जवाब लिखा–"मेरे साथ अन्याय करने की बात मत कीजिए। मुझे इस बात से ज्यादा पीड़ा हुई है कि आपने मेरे साथ नहीं, अपने आपके साथ अन्याय किया है। ईश्वर ने आपको शुद्ध सोने से बनाया है और मुझे यह असह्य होगा कि किसी कारण से इस सोने की चमक फीकी पड़े...मुझे केवल यह बताइए कि आप क्या अनुभव करते और सोचते हैं, ताकि मैं आपकी इच्छाओं को समझ सकूँ। मैं जानती हूँ कि आपकी मंशा में कोई खोट नहीं हो सकता। आपने हमेशा यही चाहा कि सबसे अच्छी बात हो। मैंने भी यही चाहा। लेकिन किसी कारण से सब कुछ गलत हो गया। मैंने अपने हृदय के खून से इसकी कीमत चुका दी है।"

इसके बाद के दिनों में मीरा कितनी दुखी रहीं, यह बताना निरर्थक ही होगा। परित्यक्त प्रेमी के अविरल आँसुओं की धार, प्रेमी द्वारा ठुकराए गए व्यक्ति का हृदय विदारक विलाप कविताओं और गीतों में देखा-सुना जा सकता है। इतना ही कहना काफी होगा कि मीरा सेवाग्राम में न रह पाईं और तीर्थयात्रा पर अकेले ही पंजाब-हरियाणा चली गईं। यह तीर्थयात्रा पृथ्वी के जीवन से जुड़े स्थलों की थी–पृथ्वी के गाँव की, जहाँ वे पैदा हुए थे; अम्बाला और राजपुर के स्कूलों की, जहाँ वे पढ़े थे; अम्बाला सेन्ट्रल जेल की, जहाँ उन्हें पहली बार गिरफ्तार करने के बाद कैद रखा गया था। मीरा होशियारपुर के पास के गाँव में उनके ग़दर पार्टी के दिनों के करीबी दोस्त और अंदमान में उनके साथ कैद रहे पंडित जगतराम के साथ एक सप्ताह रहीं। दुबले-पतले मगर दृढ़ संकल्प वाले जगतराम 21 साल जेल में रखे जाने के बाद हाल में रिहा किए गए थे और उनका स्वास्थ्य बहुत खराब था। मीरा को जगतराम से उनकी क्रान्तिकारी गतिविधियों, खासकर आज़ादी की लड़ाई में पृथ्वी के साहस और समर्पण के किस्से सुनना बहुत अच्छा लगा। इन बातों ने उन्हें राहत पहुँचाई, पृथ्वी में उनके भरोसे को मजबूत किया और अपने चयन को सही समझने में मदद की।

मीरा जब पंजाब में लौटीं तो भारी दुख की गिरफ्त में फँस गईं–"हर सुबह मैं जगती तो सिर भारी रहता मानो रात भर मैं अपनी निराशा को पीती रही हूँ। इस मानसिक पीड़ा और शारीरिक उलझन से मौन व्रत और तब तक ध्यान और प्रार्थना

में जुटे रहने का संकल्प उभरा जब तक ईश्वर मुझे राह नहीं दिखाता। एकदम स्थिर होकर ध्यान में लम्बे समय तक बैठना मेरे लिए असहज है, इसलिए मैंने हर दिन एक हजार गज सूत कातने का फैसला किया। मुझे लगा कि कताई के दौरान मस्तिष्क स्वस्थ रहेगा, मुझे दिग्भ्रम नहीं होगा, जो मेरी चेतना पर चक्कर लगाता रहता है।''

यह मौन—कुछ दिनों की यात्रा में व्यवधान के साथ—पन्द्रह दिन चला। उनका नियम था कि जरूरत हो तो दिन में केवल एक बार आधे घंटे तक मौन नहीं रखेंगी। सेवाग्राम में रहते हुए बाकी समय वे सप्ताह में दो बार शाम में तब मौन तोड़तीं जब बापू से मिलने जाती थीं। वे केवल वेद-पुराण, बापू की चिट्ठियाँ पढ़ती थीं और केवल उन्हें जवाब देती थीं। यह उनकी तपस्या थी।

कठिनतम तपस्याओं की कहानियाँ पुराणों में भरी पड़ी हैं। ये तपस्याएँ हमेशा किसी लक्ष्य के लिए की जाती रहीं—अमरत्व प्राप्त करने के लिए, वह ज्ञान प्राप्त करने के लिए जिन पर केवल देवताओं का अधिकार है, या अधिकतर स्त्रियों द्वारा उस व्यक्ति या देवता का प्रेम प्राप्त करने के लिए जिन्हें वे आराध्य मान चुकी हैं। शिव को पति के रूप में पाने के लिए पार्वती ने हजार वर्ष तक कठोरतम तप किया, ग्रीष्म ऋतु में अग्नि से घिर कर तो शरद में ठंडे पानी में बैठ कर। अपने पिता ब्रह्मा और भाइयों द्वारा भोगी गई और फिर उनकी कामना करने वाली अरुंधति ने प्रायश्चित के लिए सैकड़ों वर्ष तक तपस्या की, जब तक कि विष्णु ने उन्हें वरदान नहीं दिया कि वे अपने पति के सिवा किसी परपुरुष को वासना की दृष्टि से नहीं देखेंगी। तुलसी ने विष्णु को पति के रूप में पाने के लिए 24000 वर्षों तक केवल फल और जल पर रह कर तपस्या की। सो, पृथ्वी के लिए मीरा की तपस्या हिन्दू पौराणिक परम्परा में ही दिखती है।

सेवाग्राम में रहना असम्भव हो गया क्योंकि पृथ्वी से जुड़ी यादें उन्हें परेशान करने लगतीं, तो मीरा समुद्र सतह से 4000 फुट ऊपर काँगड़ा जिले के चाय बागान में कुटिया में अकेले रहने चली गईं। चाय बागान बापू के एक भक्त लाला कन्हैयालाल का था। यह बापू के जन्म दिन 2 अक्तूबर की बात है, जब कुछ ही दिन पहले दूसरा विश्वयुद्ध शुरू हो चुका था।

मीरा की कुटिया जंगल भरी पहाड़ी के एक किनारे बनी थी जिसके नीचे स्वच्छ, ठंडे पानी का सोता बहता था। एक फर्लांग दूर पहाड़ी के ऊपरी हिस्से पर गाय के एक बाड़े के सिवा कुटिया के आसपास कोई बसावट नहीं थी। चाय बागान की मुख्य इमारत एक मील दूर थी। उत्तर दिशा में पेड़ों के बीच से पथरीली धौलाधार पहाड़ियाँ नज़र आती थीं, जिनकी चोटी 15000 फुट तक ऊँची थी। जाड़े में, जो आने ही वाला था, नीले आकाश की पृष्ठभूमि के साथ उसकी बर्फीली चोटियाँ चमकने लगती थीं।

दाहिनी तरफ चीड़ के पेड़ों के नीचे धान के खेत फैले थे और दक्षिण-पूर्वी दिशा में जंगल घाटियों तक फैला हुआ था। रमणीक परिवेश और एकान्त ने मीरा के दिल को सुकून पहुँचाना शुरू किया। जंगली पौधों से ढँकी चट्टानें और घाटी में बहते पानी का कलकल संगीत निरन्तर आनन्द का स्रोत था। पंचतत्त्वों की भव्यता से सीधे सम्पर्क ने उनमें शक्ति का संचार शुरू किया।

कुछ ताकत गांधीजी के पत्रों से भी मिलती, जो उन्हें नियमित लिखते थे और जिनकी हर पंक्ति में उनके लिए बापू की चिन्ता झलकती थी। वे आश्वस्त कराते रहते कि दूर होने के बावजूद वे हमेशा उनकी याद करते हैं। वे उम्मीद जताते कि मीरा की पीड़ा अब हल्की हो रही होगी–

चि. मीरा,

तुम्हारा लम्बा पत्र मिला। इससे मुझे पता चला कि तुम्हारे भीतर कितनी उथल-पुथल चल रही है। तुमने अभी हर चीज के भीतर झाँकने की कला नहीं सीखी है। धुनाई-कताई से एक समान सुकून मिलेगा, अगर तुम इस क्रिया को ईश्वर से जोड़ सको तो। फरहद ने पहाड़ काटने में अपने खुदा को देखा। यह ईश्वरप्रदत्त शक्ति के साथ निरन्तर प्रहार करने की क्षमता का उदाहरण है। उसने पहाड़ तोड़ कर ईश्वर को प्राप्त कर लिया जो एक सुन्दर दुलहन के रूप में था...आवश्यकता ईश्वर के प्रति समर्पण भावना की है। तुम्हारी हर क्रिया ईश्वर के लिए ही होनी चाहिए...

ईश्वर तुम्हारी सहायता करें।

प्यार के साथ
बापू

मीरा की तपस्या अपने प्यार, पृथ्वी के बारे में उठने वाले विचारों से संघर्ष की नहीं थी। इसके विपरीत, उन्हें विश्वास था कि उनके साथ उनका सम्बन्ध पिछले जन्मों से जारी है, जिसे पृथ्वी इस जन्म में भूल चुके हैं। वे तब तक इन्तजार करेंगी जब तक उन्हें याद नहीं आ जाता, और याद उन्हें जरूर आएगा कभी न कभी। फिलहाल वे इतना ही चाहती थीं कि उनके बारे में हर पल सोच कर जो पीड़ा होती है उससे मुक्ति मिले। यह वरदान जल्द ही मिल गया। "रातों में जब मैं आँखें बन्द करके उन काले पहाड़ों के बारे में कल्पना करती जिन्हें बर्मा में पृथ्वी के पास पहुँचने के लिए मुझे पार करना होगा तो मुझे अपनी पीड़ा मीठी लगती। धीरे-धीरे यह स्थिति आ गई कि मैं उनकी कल्पना करती तो रुलाई नहीं आती। मैं उनको साकार कर लेती, उनके भूरे बदन, उनकी मजबूत चाल को। और आँसू के तालाब में डूब नहीं

जाती। मैं सोचती वे दूर तक फैली रात के दूसरे छोर पर हैं, हमारे बीच बहुत दूरी है लेकिन मैं परेशान नहीं हो जाती। जब तक मैं नीरवता से बाहर आई, ईश्वर ने मुझे वह शक्ति दे दी थी जिसे पाने की मैं अब तक असफल कोशिश कर रही थी। जीवन...और प्रेम में मेरा आगे का मार्ग सामने था, उनके संकेत-दीप से प्रकाशित।''

मीरा के लिए गांधीजी की चिन्ता आश्वासन और सांत्वना के उनके नियमित पत्रों से समाप्त नहीं हुई। जो कुछ हुआ था उसके लिए वे खुद को भी कुछ दोषी मानते थे। उन्हें लगता था कि पृथ्वी सिंह मीरा को पत्नी की जगह बहन समझते थे तो इसके लिए खुद वे भी जिम्मेदार थे, क्योंकि पृथ्वी जब सेवाग्राम में आए तो उन्होंने उनसे कहा था कि आश्रम की औरतों को बहन समझना चाहिए। उन्हें लगता था कि मीरा के प्रति अपने व्यवहार में पृथ्वी उनकी इच्छाओं का पालन कर रहे थे। इन स्थितियों में वे पृथ्वी को यह समझाना अपना कर्तव्य समझते थे कि मीरा को वे अपनी पत्नी के रूप में स्वीकार करें। गांधीजी ने पृथ्वी के मित्रों को भी पत्र लिख कर उनका अता-पता पूछा और अपने उपक्रम में उनकी सहायता लेने की कोशिश की। अविवाहित बेटी के पिता की तरह उन्होंने मीरा को 'सुयोग्य' बताते हुए उन्हें लिखा कि वे ''पृथ्वी के लिए बहुत मददगार साबित होंगी।''

तेईस

जब तक पृथ्वी बर्मा से लौटे, मैं सेवाग्राम छोड़ चुका था, क्योंकि मुझे ताकत महसूस होने लगी थी। इसके लिए मैं अपने चिकित्सक बापू का कितना भी आभारी होऊँ, वह कम होगा। पेट की बीमारी से ठीक होने के बाद मैंने अपने आचरण के लिए कड़े नियम बना लिये थे जिन्हें मैं आश्रम में अपने प्रवास के दौरान पालन करने का संकल्प ले चुका था। दो मुख्य नियम भोजन और स्त्री से सम्बन्धित थे। स्वास्थ्य के लिए जो ठीक है वही खाऊँगा, स्वाद के मोह में नहीं फसूँगा। स्त्रियों के प्रति सजगता को नियन्त्रित करने के लिए नज़रें नीची करके चलूँगा ताकि औरतों को देखने के लोभ से बच सकूँ। मैंने इन नियमों के पालन का दैनिक लेखा-जोखा रखा और सप्ताह के अन्त में उसे बापू को दिखाया। बापू इन पन्नों को लेते हुए मुस्कुराए मगर कुछ बोले नहीं। केवल, एक पन्ने के पीछे टिप्पणी लिख दी—"इन नियमों को एक साध्य का साधन मात्र समझो। साध्य है—ईश्वर में अपना ध्यान लगाना।" और अंग्रेजी में लिखा—"ईश्वर और उसकी न्यायप्रियता का पहले ध्यान करो और तुम्हें सब कुछ प्राप्त हो जाएगा।"

बापू की प्रतिक्रिया के बाद 7 मई को मैंने डायरी में जो कुछ लिखा वह अपने नियमों के पालन के प्रति मेरे उत्साह को उजागर करता है—"पिछले चार दिनों में मैंने अपनी आँखों की चंचलता को रोकने में काफी सफलता पाई है। अब आँखें स्वतः ऊपर उठती हैं तो मैं उनमें औरत को घूरने की इच्छा नहीं पाता। स्त्री की झलक पाते ही आँखों को अपनी गलती का एहसास हो जाता है और वे झुक जाती हैं, वे हृदय में कोई उत्सुकता या कामना नहीं जगातीं।"

तीन दिन बाद मैंने डायरी में जो लिखा वह दर्शाता है कि मेरा शुरुआती उत्साह गायब हो चुका है—"आश्रम छोड़ कर अपने पुराने जीवन में लौटने की मेरी इच्छा दिन ब दिन तीव्र होती जा रही है। यहाँ रोज मैं जो उबाऊ काम करता हूँ उसमें मुझे जरा भी मन नहीं लगता। लखनऊ के साहित्यिक जीवन की यादें सताती हैं। बापू ठीक कहते हैं मुझमें सेवा की वह भावना नहीं है, जो उबाऊ काम में भी रस पैदा कर सके। मैं बापू पर कब तक निर्भर रहूँगा? मुझे अपने पैरों पर खड़ा होने में कितना

समय लगेगा?''

मेरी डायरी पढ़ने के बाद इतवार को बापू ने मुझे बुलाया और बड़े प्यार से बात की। मुझे उनके शब्द हू ब हू याद नहीं हैं–हमारी बातचीत तीन शामों को हुई–लेकिन उनका कहना था कि उन्हें महसूस हुआ है कि मैं अपना स्वभाव जबरन बदलने की कोशिश कर रहा हूँ। उनका विश्वास था कि मेरा स्वभाव सामान्य गृहस्थ वाला, पत्नी-बच्चों के साथ रहने वाले व्यक्ति वाला है।

उन्होंने कहा, ''अपनी प्रकृति के साथ हिंसा मत करो। अगर तुम अपने एक हिस्से को जबरदस्ती अपने से कभी काटते हो तो वह तुमसे बदला लेगा। यह प्रेत की तरह तुम्हारा पीछा करेगा और जीवन के अपूर्ण हिस्से को जीने की माँग करेगा। लखनऊ जाओ, शादी करो, बच्चे पैदा करो और यथासम्भव देशसेवा करो। मैं तुम्हें सभी संकल्पों से मुक्त करता हूँ।''

मैं दिल-दिमाग से सहज होकर लखनऊ चला गया, क्योंकि बापू ने मेरा परित्याग नहीं किया था बल्कि मुझे मुक्त कर दिया था। पृथ्वी की वापसी के बाद की घटनाओं का मैं चश्मदीद गवाह नहीं रहा इसलिए आगे की कथा मुख्यतः उनके संस्मरणों के आधार पर ही कहूँगा।

पृथ्वी ने बर्मा से गांधीजी को पत्र लिख कर मीरा का हाल पूछा और बापू ने उन्हें आश्वस्त किया कि उन्हें मीरा के बारे में चिन्ता करने की जरूरत नहीं है। हालाँकि मीरा को अभी भी विश्वास था कि उन दोनों के पूर्वजन्म के सम्बन्ध हैं, जिन्हें पृथ्वी भूल गए हैं। फिर भी मीरा खुश हैं। उन्होंने इस प्रसंग को आध्यात्मिक माना और प्रायश्चित कर रही हैं, पुराणों का अध्ययन कर रही हैं और घंटों कताई करती हैं।

इसलिए, जब पृथ्वी सेवाग्राम लौटे और अपना पिछला जीवन फिर शुरू करना चाहा तो उन्हें अनावश्यक चिन्ता नहीं हुई। उन्होंने अपनी इस दुविधा पर गौर किया कि इतने समय उनके बर्मा प्रवास के कारण उनके प्रति मीरा का प्रेम स्वाभाविक रूप से मर गया होगा तो वे किस तरह पेश आएँगे।

सेवाग्राम पहुँच कर पृथ्वी सीधे गांधीजी की कुटिया में गए। बापू आश्रम के किसी दूसरे हिस्से में थे तो पृथ्वी ने बरामदे पर उनका इन्तज़ार किया। फरवरी की चमकदार धूप वाली सुबह के 11 बजे थे। लोग आश्रम के मैदान पर टहल रहे थे, उन्हें अपना काम करने के लिए कमरों के अन्दर जाने की हड़बड़ी नहीं दिख रही थी। पृथ्वी सिंह की वापसी की खबर आश्रम में तेजी से फैल गई। मीरा उनसे मिलने के लिए बाहर दौड़ गईं।

उन्हें देखकर वे चीख पड़ीं, "पृथ्वी!!"

यह सब इतनी तेजी से हुआ कि पृथ्वी कुछ सोच न पाए कि क्या करें। मीरा हाथ फैलाए उनका हाथ पकड़ने के लिए उतावली से उनकी ओर बढ़ रही थीं। वे ऐसे पीछे हटे मानो मीरा किसी संक्रामक बीमारी से ग्रस्त हों। पीछे हटते हुए पृथ्वी ने विनम्र नमस्ते की मुद्रा में हाथ जोड़ दिए। इस क्रम में उनके पैर बापू के दरवाज़े की चौखट पर लड़खड़ा गए।

इन दो वर्षों में जब पृथ्वी बाहर रहे, मीरा दस साल और बड़ी दिखने लगी थीं। कभी घने रहे उनके केश अब भूरे की जगह सफेद होने लगे थे और कम हो गए थे। दुख के दिनों मे कंघी करते वक्त उसके गुच्छे टूट कर निकलते थे। मीरा ने अपने केश बूढ़ी औरत की तरह पीछे चोटी करके बाँध रखे थे। बार-बार मलेरिया ने उनकी त्वचा की चमक फीकी कर दी थी। उनकी नस्ल के लोगों की त्वचा में वैसे ही तेल कम होता है। जो भी थोड़ा था वह भारत की धूप ने सोख लिया था और उसे समय से पहले बूढ़ा बना दिया था। वे काफी कमजोर दिख रही थीं। पृथ्वी उन्हें आहत नहीं करना चाहते थे। लेकिन वे उनके बारे में अपनी भावनाओं का गलत संकेत भी नहीं देना चाहते थे, जिसमें सम्मान, प्रशंसा और एक भाई वाली सुरक्षा का भाव था।

पृथ्वी सेवाग्राम में तीन दिन रहे और मीरा के साथ अकेले मिलने से बचते रहे। अन्तिम दिन, सान्ध्य प्रार्थना के बाद आश्रम के लोगों के सामने मीरा उनके पास आईं और टहलने के लिए साथ चलने का आग्रह किया। वे उनसे बात करना चाहती थीं। पृथ्वी चुपचाप साथ हो लिये लेकिन डरे रहे कि पता नहीं क्या हो। गाँव के बाहर पहाड़ी पर उनके साथ टहलते हुए वे अपने चारों ओर दीवार-सी खड़ी किए रहे।

एक चट्टान की सतह पर साथ-साथ बैठते हुए पृथ्वी ने उनसे पूछा, "आपको ठंड नहीं लग रही है?" नीचे रास्ते पर जानवर धूल उड़ाते गुजर रहे थे और आसपास झाड़ियों में जुगनू चमकने लगे थे।

मीरा ने पृथ्वी की ओढ़ी हुई विनम्रता की अनदेखी कर दी। उन्होंने कहा कि आप मुझसे बचते रहे हैं। उनकी आवाज़ में पीड़ा थी इसलिए प्रत्यारोप की गुंजाइश नहीं थी। मीरा ने उन्हें बताया कि जब वे बाहर थे उन दिनों वे तपस्या कर रही थीं और उसका उद्देश्य था कि हम दोनों पति-पत्नी के रूप में बापू के सपनों के स्वतन्त्र भारत के लिए काम करें। इस तपस्या में अन्ततः उन्हें ज्ञान हो गया कि ईश्वर ने उन्हें जीवन क्यों दिया है। क्या अब भी आपको विश्वास नहीं होता कि हम दोनों का सम्बन्ध इस जीवन से पहले, पिछले कई जन्मों से है?

पृथ्वी उनकी बातों और उन बातों में प्रेम की सघनता से परेशान हो गए, उस प्रेम से जिसने मीरा को तो मुक्ति जैसी दे दी थी मगर जो उन्हें बेहद यातनादायी

लग रहा था। उन्होंने कहा, तब शायद हमें अगले जन्म तक इन्तज़ार करना पड़ेगा। वे बातचीत को थोड़ा हल्का करना चाहते थे लेकिन उन्हें पता था कि वे इसकी गम्भीरता को कम नहीं कर पाएँगे। उन्होंने मीरा को बताया कि वे सौराष्ट्र की उन जगहों की यात्रा करने जा रहे हैं जहाँ वे अपने भूमिगत जीवन के दौरान रहे थे। अभी वे नहीं कह सकते कि वे कहाँ निवास बनाएँगे। फिलहाल वे केवल इतना जानते हैं कि वे अपने लक्ष्य के प्रति प्रतिबद्ध हैं। उन्हें पता है कि उन्हें इस रास्ते पर अकेले ही चलना है, कम से कम निकट भविष्य में। आखिरी शब्द मीरा के चेहरे पर उभर आई पीड़ा को देखकर तुरन्त जोड़ दिए गए थे। मीरा ने कहा–हम उस रास्ते के कम से कम हमसफर तो बन सकते हैं, कामरेड के रूप में साथ काम कर सकते हैं। आप जब लौटें तो हम इस पर बापू से बात कर सकते हैं। पृथ्वी ने यह जानते हुए कि वे सेवाग्राम अब नहीं लौटने वाले, बच निकलने के लिए तुरन्त सहमति जाहिर कर दी।

वे भावनगर पहुँचे और तीन दिन बाद ही मीरा का पत्र आ गया–''सत्रह साल पहले जब मैं बापू के पास आई थी, मैंने अपने आपको उनके हवाले कर दिया था। और उन्होंने पूरे स्नेह से मुझे पूरी तरह स्वीकार कर लिया, न केवल मेरे कामों बल्कि विचारों तथा भावनाओं को भी दिशा देते रहे। यह अनुशासन और प्रशिक्षण का महान पाठ था जिससे मैंने बहुत कुछ सीखा। लेकिन इसने मेरी आत्मनिर्भरता और आत्म अभिव्यक्ति को भी कमजोर किया और मैं सतत या स्वतन्त्र काम करने में अक्षम हो गई। बापू के पास आने से पहले मैं स्वतन्त्र ऊर्जा, उद्यम और स्वावलम्बन वाली व्यक्ति थी। यह सब मैंने खो दिया। जब आप आए तभी मेरी स्वाभाविक शक्ति फिर जगी। जब मैं तपस्या करने लगी तब मुझे एहसास हुआ कि मेरा वास्तविक स्व पुनर्जीवित हो रहा है। मूक प्रार्थना और अध्ययन के उन पन्द्रह महीनों के दौरान मुझे अनुभव हुआ कि उसे नई शक्ति और स्वाधीनता मिली। मुझे वह आध्यात्मिक समृद्धि प्राप्त हुई जो मेरे लिए पहले अज्ञात थी। यह सब हासिल करने के बाद अब मैं क्या करूँ? अगर मैंने फिर बापू के मार्गदर्शन में काम शुरू किया तो मुझे पता है कि मैं फिर वहीं पहुँच जाऊँगी...सो, मैं बापू के पास गई, उन्हें अपनी कठिनाई बताई और उनसे 'पूर्ण स्वराज' की माँग की। बापू के जैसा विशालहृदय कौन होगा? उन्होंने मेरी माँग तुरन्त मान ली...मैंने बापू से कहा कि मैं उत्तर प्रदेश में किसी जगह पर महिलाओं के लिए प्रशिक्षण केन्द्र शुरू करना चाहती हूँ। मैं हिमालय में सुन्दर, सेहत के लिए अनुकूल स्थान की तलाश में हूँ, सम्भव हो तो दिल्ली से सौ मील के भीतर महान नदी के किनारे कोई स्थान।

'' अगर आपके पास कोई सुझाव या विचार है तो मुझे जान कर बहुत खुशी

होगी। एक जैसी प्रेरणा ने हमें अपने-अपने घरों से निकलकर अज्ञात दिशा की ओर बढ़ाया—भारत की आज़ादी का साझा आदर्श आज हमारे हृदय में भरा है। हमारे बीच एक बात पर मतभेद है, वह यह कि मैं अपने हृदय और अपनी आत्मा से यह यक़ीन करती हूँ कि हमारे एक होने से हम सम्पूर्ण सेवा के लिए और शक्ति जुटा पाएँगे, जबकि आप इससे विपरीत विचार रखते हैं, जब तक आप यह मानते रहेंगे, मैं आपकी इच्छा को बिना कोई बहस किए स्वीकार करती रहूँगी और अकेले ही सेवा जारी रखने की अपनी पूरी शक्ति से कोशिश करूँगी। इसमें भी अगर आपके हृदय का सहयोग मुझे मिलेगा तो मेरे काम को जितना बल मिलेगा उतना किसी और चीज से नहीं मिल सकता। अगर मुझे यह ज्ञात हो जाए कि मैं जिस व्यक्ति में और जिसके माध्यम से जीवन जीती हूँ और शक्ति प्राप्त करती हूँ वह मेरे जीवन में है, एक मित्र है, एक सहयोगी है तो ओह! मुझे कितनी ताकत मिलेगी!"

एक सप्ताह बाद 12 मार्च, 1942 का पत्र—

"...मैंने आपको लिखा था—मैं अपनी आत्मा की गहराइयों से यह जानती थी कि मैंने अगर आपको जीतने की उम्मीद छोड़ दी और तपस्या भंग कर दी तो ईश्वर मुझसे दूर चला जाएगा। मैंने लिखा था—ऐसा विश्वास है कि आपको अपने पति के रूप में पाने की ईश्वर प्रार्थना में अपने जीवन की ऊर्जा को समर्पित करना मेरा धर्म है।

"फिर भी बाह्य दबाव और आपके चेहरे तथा आपकी आवाज़ में पीड़ा को महसूस करके मैंने हार मान ली। तपस्या की समाप्ति के तुरन्त बाद ही मुझे महसूस हुआ कि कुछ गलत हो गया है। लेकिन मैंने इस बात में खुशी मान ली कि मैं आपको देख सकूँगी, आपके पास एक मित्र के रूप में जा सकूँगी। वह मित्रता जो मैं चाहती थी और जिसमें मेरे जीवन की सम्पूर्णता थी, वह नहीं थी। मैंने अपने हृदय के खालीपन को दुनिया और आपसे छिपा लिया। लेकिन मैं उसे ईश्वर से नहीं छिपा सकी। दिन ब दिन वे मुझसे जलते हुए, खामोश आँसू वसूलते रहे। मैं पहले की तरह उनकी प्रार्थना नहीं कर सकती थी फिर भी मैं उसकी वजह को स्वीकार नहीं कर पा रही थी कि मैं सत्य के मार्ग से विचलित हो गई थी। इन कुछ सप्ताहों में मेरा स्वास्थ्य और मेरा मनोबल टूट गया और मरने की इच्छा शेष रह गई...

"ईश्वर ने मुझ पर दया की और मुझे सच का सामना करने की शक्ति दी। मैंने देखा कि मुझे फिर से तपस्या शुरू कर देनी चाहिए। सबसे सच्ची बात तो यह थी कि मैंने आशा यानी आस्था को छोड़ कर पाप किया था। अगले जन्म में आप मेरे लिए जो उम्मीद बँधाते उसका मैं लाभ न उठा पाती अगर मैं इस जन्म में आपके प्रति अपना जो कर्तव्य मानती हूँ उसे नहीं निभाती।

"इस बार मेरी तपस्या राष्ट्र सेवा के रूप में होगी। मेरी गतिविधियों में एकमात्र

परिवर्तन आन्तरिक होगा। नाउम्मीद होने के बदले में अपना हर कर्म ईश्वर की प्रार्थना को समर्पित करूँगी ताकि मैं आपको हासिल कर सकूँ। मूक रूप से मैं यह प्रार्थना करती रही हूँ।

"मैं ये बातें आपको इसलिए बता रही हूँ कि इस परिवर्तन की आपको सूचना न देना झूठ बोलना होगा...मेरे लिए आप कुछ भी न करना चाहते हों फिर भी मेरे खयाल से आप इस पत्र की स्वीकृति भेजने पर जरूर सहमत होंगे ताकि मैं यह जान सकूँ कि आप मेरी तपस्या से अनभिज्ञ नहीं हैं।

"व्यक्तिगत रूप से मैं नहीं समझती कि सत्य की माँग यह है कि हम एक-दूसरे से संवाद एकदम तोड़ दें। आपको पता होगा कि मेरे हृदय में कोई असत्य नहीं है।

"आप जो भी करें, मेरे लिए आप वही रहेंगे जो आप शुरू से रहे हैं।"

पृथ्वी ने जवाब भेजा और इस सम्बोधन का प्रयोग किया—'मेरी प्रिय बहन मीरा'—

"तुम्हारा पत्र मिला। इसने मुझे गहरा सदमा पहुँचाया। इन तूफानी दिनों में भारत के हरेक प्रेमी को देश की आज़ादी के लिए पूरे समर्पण से काम करना चाहिए। मैं अपने जीवन के उन सपनों को सच करने के सिवा और कुछ सोचना नहीं चाहता जिनके लिए मैं जिया और कष्ट सहे। क्या तुम देश की नाजुक स्थिति को समझ नहीं सकतीं? भारत की जनता की सेवा करने के सिवा तुम्हारे मन में कोई और विचार कैसे आ सकता है और तुम्हें पागल बना सकता है? परिस्थितियों की माँग है कि तुम अपनी पूरी ताकत से काम करके भारत की बहनों के लिए एक मिसाल बनो। जबकि भारत को अपनी दासता से मुक्ति के लिए साहसी व्यक्तियों की जरूरत है तब तुम अपने स्वास्थ्य को खराब होने देकर खुद को भारत के लिए एक भार कैसे बनने दे सकती हो? मीरा, ईश्वर ने तुम्हें कई गुण दिए हैं। स्वार्थी मत बनो। कृपया मेरी सहायता करो और आज़ादी के दीवानों के लिए प्रेरणा और ज्योतिस्तम्भ बनो। तुम्हारी सेवाएँ इतिहास में दर्ज होंगी। समय की माँग को पूरी करो। अपनी पूरी मानसिक और शारीरिक शक्ति को जुटा कर उस लक्ष्य के लिए काम करो जो मुझे प्रिय है। इस मोड़ पर आम लोगों से यथासम्भव बड़े त्याग करने की अपील की जा रही है। क्या तुम सामान्य लोगों से ऊपर उठ कर अपने प्रेम का सर्वोच्च बलिदान नहीं करोगी? इससे मुझे बेहद खुशी होगी और वह भूमिका अदा करने की प्रेरणा मिलेगी जिसे निभाने के लिए नियति ने मेरा आह्वान किया है। जहाँ भी रहो, पक्का इरादा दिखाओ। राष्ट्रीय कर्तव्य में ढील मत दो। पक्का संकल्प करो और मुझे मानसिक शान्ति दो ताकि अगर मौका पड़े तो मैं शान्ति से मर सकूँ।"

भाई के स्नेह के साथ

पृथ्वी

पूरे आत्मसंयम के बावजूद मीरा अपनी पीड़ा (और हताशा) को अपने जवाबी पत्र में रिसने से न रोक पाईं। उनका पत्र पढ़ते हुए मुझे महसूस होता है कि पृथ्वी के अन्तिम पत्र में जो पाखंड की झलक है उससे मेरे मन में खीझ और गुस्सा पैदा होता है—

23 मार्च 1942

प्रिय मित्र,

''आपके पत्र ने दिल को छू लिया। मैं तुरन्त जवाब देती लेकिन यहाँ काम के दबाव के चलते समय नहीं मिल पाया।

'' मैं आपको कैसे समझाऊँ कि मेरे हृदय में क्या है। ईश्वर ने मुझे वह क्षमता दी तो मेरी वजह से आपकी सभी तकलीफें खत्म हो जाएँगी और आपको एहसास होगा कि मुझे आप अपने आदर्श को हासिल करने में बाधा नहीं, बल्कि अतिरिक्त ताकत के रूप में पाएँगे।

'' आपके पत्र से ऐसा लगता है कि मेरे प्रेम को आपने अब तक पूरी तरह गलत ही समझा। मैं आपकी कठिनाई समझ सकती हूँ। आप एक सम्पूर्ण पुरुष हैं, अपने आदर्श के प्रति पूरी तरह समर्पित। आपने जीवन में जो कुछ भोगा और अनुभव किया है उसके बावजूद आप वैसे ही बने रहे जैसे तीस साल पहले थे—मजबूत, अथक और निर्भय—जो कि आपकी शान और शक्ति है। लेकिन उस शक्ति के बावजूद आपको अपने रास्ते में आने वाली नई चीजों और स्थितियों को समझने में कठिनाई आती है। आपके जीवन में मेरा प्रवेश भी एक ऐसा ही मामला है।

'' आप कहते हैं कि मैं अपने प्रेम का त्याग कर दूँ, मानो यह कोई विषयासक्ति हो। आपको पता नहीं है कि सच्चा प्रेम क्या होता है, वह प्रेम जो आत्मा की गहराई से उपजता है और सेवा की क्षमता बढ़ा देता है, धर्म की तरह पवित्र होता है। स्त्री के लिए प्रेम और आस्था एक चीज है। मुझे प्रेम का त्याग करने को कहना ईश्वर में आस्था और सेवा की अपनी शक्ति का त्याग करने के लिए कहने जैसा है। इससे आपका या भारत का क्या भला होगा? आप यह क्यों सोचते हैं कि आपके लिए मेरा प्रेम अपवित्र या स्वार्थपरक है? एक स्त्री को पूरी शक्ति तब मिलती है जब वह अपने प्रेमी को पा लेती है। उस दिन से वह एक नई हस्ती बन जाती है—दोगुनी शक्ति, धैर्य और विवेक से सम्पन्न। लेकिन जब उसका प्रेमी उसकी ओर मुखातिब होकर यह कहता है कि 'मेरी खातिर अपना प्रेम त्याग दो' तो वह उस नई हस्ती का कत्ल कर देता है, और सहनशक्ति तथा सेवा के जो भी स्रोत उसके जीवन में फूटे होते हैं वे सूख जाते हैं।

" पिछले पत्र में मैंने आपको यह बताने की कोशिश की थी कि मैंने आपको खुश करने के लिए अपने प्रेम को नकारने की कोशिश की है। लेकिन ऐसा करने के तुरन्त बाद ही मुझे मेरी आत्मा ने कहा कि मैंने अपने ईश्वर के विरुद्ध पाप किया है। उन्होंने मुझे जो रोशनी दी है उससे मैं इनकार कर रही हूँ। सर्वशक्तिमान में आस्था रखने वाले को जब यह बोध होता है कि उसने उनके मार्गदर्शन को स्वीकार नहीं किया तो शरीर और मस्तिष्क, दोनों की शक्ति बिखर जाती है। मुझे लगा कि यह तो मैं आपका भला नहीं बल्कि आपका, ईश्वर का और देश का बुरा कर रही हूँ। इसलिए मैंने आपको पत्र लिखा कि मुझे उस प्रेम और रोशनी को इनकार नहीं करना चाहिए, जो मेरा मार्गदर्शन करता है। साथ ही मैंने आपको यह स्पष्ट करने की कोशिश की कि मैं खामोश होकर या एकान्त में जाकर बैठ नहीं जाऊँगी बल्कि देशसेवा को अपनी तपस्या मानूँगी। यह सारा परिवर्तन आन्तरिक है। मैंने अपने हृदय से उस झूठे इनकार को मिटा दिया है और उसकी जगह उस प्रेम के प्रकाश और उसकी प्रेरणा को स्थापित कर दिया है जो आपने जगाई है। बाह्य परिवर्तन बस इतना आया है कि मेरा स्वास्थ्य और ऊर्जा वापस लौट रही है...

" आपने अपने पत्र में लिखा है कि ईश्वर ने मुझे जो वरदान दिए हैं उनका प्रयोग करूँ और आपका हाथ बँटाऊँ और भारत की आज़ादी चाहने वालों के लिए एक प्रेरणा बनूँ। अपने हृदय और अपनी आत्मा से मैं यही करने का प्रयास कर रही हूँ। एक जुनून और स्वार्थपरक आवेग ने मुझे अपनी गिरफ्त में ले लिया है, यह धारणा पूरी तरह गलत है और एक स्त्री के प्रेम पर क्रूर लांछन है। मुझे अपनी निजी खुशी के लिए नहीं बल्कि हम दोनों को सेवा के वास्ते अधिक शक्ति के लिए आपका प्रेम और सहयोग चाहिए।

" पृथ्वी, आप मुझसे दूर क्यों छिटकते हैं, मानो मेरा प्रेम कोई जहर हो? आपके महान आदर्श साकार हों, यह जितनी शिद्दत से मैं चाहती हूँ उतनी शिद्दत से दुनिया में शायद ही कोई और चाहेगा। जब से हम साथ हुए, तब से शुरू से ही मैं यह अनुभव करती रही हूँ कि आपकी अपनी जितनी महत्त्वाकांक्षाएँ होंगी, मेरे मन में आपके लिए उनसे कहीं ज्यादा महत्त्वाकांक्षाएँ हैं। मैं यही कामना करती हूँ कि आपका मन मेरी ओर झुके और मुझे काम करने की असीम शक्ति दे, न कि मुझे आज की तरह आपकी ठंडी उदासीनता के दिल तोड़ने वाले दबाव से जूझने के लिए छोड़ दे। आपको इस बात से डरने की जरूरत नहीं है कि अगर आप मेरे प्रति कोमल हो गए तो क्या होगा। मैं यह नहीं कहती कि आप एकदम-से मुझसे शादी कर लें। मैं तो पहले बस इतना चाहती हूँ कि आप मेरे प्रेम और विश्वास की सचाई को स्वीकार करें और मुझसे मुँह न मोड़ें क्योंकि मैं आपके प्रति ईमानदार हूँ। हम

एक-दूसरे के प्रति व्यवहार में उदार और निर्भय रहें। बाकी ईश्वर की इच्छा।

"आज जब पूरा विश्व बर्बर युद्ध और नफरत के चलते तबाह है और भारत जबकि समुद्र के थपेड़ों में डगमगाते जहाज की तरह डगमगा रहा है, हम लोग एक नाविक की तरह मिल कर उसे एक रस्सी के सहारे उबारने की कोशिश करें।

"ईश्वर हमें अपने प्रति, भारत के प्रति और एक-दूसरे के प्रति सच्चे होने की राह दिखाए।"

इसके बाद हम पृथ्वी की तरफ से चुप्पी पाते हैं और मीरा उनसे सम्पर्क बनाने की अन्तिम कोशिश करती हैं–

"मैं यह पत्र आशा के साथ भेज रही हूँ ताकि यह सुरक्षित पहुँच जाए...मैं आपके प्रति बस सच्ची होना चाहती हूँ। मैं झूठी बन कर कभी आपको प्रेरित नहीं कर सकती, न खुश कर सकती। मेरा तिरस्कार मत कीजिए, क्योंकि मैं ईमानदार हूँ। अफसोस कि आप मुझे कितना कम समझते हैं। आपका एक स्नेह भरा शब्द मेरे हृदय पर पड़े भारी बोझ को हल्का कर देगा...

"मुझे मालूम नहीं कि हम अब कब और कहाँ मिलेंगे। जब तूफान उठेगा, जेल और मौत भी हमारे हिस्से आ सकती है। अगर ईश्वर की और कोई इच्छा होगी तो हम अगले जन्म में ज्यादा शक्ति से अपने सपनों के भारत की सेवा करने के लिए मिलेंगे।

"ईश्वर आपकी हर तरह से सहायता करें।

सदा के लिए आपकी
मीरा"

भारत की आज़ादी के लिए गांधीजी ने करो या मरो के नारे के साथ जो अन्तिम संघर्ष शुरू किया उस भारत छोड़ो आन्दोलन का तूफान 9 अगस्त 1942 को कांग्रेस नेताओं की बड़ी संख्या में गिरफ्तारी से शुरू हुआ। अगले छह-सात हफ्तों में देश भर में प्रदर्शनों और जनसभाओं का सिलसिला चलता रहा। स्कूल-कॉलेज के छात्र हड़ताल पर चले गए और सड़कों पर निकल आए। कई लोगों ने गैर-कानूनी ढंग से पर्चे लिखकर छपवाए और बाँटे, जिनमें अंग्रेजी राज के खिलाफ बग़ावत करने और गाँवों में जाकर प्रतिकार को संगठित करने का आह्वान किया गया। प्रशासन ने जवाब में आँसू गैस, लाठी का इस्तेमाल किया और व्यापक गिरफ्तारियाँ कीं। आन्दोलन के सभी नेता जेलों में डाल दिए गए तो आन्दोलन का अहिंसक चरित्र खत्म होने लगा। भीड़ अदालतों, थानों, डाकघरों, रेलवे स्टेशनों और अंग्रेजी सरकार के दूसरे प्रतीकों पर हमले करने लगी। युद्ध का रुख जबकि ब्रिटेन के खिलाफ जा रहा था,

उसकी सेना जापानियों के कारण दक्षिण-पूर्व एशिया में पीछे हट रही थी इसलिए ब्रिटेन ने बर्बर दमन का सहारा लिया। शहरों में प्रदर्शनकारियों पर पुलिस गोलीबारी करने लगी। ग्रामीणों पर सामूहिक जुर्माना ठोका जाने लगा और उन्हें बन्धक बनाया जाने लगा। गिरफ्तारी से बचने के लिए गाँव वाले गाँव खाली करके भाग जाते तो गाँव का गाँव जला दिया जाता।

आन्दोलन अब भूमिगत हो गया। संचार और परिवहन व्यवस्था को, जो अंग्रेजों के युद्ध अभियान के लिए अहम थे, निशाना बनाया जाने लगा। टेलीग्राफ के तार काटने और फिशप्लेट हटा कर मालगाड़ियों को पलटने में माहिर पृथ्वी सिंह के क्रान्तिकारी साथी इन कार्रवाइयों में फिर जुट गए।

गांधीजी ने 8 अगस्त को बम्बई में एक जनसभा में भारत छोड़ो आन्दोलन शुरू करने की घोषणा की और उसी रात उन्हें गिरफ्तार कर लिया गया। उनके साथ मीराबेन, बा और महादेव भाई को भी गिरफ्तार कर लिया गया। वे सभी गांधीजी के साथ पूना की जेल में लम्बे समय के लिए डाल दिए गए। अक्तूबर 1942 में गिरफ्तारियाँ फिर की गईं। सेवाग्राम छोड़ने के बाद सौराष्ट्र में युवकों को व्यायाम और युद्ध कलाएँ सिखा रहे पृथ्वी सिंह को भी गिरफ्तार कर लिया गया। मुझे भी संयुक्त प्रान्त में कांग्रेस पार्टी की ओर से एक पन्ने का समाचार-पत्र निकालने के आरोप में पन्द्रह महीने के लिए लखनऊ जेल में डाल दिया गया। मैंने इसे सम्मान का तमगा, सेवा भावना का प्रतीक माना, जो बापू के अनुसार मेरे पास नहीं था। इस गिरफ्तारी को लेकर आज तक मैं गर्व करता हूँ।

मुझे इस पर अकसर आश्चर्य होता है कि पृथ्वी ने मीरा के प्यार को क्यों ठुकरा दिया। मीरा के ब्रिटिश मूल को लेकर पृथ्वी ने अपनी शंकाओं के बारे में अपनी डायरी में जो कुछ लिखा या भारत की आज़ादी के लक्ष्य के प्रति अपने सम्पूर्ण समर्पण, जिसके कारण और किसी बात की गुंजाइश नहीं रह गई थी, के बारे में अपने आदर्शों का अपने पत्रों में जो उल्लेख किया उन पर विश्वास करना मुश्किल है। उनमें पृथ्वी उनसे प्रेम करने वाली स्त्री को भेजे जवाबों में अपने कार्यों को अपनी उस छवि के अनुरूप पेश करना चाहते हैं, जो एक बड़े उद्देश्य के लिए अपनी निजी खुशी को भी कुरबान करने वाले क्रान्तिकारी की है। बुढ़ापे में उन्होंने जो संस्मरण प्रकाशित करवाए उनसे साफ है कि वे विवाह या स्त्री के प्रति कभी अरुचि नहीं रखते थे--

"मैंने कभी एक शुद्धतावादी जीवन जीने की कोशिश नहीं की। अगर युवावस्था में मैं देश को दासता की बेड़ियों से मुक्त कराने की देशभक्ति की गहन भावना से

ओत-प्रोत न होता तो सांसारिक आनन्द के फेर में पड़ जाता...

"बर्मा, जापान, फिलीपीन्स, अफगानिस्तान, रूस और कॉकसस की अपनी यात्राओं में मैंने मनमोहिनी सुंदरता की प्रतिमाएँ देखीं, जो किसी का भी दिल चुरा लें, लेकिन मैंने अपने दिल को कभी उनके पीछे नहीं जाने दिया। युवावस्था में मैंने एक सुन्दर सीख सुनी थी--विचार, वाणी, दृष्टिकोण और वीर्य के पतन को अगर कोई पुरुष रोक ले तो वह जीवन के मार्ग पर सुरक्षित आगे बढ़ सकता है, चाहे रास्ता कितना ही फिसलन भरा क्यों न हो।

"गुजरात और सौराष्ट्र का खूबसूरत इलाका अपनी स्त्रियों की दिलफरेब खूबसूरती के लिए मशहूर है। मैं उस क्षेत्र में पूरे आठ साल रहा फिर भी साबुत बचा रहा। उस इलाके में एक से बढ़कर एक चमत्कारी सौन्दर्य से रू-ब-रू हुआ। लेकिन मधुमक्खी फूल पर बैठने के लिए अपने पंखों को फैलाए, इससे पहले ही सद्विचारों ने उसके पर कतर दिए...लेकिन वक्त बदला, मेरे विचार बदले...

"आश्रम में घटी उन घटनाओं का कुल नतीजा यह रहा कि उन्होंने मेरे मन में यह विचार पैदा कर दिया कि शक्ति से भरी, उम्दा स्वास्थ्य वाली और रोग मुक्त स्त्री से विवाह बन्धन में खुद को बाँधना ठीक रहेगा...आश्रम छोड़ने के बाद ही मैंने तय कर लिया था कि मुझे चाहने वाली कोई युवती अगर प्रेम का इजहार करती है तो मैं उससे साफ-साफ कहूँगा कि मैं शादी के लिए तैयार हूँ और क्या वह भी राजी है। उसकी रज़ामन्दी के बाद मुझे शादी करने में कोई हिचक नहीं होगी।"

मेरा मानना है कि पृथ्वी को मीरा एक स्त्री के रूप में आकर्षक नहीं लगती थीं। वे काफी उम्र की थीं और उनके बच्चों की माँ बनने लायक नहीं थीं। दूसरी वजह शायद यह थी कि वे राजपूत मूल के और हरियाणा के किसान थे। ये दोनों चीजें वहाँ के मर्दों में पुरुष अहं, स्त्री-पुरुष में भेद की अतिशयोक्तिपूर्ण धारणाएँ पैदा करती हैं। पृथ्वी मीरा के पुरुषोचित व्यक्तित्व के आगे अपने पुरुषत्व को स्त्रियोचित स्थिति में डालना नहीं चाहते थे। वे वासना का लक्ष्य नहीं बल्कि तीर बनना चाहते थे। लेकिन ये सब मेरी अपनी अटकलबाजियाँ हैं जिनमें उस आकर्षक ढोंगी के प्रति नापसन्दगी का भी योगदान होगा, जो साहसी और बहादुर भी था।

रिहाई के बाद पृथ्वी सिंह 25 वर्ष छोटी उस स्त्री के साथ भाग गए जो उन्हीं की शारीरिक प्रशिक्षण आदि की दीवानी थी। उन्हें एक बेटा और बेटी हुई। आज़ादी के बाद वे पंजाब में भारतीय स्वाधीनता संग्राम के क्रान्तिकारी आदर्श पुरुष के रूप में सम्मानित जीवन जीने लगे।

पृथ्वी सिंह और मीरा की फिर कभी मुलाक़ात नहीं हुई, कम से कम इस जन्म में तो नहीं ही।

उपसंहार

विएना में जिस दोपहर मेरा सम्मेलन समाप्त हुआ, मैं मीराबेन से मिलने बैडेन गया। भारतीय दूतावास में मैंने जिस युवा राजनयिक से बात की थी उसने उनसे बात करके मेरी यात्रा की व्यवस्था कर दी थी।

मीरा बैडेन के ऊपरी हिस्से में जंगल के किनारे एक अलग-थलग कुटिया में रह रही थीं। हम जब आखिरी बार मिले थे तब से 30 वर्षों में जो भी परिवर्तन हुए हों, एकान्त में रहने की उनकी इच्छा यथावत थी। वे शायद मेरी प्रतीक्षा ही कर रही थीं, क्योंकि दरवाज़े पर मेरे दस्तक रुकते इससे पहले ही वह खुल गया।

हम दोनों ही झूठ बोल पड़े—''आप कितने अच्छे दिख रहे हैं।'' और फिर हम एक-दूसरे को फिर से देखने की खुशी से हँस पड़े।

मीरा थोड़ी दुबली हो गई थीं, उनके चेहरे की सतहें काफी टेढ़ी हो गई थीं, नाक और उभर आई थी। उनके केश पूरे सफेद हो गए थे। बेतरतीब कटाई से वे कन्धे पर छोटी-बड़ी लटों के रूप में झूल रहे थे। वे मुड़ा-तुड़ा खाकी का कुर्ता और ढीला सलवार पहने थीं जो कई बार धुलाई के कारण धूसर हो गए थे। बाएँ घुटने में गठिया के कारण वे थोड़ा लड़खड़ाते हुए अपनी दो कमरों वाली कुटिया के बैठकखाने में ले गईं।

कमरे के एक कोने में बेकस्टीन का शानदार पिआनो रखा था, जिसके ऊपर कई स्वरलिपियाँ रखी थीं। छोटे, बेतरतीब बगीचे की ओर खुलने वाली फ्रांसीसी शैली की खिड़की के सामने सागवान की एक बड़ी मेज लगी थी। बगीचे के बाद हल्की ढलान वाला घास का मैदान था जो चीड़ के पेड़ों की उस कतार पर खत्म होता था जहाँ से बैडेन का जंगल शुरू होता था। मेज पर कई पेंसिल और विभिन्न प्रकार के नोटबुक, कागज के पन्ने पत्थर के टुकड़ों से दबा कर रखे थे। कमरे की एक दीवार से सटा कर एक अनगढ़-सी अलमारी रखी थी, जिसके खाने बेतरतीब रखी गई किताबों से भरे थे। गम्भीर मुद्रा में बीदोवेन की एक तस्वीर, जो बॉन संग्रहालय में रखे प्रसिद्ध रेखाचित्र की नकल थी, दूसरी दीवार से टँगी थी।

हम गद्देदार सोफे पर बैठे, जो बीच में धँसे हुए थे, जिनके गद्दे गन्दे थे और जिन पर कुत्ते के बाल पड़े थे। सोफों के बीच एक गोल टेबल था जिस पर चौखटे में बन्द चित्र पड़े थे जिन्हें कुछ समय से साफ नहीं किया गया था। मीरा के परिवार के चित्र के अलावा रोमाँ रोलाँ का एक चित्र था जिस पर लेखक ने फ्रांसीसी में मीरा के नाम कुछ लिखा था। फिर मीरा के पिता का चित्र था जिसमें वे एडमिरल की वर्दी में थे। एक चित्र मीरा और गांधीजी का भी था। यह चित्र 1932 में खींचा गया था, जब वे दोनों गोलमेज सम्मेलन के लिए लन्दन गए थे। गांधीजी जहाज के डेक पर छोटी धोती पहने थे। उनके कन्धे पर चादर पड़ी थी। वे जहाज की रेलिंग पर झुके थे। रूखी सफेद खादी साड़ी में सिर पर पल्लू रखे वे ज्यादा फैली दिख रही थीं।

चालीस से ऊपर का एक भारतीय वहाँ चाय-बिस्किट वगैरह परोस रहा था। मीरा उसे ऋषिकेश से अपने साथ लाई थीं, जहाँ वह मीरा के आश्रम की गायों की देखभाल में उनकी सहायता करता था। भारतीय चेहरा देख कर मीरा मुझसे फटाफट हिन्दी में बात करने लगीं, विदेश में रहने का दर्द बयान किया। इससे पहले मीरा नौकर से रसोई में जाकर कुत्ते को खाना देने को कह चुकी थीं। मैंने कुत्ते को देखा नहीं हालाँकि उसकी गन्ध कमरे में व्याप्त थी।

मीरा ने बैडेन में इसलिए बसने का फैसला किया क्योंकि वह बीदोवेन से जुड़ा था। और मीरा अपनी युवावस्था में उनकी दीवानी थीं। सो, यह एक तरह से उनके पास लौट आने जैसी बात थी। हर सुबह वे उस रास्ते पर टहलतीं जिस पर बीदोवेन बैडेन में रहते हुए गर्मियों में टहला करते थे। हर दिन वे उनका संगीत पिआनो पर बजातीं और उनके रिकॉर्ड्स सुनतीं, जिन्हें वे विएना की अपनी यदा-कदा की यात्राओं में खरीद लाई थीं। बीदोवेन से सम्बन्धित पुस्तकें उनकी कुटिया में बिखरी थीं और वे जर्मन भाषा तेजी से सीख रही थीं। उन्होंने बताया कि वे बीदोवेन पर एक पुस्तक लिख रही हैं—बीदोवेन, एक अज्ञात पहेली।

लगभग पूरे दोपहर वे बीदोवेन के बारे में बातें करती रहीं और उन्हें देख कर ऐसा लग रहा था कि सामने बैठी कोई बुजुर्ग महिला एक युवती की तरह भावनाओं में डूब कर अपने प्रेमी के गुणों का बखान कर रही हो।

"नवीन, तुम कल्पना नहीं कर सकते कि मैं यहाँ उनके प्रभाव के बीच रह कर, जहाँ उन्होंने संगीत रचनाएँ कीं उन जंगलों के बीच टहल कर कितनी खुश हूँ। ओह नवीन, ईश्वरीय प्रभाव इतनी स्पष्टता के साथ पहले कभी सामने नहीं आया था।"

अपनी इस यात्रा के लगभग अन्त में मैंने बापू की बात छेड़ी। उनके बारे में

बात करने से वे कतराती तो नहीं दिखीं मगर बहुत दिलचस्पी भी नहीं जताई। मैंने उन्हें बताया कि मैंने सुना है वे आगंतुकों से गांधीजी के बारे में बात करने से मना कर देती हैं।

उन्होंने स्पष्ट रूप से बचाव वाली मुद्रा में कहा, "हाँ, वे उनके बारे में ऐसी झूठी-झूठी बातें लिखते हैं। पश्चिम वालों को तो मैं माफ कर सकती हूँ। वे इतने दम्भी हैं कि उन्हें मध्यवर्गीय जीवन से हटकर अलग तरह का जीवन जीने वाला व्यक्ति सनकी लगता है। लेकिन भारतीय लोग भी अब उन लोगों की नकल करने लगे हैं। मुझे कभी-कभी शक होता है कि भारत उनके काबिल है भी या नहीं। नवीन, किसी ने उन्हें नहीं समझा। किसी ने नहीं।"

उनकी काली, मोटी भौंहों के नीचे भूरी आँखों में वही पुरानी आग कौंध रही थी, जो उनके चेहरे की झुर्रियों को भी जैसे जला डाल रही थी।

"किसी ने नहीं!" उन्होंने फिर कहा। उन्हें यह कहने की जरूरत नहीं थी—'मेरे सिवा।'

मैं जानता था कि अब और आगे बात बढ़ाने का कोई अर्थ नहीं है। मीरा जो जानती थीं उसे बताएँगी नहीं, अगर वाकई कोई गुप्त बातें उद्घाटित करने के लिए बाकी बची हों।

जब वे मुझे दरवाज़े तक छोड़ने आईं तो बोलीं, "नवीन, मैं कितनी भाग्यशाली हूँ कि ईश्वर की पुकार को साफ-साफ सुन पाई। एक बार नहीं, दो बार! बीदोवेन के संगीत और बापू के व्यक्तित्व में। अधिकतर लोग उस पुकार को नहीं सुन पाते। कुछ लोगों के लिए यह इतना अस्पष्ट होता है कि उनमें जीवन भर धुँधले असन्तोष का भाव बना रहता है। ईश्वर की मुझ पर विशेष अनुकम्पा रही।"

क्या सचमुच? मैं यह सोच रहा था। क्या उन्होंने वह जीवन जिया जिसने उन्हें एक स्त्री और एक व्यक्ति के रूप में परिपूर्ण कर दिया? या उनकी कहानी एक दुखद कहानी रही जिसकी नायिका इसे एक रोमानी खोज का सफर मानती है जिसमें रास्ते की बाधाओं से जूझने के बाद उसे एक ऐसे आनन्द की प्राप्ति होती है जो सामान्य मानवीय अनुभव से परे है? गनीमत है कि मुझे अपने ही सवालों के जवाब नहीं देने हैं। आखिर, किसी और के जीवन की सफलता या विफलता का फैसला कोई कैसे कर सकता है?

भारतीय दूतावास द्वारा अनुग्रहपूर्वक भेजी गई कार कुटिया से कुछ सौ गज दूरी पर खड़ी थी। जब मैं उस तक पहुँचा तो मीरा का नौकर दौड़ता हुआ आया। उसके चेहरे पर परेशानी के भाव थे।

"साहब, मैं यहाँ नहीं रहना चाहता। घर लौटना चाहता हूँ। मुझे साथ ले चलिए।"

मैंने कोई सहायता करने में असमर्थता जताते हुए क्षमा माँगी और उसे घास के मैदान पर खड़ा छोड़ आगे बढ़ गया। ढलती दोपहर की धूप में खड़ा वह मुझे देखता रहा। और कार आगे बढ़ गई।

आभार

इस पुस्तक को लिखने में ये सामग्री विशेष तौर पर काफी उपयोगी रहीं—

- *द मीराबेन पेपर्स,* नेहरू स्मारक संग्रहालय, नई दिल्ली।
- मीराबेन, *द स्पिरिट्स पिलग्रिमेज़,* अर्लिंगटन, ग्रेट ओसन पब्लिशर्स, 1960।
- *द मीराबेन सेंटीनरी वॉल्यूम,* नई दिल्ली; हिमालय सेवा संघ, 1992।
- गिट्टा सेरेनी, *अ लाइफ विद गांधी,* न्यूयॉर्क टाइम्स मैगजीन, 14 नवम्बर 1982।
- *बापूज़ लेटर्स टु मीरा,* 1924-1948, अहमदाबाद : नवजीवन प्रेस, 1949।
- *रोमाँ रोलाँ, गांधी कॉरेस्पोंडेंस,* दिल्ली : प्रकाशन विभाग, 1976।
- एम.के. गांधी, *कलेक्टेड वर्क्स,* खंड 32-49, 72-81, दिल्ली : प्रकाशन विभाग, 1958।
- मोहनदास करमचन्द गांधी, *सत्य के मेरे प्रयोग,* अहमदाबाद : नवजीवन प्रेस, 1927।
- जुडिथ ब्राउन, *गांधी : प्रिज़नर ऑफ होप,* न्यू हैवेन : येल यूनिवर्सिटी प्रेस, 1989।
- कनु और आभा गांधी, *बापू के साथ,* नई दिल्ली : प्रकाशन विभाग, 1990।
- मनुबेन गांधी, *माइ मेमरेबल मोमेंट्स विद बापू,* अहमदाबाद : नवजीवन प्रेस, 1960।
- मिलि पोलक, *मिस्टर गांधी : द मैन;* बम्बई : वोरा, 1949।
- नारायण देसाई, *गांधी थ्रु अ चाइल्ड्स आइज़,* सांता के : ओसन ट्री पब्लिशर्स, 1992।
- *द डायरी ऑफ महादेव देसाई,* खंड 5-7, अहमदाबाद : नवजीवन प्रेस, 1953।
- मार्क थॉमसन, *गांधी ऐंड हिज आश्रम्स,* बम्बई : पॉपुलर प्रकाशन, 1993।
- *बाबा पृथ्वी सिंह आज़ाद पेपर्स,* नेहरू स्मारक संग्रहालय, नई दिल्ली।

– *बाबा पृथ्वी सिंह आजाद : द लिजेंडरी क्रुसेडर,* बम्बई : भारतीय विद्या भवन, 1987।
– राहुल सांकृत्यायन, *सरदार पृथ्वी सिंह,* दिल्ली।
– सुमंगल प्रकाश, *बापू के साथ,* नई दिल्ली : पूर्वोदय प्रकाशन, 1976।
– वी.एस. नरवणे, *प्रेमचन्द : हिज़ लाइफ ऐंड वर्क,* नई दिल्ली : विकास 1980।

मैं बैजू नरवणे, क्रिस्टिन जीले, डेविड दाविदार, रवि सिंह और अपनी पत्नी कथा का आभारी हूँ। उन्होंने इस उपन्यास के पहले मसौदे पर अपने मूल्यवान सुझाव दिए। पेंग्विन इंडिया के पॉलोमी चटर्जी के योगदान का भी मैं सहर्ष आभार व्यक्त करता हूँ। मैं हार्वर्ड विश्वविद्यालय में सेन्टर फॉर स्टडी ऑफ वर्ल्ड रेलिजन्स को भी धन्यवाद देना चाहता हूँ, जहाँ मैंने उसके 40वें वर्षगाँठ के फेलो के रूप में एक साल अध्ययन किया और जहाँ मैंने इस उपन्यास को लिखना शुरू किया। मैं उनके उदार आतिथ्य के लिए धन्यवाद देता हूँ।

●●●